Kundendialog-Management

Nils Hafner · Sophie Hundertmark
(Hrsg.)

Kundendialog-Management

Wertstiftende Kundendialoge in Zeiten der
digitalen Automation

Hrsg.
Nils Hafner
Institut für Finanzdienstleistungen Zug IFZ
Hochschule Luzern Wirtschaft
Rotkreuz, Schweiz

Sophie Hundertmark
Institut für Finanzdienstleistungen Zug IFZ
Hochschule Luzern Wirtschaft
Rotkreuz, Schweiz

ISBN 978-3-658-42850-1   ISBN 978-3-658-42851-8   (eBook)
https://doi.org/10.1007/978-3-658-42851-8

Die Deutsche Nationalbibliothek verzeichnet diese Publikation in der Deutschen Nationalbibliografie; detaillierte bibliografische Daten sind im Internet über http://dnb.d-nb.de abrufbar.

Planung/Lektorat: Barbara Roscher
Springer Gabler ist ein Imprint der eingetragenen Gesellschaft Springer Fachmedien Wiesbaden GmbH und ist ein Teil von Springer Nature.
Die Anschrift der Gesellschaft ist: Abraham-Lincoln-Str. 46, 65189 Wiesbaden, Germany

Das Papier dieses Produkts ist recyclebar.

Vorwort

Kundenmanagement verändert sich durch die Digitalisierung rapide. Kunden entwickeln immer neue Ansprüche an die Entwicklung von Produkten und Dienstleistungen, aber auch an deren Marketing, Vertrieb und den Kundenservice. Anbieter des E-Commerce, gerade Amazon.com, aber auch Alibaba und Temu, setzen neue Massstäbe an Sortimentsvielfalt und Liefergeschwindigkeit. Kunden übertragen diese Ansprüche zunehmend auch auf andere Anbieter von beispielsweise Finanz- oder Telekommunikationsdienstleistungen, Mode oder Unterhaltungselektronik. Auf der anderen Seite haben Unternehmen immer mehr Daten und im Idealfall Wissen über ihre Kunden zur Verfügung. Die methodischen Grundlagen des analytischen CRM gehören heute zum Handwerkskasten jedes Unternehmens. Die Technologie ist auch für den Mittelstand erschwinglich geworden. Unternehmen können heute im Idealfall auf Stufe des Einzelkunden agieren, und eine Segmentierung, die noch vor wenigen Jahren das Mass aller Dinge war, wird überflüssig. Das stellt neue Ansprüche an Geschwindigkeit und Relevanz der Kundenkommunikation sowohl im Inbound (also durch den Kunden initiiert) wie auch im Outbound, initiiert durch das Unternehmen. Gleichzeitig ist die Welt durch eine stark ansteigende Anzahl von Kunden-Touchpoints der sozialen Medien, von mobilen Apps und durch Internet-Anwendungen vielfältiger geworden. Kundendialoge finden nicht mehr ausschliesslich von Person zu Person statt. Das liegt vor allem an den Möglichkeiten zur Automatisierung und damit auch dem Einsatz von Künstlicher Intelligenz (KI). Diese bezieht sich auf die Bereiche der Marketing- und Sales-Interaktion einerseits und auf den Bereich des Kundenservice andererseits.

Der vorliegende Band soll Anregungen geben, wie mit diesen Herausforderungen in der Praxis auf Basis nachhaltig umsetzbarer Konzepte umgegangen werden kann. Dazu haben geschätzte Wissenschaftler und Praktiker mehrere Beiträge geliefert.

Zunächst zeigt Prof. Dr. Nils Hafner die Notwendigkeit einer integrierten Kundendialogstrategie auf und stellt Ansätze zur Optimierung vor. Gregorio Uglioni, der «CX-Goalkeeper», zeigt die Notwendigkeit einer menschenzentrierten Kultur als Basis für die Gestaltung von Kundendialogen auf, während Prof. Dr. Dominik Georgi und Prof. Jan-Erik Baars diese Kultur durch neu entwickelte Steuerungsinstrumente und Kennzahlen messen und unterstützen helfen. Dr. Sebastian Pyka und Dr. Uwe Stuhldreier zeigen anhand des ganzheitlichen Beispiels des Kundendialogmanagements der HUK24, welche Konzepte heute schon bei reifen Unternehmen umgesetzt wurden. Das Beispiel kann daher als Leuchtturm für ein sehr gutes automatisiertes Kundendialogmanagement gesehen werden.

In einem zweiten Teil widmet sich Prof. Dr. Claudia Bünte dem Nutzungsgrad von KI und ihren Potenzialen im Marketing, während Prof. Dr. Ralf Kreutzer von der HWR Berlin einen konzisen Überblick über die Möglichkeiten moderner Marketing-Automation gibt. Der Rolle des Datensammelns und Verwendens widmet sich Dr. Sarah Seyr von der Hochschule Luzern. Abschliessend geben Dominic Boller und Dr. Severin Lienhard Beispiele automatisierter Dialoge, die verkaufen.

Der dritte Teil des Buches widmet sich den oft in der Praxis vernachlässigten Kundendialogen im Service. Dabei ist die Organisationsform des Customer Contact Centers, die Harald Henn vom CEX Trendradar beschreibt, aktueller denn je. Rémon Elsten, der Gründer des Service Excellence Cockpit, skizziert die wichtigsten Kennzahlen und Benchmarks im Kundenservice. Dass auch automatisierte Kontakte wesentlich auf der Grundvoraussetzung des Vertrauens basieren, zeigen Anna Rozumowski und Prof. Dr. Marc K. Peter anhand vielfältiger Forschungsergebnisse und eines hohen Praxisverständnisses. Gleiches gilt für das Experiment von Sophie Hundertmark von der Hochschule Luzern zum Design optimaler Chatbots «Be the bot». Die Praxisbeispiele der Swisscard AECS von Dr. Kai Duttle und der CSS Krankenversicherung von Gary Bachmann runden diesen Band ab.

Im Sinne eines Zukunftsausblicks ordnet Prof. Dr. Edy Portmann von der Universität Fribourg in einem vierten Teil die Bedeutung von Kundendialogen am Beispiel der Konversationstheorie ein. Er zeigt, wie die KI unter der Verwendung der Fuzzylogic zu einer nachhaltigen und menschenzentrierten Zukunftstechnologie werden kann. Prof. Dr. Nils Hafner und Sophie Hundertmark zeigen abschliessend die Rolle von Grossen Sprachmodellen (Large Language Models) zur Automatisierung von Kundendialogen auf.

Wir wünschen Ihnen, liebe Leserinnen und Leser, eine bereichernde Lektüre.

Luzern   Nils Hafner
August 2023   Sophie Hundertmark

Inhaltsverzeichnis

Über die Herausgeber

Prof. Dr. rer. pol. Nils Hafner ist Professor für Kundenmanagement am Institut für Finanzdienstleistungen Zug der Hochschule Luzern Wirtschaft. Prof. Dr. Hafner studierte Betriebswirtschaftslehre, Psychologie, Philosophie und Neuere Geschichte in Kiel und Rostock, Deutschland. Er promovierte im Innovationsmanagement/Marketing über die Qualitätssteuerung von Callcenter-Dienstleistungen.

Heute ist er als Autor und internationaler Keynote Speaker tätig und berät Geschäftsführungen und Vorstände mittlerer und grosser Unternehmen in Deutschland, der Schweiz und ganz Europa zum Aufbau von Unternehmenskompetenzen im Kundenmanagement. Nils Hafner hält pro Jahr ca. 30 Keynotes an öffentlichen und unternehmensinternen Veranstaltungen zum Thema «Kunde».

Ende 2018 erschien sein Amazon Nr. 1 Bestseller «Die Kunst der Kundenbeziehung» in der zweiten Auflage. In seinem Blog «Hafner on CRM» und seinem Podcast «Hafners CX Podcast» versucht er, dem Thema seine informativen, schönen, schlimmen, tragischen und lustigen Seiten abzugewinnen. Dort veröffentlicht er auch seit 2006 die CRM-Trends des Jahres, seit 2020 zusammen mit dem deutschen Berater Harald Henn den CEX Trendradar, der inzwischen international eine relevante Entscheidungsgrundlage für Technologie und Prozessberatungen im Top-Management geworden ist und von weltweiten Technologie-Anbietern systematisch gefördert wird.

Sophie Hundertmark Sophie Hundertmark ist Doktorandin an der Hochschule Luzern und der Universität Fribourg sowie selbstständige Beraterin für die Automatisierung von Dialogen (Chatbots).

Nach Stationen in der Industrie und in Agenturen gehört Sophie Hundertmark zu den ersten Masterstudentinnen in der Schweiz, die zu Chatbots forschen. Sie promoviert an der Universität Fribourg zum Einsatz von Chatbots. Dazu arbeitet sie als wissenschaftliche Mitarbeiterin am Institut für Finanzdienstleistungen Zug der Hochschule Luzern (IFZ). Sophie Hundertmark verfügt über langjährige Erfahrungen als selbstständige Beraterin für die strategische Begleitung sowie Umsetzung von Chatbot-Projekten. In diesem Zusammenhang sorgt sie für einen regelmässigen Austausch zwischen Akademie und Praxis zu allen Themen der KI-getriebenen Conversational Automation. Anfang 2022 hat Sophie Hundertmark zudem den Verein Greenwishing Schweiz gegründet und engagiert sich seitdem aktiv gegen Greenwashing.

Teil I
Strategisches Kundenmanagement

Strategisches Kundendialogmanagement – die Automatisierungsentscheidung datenbasiert fällen

Nils Hafner ⓘ

Inhaltsverzeichnis

Schlüsselwörter

Customer Experience Management · Kundendialogmanagement · Automatisierung · Value-Irritant-Matrix · NPS · Customer Effort Score

---

1.1 Veränderte Umweltbedingungen erfordern Kundendialogstrategien

Seit einigen Jahren finden durch Klimawandel, Corona-Krise und digitale Transformation für die meisten Unternehmen tiefgreifende Veränderungsprozesse in Umwelt, Gesellschaft und Wirtschaft statt, die eine nachhaltige Gestaltung des Wandels von Unternehmen und Organisationen notwendig machen. Im Rahmen dieses Fachbeitrags soll vor allem auf die notwendigen Anpassungen des Kundendialogmanagements an die

---

N. Hafner (✉)
Institut für Finanzdienstleistungen Zug IFZ, Hochschule Luzern Wirtschaft, Rotkreuz, Schweiz
E-Mail: nils.hafner@hslu.ch

© Der/die Autor(en), exklusiv lizenziert an Springer Fachmedien Wiesbaden GmbH, ein Teil von Springer Nature 2024
N. Hafner und S. Hundertmark (Hrsg.), *Kundendialog-Management*,
https://doi.org/10.1007/978-3-658-42851-8_1

Anforderungen eingegangen werden, die sich durch die Corona-Krise und die digitale Transformation ergeben haben. So hat sich der Anteil des Online-Handels in Deutschland durch beide Effekte von 13,3 % am gesamten Einzelhandelsumsatz im Jahre 2019 auf 18,3 % im Jahr 2021 erhöht. Ähnlich sieht die Situation bspw. bei den Versicherern aus. Auch hier wuchsen die Direktversicherer im Vergleich zum Markt besonders schnell.

Grundsätzlich ist es jedoch nicht nur ein Unternehmensziel, Kunden zu gewinnen, sondern auch, diese langfristig ans Unternehmen zu binden (Bruhn, 2016). In diesem Kontext spielt das Konzept des Customer Experience Management eine grosse Rolle. Es geht dabei darum, Kunden als von ihnen positiv bewertete Erlebnisse zu bieten, an die sie sich erinnern und sich damit langfristig emotional an das Unternehmen binden (Christopher et al., 1991; Lemon & Verhoef, 2016). Die Customer-Experience-Forschung betont dabei die Rolle positiv konnotierter Emotionen im Kundendialog (Klaus & Manthou, 2020; Oliver, 1997). Um diese Emotionen nachhaltig dem Kunden zu liefern, ist es notwendig, nicht nur den Beginn der Customer Journey (also die von den Unternehmensabteilungen Marketing und Vertrieb dominierten Phasen), sondern vor allem auch den Kundenservice zu betrachten. Nur wenn Kunden rasch die richtige Lösung erhalten, sind positiv bewertete Erlebnisse möglich. Ein in der Praxis weithin akzeptiertes Messinstrument, das die Rolle von Emotionen für die Erinnerung der Güte des Erlebnisses betont, stellt der Net Promoter Score (NPS) dar (Reichheld & Markey, 2011). Es wird also eine Vorgehensweise gesucht, die Unternehmungen systematisch auf emotional positive Kundendialoge ausrichtet und die Voraussetzungen schafft, nachhaltig profitabel und auf einem hohen CX-Niveau Kontakt zum Kunden aufzubauen und zu pflegen.

Die Pandemie und ihre Folgen haben gezeigt: Gerade Banken, Versicherungen, Handelsunternehmen und Transport- sowie Touristikunternehmen verfügen häufig über eine mangelhafte oder gar fehlende Kundendialogstrategie. Die Folge davon sind einerseits überlastete Contact Center mit langen Wartezeiten, schlecht konzipierte Selfservice-Portale und eine zunehmende Verärgerung beim Kunden. Andererseits sind Outbound-Kontakte oftmals nicht zielgerichtet. Das bedeutet, dass Marketing-Kampagnen als nicht relevant und damit nicht wertstiftend vom Kunden wahrgenommen werden. Reihenweise führen Unternehmen jedoch reine Symptombekämpfung durch. Das verschleisst die Organisation mittelfristig und führt zu einer erhöhten Mitarbeitendenfluktuation. Häufig liegen aber auch schlicht zu wenig Informationen über die Kunden und damit über die zukünftige Entwicklung der Kundenkontakte vor, um Ressourcen sinnvoll planen zu können.

Im Rahmen des Service Excellence Cockpits wird bspw. aufgezeigt, wie Unternehmen ihren Kundenservice promoten. Zwischen 2020 und 2022 wurden dabei in Deutschland, Österreich und der Schweiz zunehmend Unternehmen identifiziert, die Kontaktdaten des Kundenservice auf der Website von der ersten in die dritte oder vierte Navigationsebene verschoben. Die Grundidee dabei ist offenbar, Kundenkontaktmöglichkeiten so zu verstecken, um zu verhindern, dass der Kunde anruft. Das ist ein Trugschluss mit recht eindrücklichen Folgen: Es rufen genauso viele Kunden an wie vorher, nur sind diese meist deutlich schlechter gelaunt, da sie gerade 10 min damit verbracht haben, die Kundenkontaktdaten zu suchen. Die Folge sind signifikant längere und damit teurere Gespräche (Service Excellence Cockpit, 2022).

Andere Unternehmen steuern nur mit dem Servicelevel und stehen daher bei einem steigenden Kontaktvolumen lediglich vor der Wahl, mehr Mitarbeitende an mehr Telefon, Mail oder Chatlinien zu setzen. Das sorgt jedoch für Konflikte, da ohne eine Kundendialogstrategie das Contact Center in den allermeisten Fällen als reines Cost Center gesehen wird und somit dem Unternehmen nichts anderes übrig bleibt, als Volumenwachstum durch Mitarbeiterwachstum zu beantworten. In den allermeisten Fällen führt das nur dazu, dass Mitarbeitende nach wie vor bei 80 % der Anfragen die gleichen 20 % der Antworten geben müssen. Und das verschleißt entweder durch Burnout oder Bore-out. Das bedeutet: Mit schöner Regelmässigkeit braucht man neue Mitarbeitender (Vuillemin, 2023).

Als vergleichsweise grösstes Problem kann jedoch die wahllose Etablierung neuer Touchpoints angesehen werden. Untersuchungen der amerikanischen Technologie-Research-Beratung Gartner haben in diesem Zusammenhang ergeben, dass sich bei einem unkontrollierten Wachstum des Touchpoint-Angebots das Anfragevolumen in gleichem Mass entwickelt. Diese Erkenntnis wird durch das Service Excellence Cockpit mit Zahlen aus dem D-A-CH-Raum bestätigt (Service Excellence Cockpit, 2022).

Abb. 1.1 zeigt, wie sich die Servicevolumina der untersuchten 250 Unternehmen in den letzten 6 Jahren unter rasant zunehmender Digitalisierung entwickelt haben. Fazit: Telefon hat etwas verloren, ist aber mit 76 % aller Servicevolumina immer noch stark

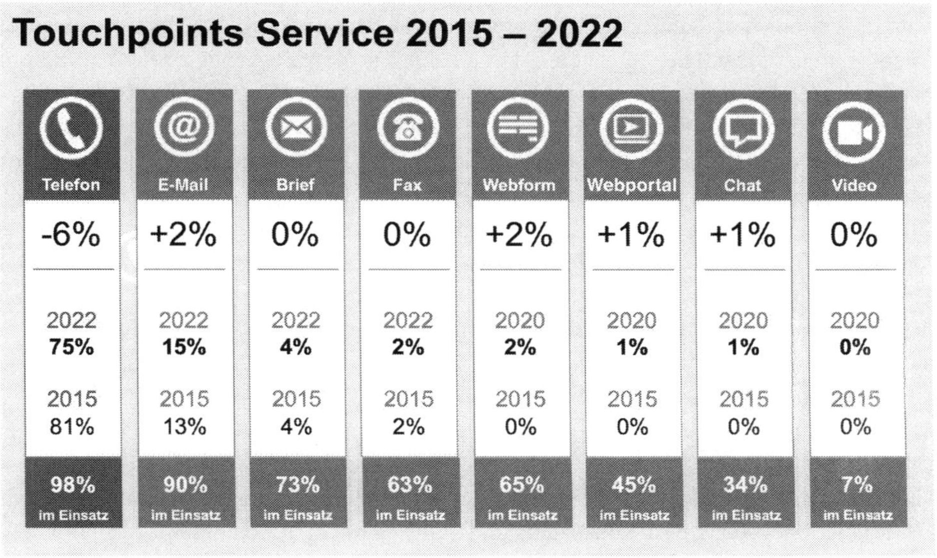

Touchpoints Service 2015 – 2022

	Telefon	E-Mail	Brief	Fax	Webform	Webportal	Chat	Video
	-6%	+2%	0%	0%	+2%	+1%	+1%	0%
2022	75%	15%	4%	2%	2%	1%	1%	0%
2015	81%	13%	4%	2%	0%	0%	0%	0%
im Einsatz	98%	90%	73%	63%	65%	45%	34%	7%

Abb. 1.1 Kanalmix im Servicecenter 2015–2022. (Quelle: Service Excellence Cockpit, 2022)

dominant. E-Mail, Brief und sogar das Fax bleiben volumenmässig konstant. Web-
formular, Webportal und Chat wachsen auf 1 bis 2 % des Gesamtvolumens und Video-
beratung schliesslich spielt nirgends eine nennenswerte Rolle und kann lediglich in der
Beratung bei hochwertigen eCommerce-Geschäften als Leuchtturm-Entwicklung angesehen werden.

Diese Entwicklung zeigt eines: Self-Service-Instrumente und automatisierte Touchpoints wie Chatbots oder Serviceportale einzuführen, kann ohne die richtigen strategischen
Rahmenbedingungen nicht gelingen, da kaum Menschen von selbst auf den tollen Gedanken kommen: «Heute helfe ich mir mal im Netz selbst weiter.»

1.2   Konzeption einer Kundendialogstrategie

Es geht also in einem **ersten Schritt einer** Kundendialogstrategie darum festzuhalten,
was man eigentlich erreichen will. Häufig steht dabei eine reibungslose Bewältigung des
Wachstums im Servicebereich, die Transformation des Contact Centers vom Cost- zum
Value Center (das Erträge erbringt), eine Erhöhung der Relevanz der Kundenkontakte
(Inbound wie Outbound) oder eine Positionierung als Leader im Experience-Wettbewerb
im Vordergrund der Betrachtungen.

1.2.1   Kontaktgründe für Dialoge aus Kundensicht formulieren

In einem **zweiten Schritt einer solchen Vorgehensweise** muss festgehalten werden,
welche Services heute und welche morgen (in drei Jahren) durch das Contact Center er-
bracht werden sollen. Hier spielen die durch bisherige Kontaktgründe und zukünftig prognostizierte Probleme identifizierten «Jobs to be done» des Kunden eine Rolle. Es gilt
also, aus der Sicht des Kunden zu verstehen, welche Fragen und Aufgaben relevant sind.
Dabei ist es wichtig, diese «Kontaktgründe» zunächst volumenmässig zu quantifizieren.
Genau hier zeigen sich in der Praxis häufig Schwierigkeiten. So weisen Price und Jaffe
(2022) darauf hin, dass solche Listen oft sehr unternehmenszentriert geführt werden, zu
lang sind und ein wesentlicher Teil der Kundenkontakte in Ermangelung einer detail-
lierten Analyse als «Sonstiges» klassifiziert wird. Mitarbeitende im Kundenkontakt be-
kunden oft Schwierigkeiten, den Kontaktgrund aufgrund ungeeigneter Listen genau zu
erfassen. In diesem Zusammenhang können heute KI-gestützte Tools bei der Analyse der
Kontaktgründe weiterhelfen, indem sie Inhalte identifizieren und zu Themen clustern.

Trotzdem empfiehlt es sich, die Kontaktgründe aus Sicht der Kunden zu erfassen, um
deren Intent und damit den Auslöser einzelner Customer Journeys zu verstehen. Dadurch
wird ein wichtiger Gap zwischen Customer Experience Management und der quali-
tätsorientierten Prozessgestaltung im Kundenmanagement geschlossen (Bruhn, 2016).
Unternehmen, die kundenorientiert formulierte Kundenkontaktlisten führen, erhöhen das
Verständnis für den Kunden rapide. So kann bspw. nachvollzogen werden, im Nachgang

welcher Marketingkampagnen Kunden anrufen, da sie das Angebot oder einzelne Formulierungen nicht verstehen. Die Kampagne kann so für spätere Durchführungen qualitätsoptimiert werden. Es gilt hier auch festzustellen, wie Kontakte zustande kommen, also wer im Unternehmen für die Entstehung eines Kundenkontakts verantwortlich ist.

Auch sollte man die bisherige Arbeitsweise des Contact Centers mit den Werten aus dem Service Excellence Cockpit vergleichen.

1.2.2   Kerntätigkeit einer Kundendialogstrategie: Aufstellen der Value-Irritant-Matrix

In einem dritten Schritt erfolgt die inhaltlich-konzeptionelle Transformation der Kundendialoge. In diesem Zusammenhang hat sich in den letzten fünf Jahren das Instrument der von Bill Price und David Jaffe (2008) entwickelten Value-Irritant-Matrix als enorm wichtig für die Konzeption eines tragfähigen Dialogkatalogs erwiesen. Die Grundidee eines erfolgreichen Kundendialogs ist dabei festzustellen, bei welchen Dialogen Kunde und Unternehmen gleichzeitig Interesse am persönlichen Kontakt haben. Nur hier kommen wertstiftende Gespräche zustande, da beide Dialogpartner einen Nutzen aus dem Gespräch ziehen. Während Price und Jaffe die Value-Irritant-Matrix im Wesentlichen auf den Kundenservice und das Contact Center beziehen, kann das Modell jedoch ebenso für die Optimierung von Outbound-Kontakten herangezogen werden. Eine wissenschaftliche Validierung der Potenziale der Value-Irritant-Matrix zeigen Landmann et al. (2022). Die Matrix ist in Abb. 1.2 wiedergegeben.

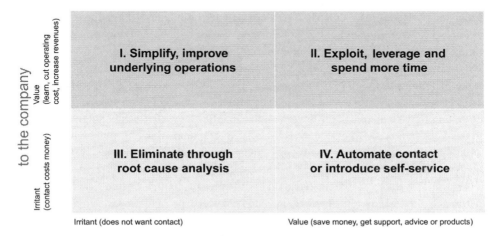

Abb. 1.2 Value-Irritant-Matrix. (Quelle: Landmann et al., 2022, in Anlehnung an Price & Jaffe, 2008, S. 59)

In der Matrix wird einerseits aus der Sicht der Unternehmung überlegt, ob diese an einem persönlichen Dialog mit dem Kunden unter Servicegesichtspunkten interessiert ist, weil sie etwas über ihre Produkte und Dienstleistungen lernen kann, sich dadurch Ideen für Einsparungen ergeben und sich durch den Kontakt eine Chance ergibt, weitere Produkte oder Leistungen zu verkaufen oder eben nicht. Dies gilt vor allem für Outbound-Kontakte wie Markt- und Kundenforschung, Verkaufsgespräche etc. Jedoch gelten diese Kriterien auch in besonderer Weise für Inbound-Dialoge, betrachtet man die Tatsache, dass in den meisten Branchen die Kontakte im Wesentlichen von den Bedürfnissen und Erfahrungen der Kunden getrieben werden.

Andererseits wird systematisch die Perspektive des Kunden auf den Servicekontakt eingenommen. Ist der Kunde wirklich an einem persönlichen Kontakt interessiert, weil er Produkte, Antworten auf seine Fragen oder einen Rat bekommt und im Idealfall Geld sparen kann, oder sieht er gar keine Notwendigkeit, mit einem Unternehmen in Kontakt zu treten und empfindet den Kontakt als ärgerlich?

Es ergibt sich also hier die Möglichkeit, alle Dialoge zwischen Unternehmen und Kunden nach ihrer Relevanz zu klassifizieren. Landmann et al. (2022) führen aus: Die Besonderheit dabei ist, diese Relevanz zum einen aus Sicht der Kunden (x-Achse), zum anderen aus Sicht der Unternehmung (y-Achse) zu betrachten und sie dann einander gegenüberzustellen. Aus der Perspektive beider Gruppen kann demnach jeder Service auf einem pseudometrischen Polaritätsprofil als «wertvoll» (value) bzw. «störend» (irritant) eingeordnet werden, woraus sich vier übergeordnete Felder mit entsprechenden Handlungsempfehlungen ableiten lassen: Wird ein Service vom Unternehmen als wertvoll, von Kund*innen aber als störend eingestuft (Feld I), spricht dies bspw. dafür, diesen Service zu vereinfachen. Wird ein Service hingegen sowohl vom Unternehmen als auch von Kunden als wertvoll gesehen (Feld II), sollte entsprechend der Matrix dieser Service intensiviert werden. Wird ein Service dagegen von beiden, Unternehmen und Kunden, als störend empfunden, ist er, soweit möglich, zu reduzieren bzw. im Extremfall zu eliminieren (Feld III). Spannend unter dem Gesichtspunkt der Automatisierung ist das Feld rechts unten: Wenn ein Service von Kunden als wertvoll, vom Unternehmen aber als störend eingestuft wird (Feld IV), spricht dies dafür, diesen Service zu automatisieren bzw. als Selfservice an Kunden zu übertragen. Das ist vor allem da spannend, wo Kunden immer wieder die gleichen Fragen stellen. In diesem Zusammenhang geht es häufig um das Verständnis der Funktionsweise von Produkten und Dienstleistungen oder um die Kommunikation des Unternehmens mit seinen Kunden über Kampagnen oder generelle Touchpoints wie z. B. der Website.

Die Royal Bank of Scotland (RBS) hat so bspw. zu den häufigsten Servicevorfällen im Bereich des E-Banking unterhaltsame Erklärvideos produziert, die für den Kunden einen hohen Mehrwert darstellen (Maklan et al., 2017). Ein anderer, in den letzten Monaten viel diskutierter Ansatz ist der Einsatz von Voice- oder Chatbots, wie ihn z. B. das schweizerische Kreditkartenunternehmen Swisscard AECS einsetzt, um einzelne Business-Prozesse vollständig zu automatisieren. Gerade bei einem hohen Anteil telefonischer Kontakte spielen Voicebots hier ihr gesamtes Potential aus.

Die Value-Irritant-Matrix unterstützt jedoch auch im umgekehrten Fall, in dem das Unternehmen den Kontakt initiiert. Neben klassischen Verkaufs- oder Awareness-Kampagnen kann es in diesem Zusammenhang aber auch z. B. darum gehen, dass Kunden im Hinblick auf Compliancevorgaben bestimmte Informationen preisgibt oder bestätigt. Derartige Kontakte empfinden Kunden häufig als lästig. Hier gilt es, die Kontakte, wie z. B. einen Check-in oder Teilkontakte eines Prozesses wie eine notwendige Identifikation des Kunden, möglichst zu vereinfachen. Die vielfältigen Ansätze in mehreren Branchen zum Online-Self-Onboarding zeigen den Erfolg solcher Ansätze. Gerade das internationale Wachstum von Finanzunternehmen wie Revolut oder N26 zeigt auf, wie erfolgreich Unternehmen sein können, die gleichzeitig auf «Einfachheit» und «Automatisierung» setzen.

Doch wie kann ein Unternehmen nun konkret dieses Analyseinstrument einsetzen? Im zweiten Schritt der Servicestrategie werden Kundenkontaktgründe zusammengestellt. Damit sollte auch klar sein, welche Kundenanliegen welche Kontaktvolumina verursachen. Doch gerade die Zuordnung zu den Quadranten ist firmenspezifisch. Während etwa eine Telekommunikationsfirma eine Adressänderung durch den Kunden als einen primär kostengenerierenden Vorgang einschätzt, wird ein Versicherer seine Verkaufschancen sehen, da er ja dem Kunden eine Haushalts- oder Wertsachenversicherung verkaufen kann. Wichtig ist daher, die Kosten- und Umsatztreiber des Unternehmens in der Tiefe zu verstehen. Gleichzeitig gilt es jedoch, auch die Sicht des Kunden und seine Einschätzung zur «Werthaltigkeit» der einzelnen Dialoge des Unternehmens realistisch einschätzen zu können.

Nur da, wo Kunden und Unternehmen gleichzeitig ein Interesse an einem persönlichen Dialog haben, entsteht Wertschöpfung für das Unternehmen in Form von Wissen, eingesparten Kosten und Cross- oder Up-Selling.

1.2.3 Servicekataloge quantifizieren und Zielbild erstellen

Nun geht es darum, **in einem vierten Schritt,** den zukünftigen Kundendialogkatalog auch zu quantifizieren. Mittels einfacher Erlang-Berechnung (Gans et al., 2003) wird bspw. evaluiert, wie sich der zukünftige Mitarbeitenden- und Linienbedarf im Contact Center entwickelt und welche Effekte das Vermeiden von Dialogen bei wiederkehrenden Beschwerden und Fragen, das Vereinfachen von Kampagnen und vor allem von administrativ-rechtlichen Dialogen, das Automatisieren von Standardvorfällen und Lebensereigniskampagnen und das Ausschöpfen werthaltiger persönlicher Gespräche auf dem Weg zu einer überragenden Customer Experience mit sich bringen. Dabei ist davon auszugehen, dass die ersten drei Kategorien dieser Kontaktsteuerung das Kontaktvolumen verringern, die letzte hingegen mehr Ressourcen benötigt.

Davon ausgehend sollte **in einem fünften Schritt** das neue Zielbild im Hinblick auf das angestrebte Kundenerlebnis, den Kundendialogkatalog, die verwendeten Touchpoints (weniger ist mehr), die wichtigsten Kennzahlen, fundamentale Service-Level

Agreements (SLAs) und den zukünftig angestrebten Personalbedarf und -entwicklungs-
stand beschrieben werden. Doch gerade in diesem Schritt bleiben viele Fragen offen.
So bleibt zunächst fraglich, wie Kundendialoge genau nutzenstiftender gestaltet werden sollten. Gerade in Bezug auf die Ausgestaltung der Automatisierung ist es grundsätzlich herausfordernd zu entscheiden, an welcher Stelle Selfservice-Plattformen zum
Einsatz kommen sollen und wann Chat- oder Voicebots zu einer besseren Customer Experience beitragen. Grundsätzlich kann hier so entschieden werden, dass, wenn es um
die Beantwortung einfachster Fragen geht (wie z. B. «Wann treffen meine bestellten
Waren ein?», «Welche Bestellungen sind noch offen?»), ein Selfservice-Kundencenter
(wie bspw. bei Amazon.com) überaus effizient ist. Wenn es darum geht, Fragen zu beantworten, die über eine personalisierte Bestell- und Versandhistorie, den aktuellen Be-
arbeitungsstand einer Beschwerde, eines Schadens im Versicherungsumfeld oder des
Kontostands (im Banking- oder Telekommunikationsumfeld) hinausgeht, sind momen-
tan am Markt offenbar Chat- oder Voicebots das Mittel der Wahl in der Automatisierung.
Gerade mit der Implementierung von Grossen Sprachmodellen (Large Language Models, LLM) haben dialoggestützte Automatisierungstools qualitativ einen weiteren Reifegrad erreicht. So wird der gleichzeitige Betrieb eines Bots in allen für die Kundschaft
relevanten Sprachen plötzlich deutlich weniger aufwendig als zuvor. Auch die Ausgestaltung von Bots und deren Design erfordern eine Fülle von Entscheidungen. Auf die
besondere Rolle von Emotionen in diesem Zusammenhang gehen Hundertmark und Hafner (2022) ein.

Um ein solches Zielbild in annehmbarer Zeit erreichen zu können, muss ein Unternehmen grundsätzliche Entscheidungen für die Umsetzungen der Massnahmen treffen.
So ist ein Selfserviceportal bspw. nur dann wirklich wirksam, wenn man auf die Kommunikation einer Telefonnummer oder E-Mail-Adresse konsequent verzichtet. Menschen wählen nämlich immer den Weg, den sie schon einmal gegangen sind. Amazon.
com macht seit Jahren vor, wie man mit genau diesem Vorgehen sehr erfolgreich sein
kann. Dabei soll die Möglichkeit eines Telefonats von Mensch zu Mensch nicht wegfallen, sondern im Rückrufverfahren durchgeführt werden. Geplante Rückrufe sind dabei
deutlich günstiger, als die Infrastruktur für grosse Anrufvolumina vorzuhalten. Die wichtigste Entscheidung betrifft aber die Daten der Kundschaft. Ein wie auch immer gearteter
Service an anonyme Kunden ist nicht möglich. Daher sollte eine Identifikation des Kunden also grundsätzlich vor einem Selfservice oder persönlichen Kontakt vorgenommen
werden. All diese Entscheidungen bedingen eine Abkehr von der bisherigen Praxis und
stellen einen nicht zu unterschätzenden Change dar.

Auch muss sich das Management mit der Frage auseinandersetzen, was mit der Organisation passiert, wenn nun bestimmte Kontaktvolumina durch die Umsetzung der
Quadrantenstrategien «Vereinfachen» (Quadrant I), «Vermeiden» (Quadrant III) und
«Automatisieren» (Quadrant IV) wegfallen. Die grundsätzliche Idee ist, die Arbeitskraft
und Energie der Mitarbeitenden auf den Quadranten II («Intensivieren») zu konzentrieren, indem durch vermehrten persönlichen Kontakt eine Vielzahl an wertstiftenden Dialogen zustande kommt, bei denen das Unternehmen etwas lernen, sparen oder verkaufen

kann. Hier stellt sich die Frage, welche Skills Mitarbeitende erwerben müssen, um diese Art der Wertstiftung im persönlichen Dialog zu realisieren. In diesem Zusammenhang kann ein zielführendes Benchmarking weiterhelfen. So zeigen Untersuchungen des Service Excellence Cockpits die Veränderung von Skill- und Einkommensprofilen der Mitarbeitenden zumindest im Kundenservice auf.

1.2.4 Steuerung der Kundendialoge mit der Value-Irritant-Matrix im operativen Dialog

In einem **sechsten und letzten Schritt** stellt sich die Frage nach der Steuerung der Value-Irritant-Matrix im operativen Betrieb. Hier bieten sich pro Quadrant die folgenden Kennzahlen an, um den Erfolg der jeweiligen Massnahmen nachvollziehen zu können, die zum «Vermeiden», «Vereinfachen», «Automatisieren» und «Ausschöpfen» von Dialogen führen sollen. Eine Übersicht gibt Abb. 1.3.

Am einfachsten stellt sich die Auswahl des KPI in Quadrant I dar. Hier geht es um das Vereinfachen von Dialogen. Ein guter Indikator für die Einfachheit ist der Aufwand, den ein Kunde im Dialog mit dem Unternehmen betreiben muss. Das Konzept der «effortless experience» wurde von Dixon et al. (2010) konzipiert. Price und Jaffe (2022) bestätigen dieses Konzept, und Ardelet und Benavent (2023) haben es 2022 empirisch überprüft. Der von Dixon et al. konzipierte Customer Effort Score hat sich seitdem in der Praxis breit etabliert (Agag & Eid, 2020). Hier wird gemessen, ob das Unternehmen es dem Kunden leicht gemacht hat, seine Anfrage zu beantworten. In der Folge wird eine

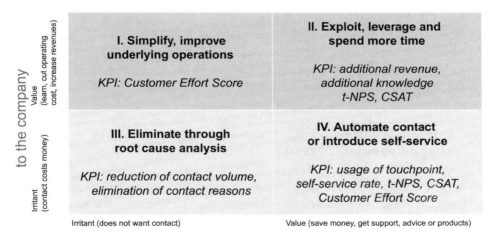

Abb. 1.3 Value-Irritant-Matrix mit KPIs der einzelnen Strategiequadranten. (Quelle: eigene Erstellung)

«Close-the-Loop»-Frage gestellt, was zu dieser Bewertung geführt habe. Aus dieser Art der Bewertung kann das Unternehmen im Zeitverlauf sehr gut ablesen, ob die Massnahmen, die zu einer Vereinfachung der Kundenkontakte in diesem Quadranten führen sollen, ihren Zweck erfüllt haben.

Die Massnahmen zur Ausschöpfung der Kundenkontakte aus Quadrant II lassen sich anhand des zusätzlichen im Gespräch generierten Umsatzes messen. Gleiches gilt bspw. bei Dialogen über Beschwerden bzw. Feedback des Kunden. Hier gilt es, die Anzahl neuer Ideen oder des neuen Wissens um die Unternehmensperformance zu messen. In Bezug auf die Verbesserung der Kundenbeziehung kann hier der t-NPS oder eine Kundenzufriedenheitsbefragung nach dem Kontakt darüber Aufschluss geben, ob die hier getroffenen Massnahmen auch aus Sicht des Kunden erfolgreich waren.

In Bezug auf die Erfolgsmessung des Quadranten III geht es um die Vermeidung von Kundenkontakten. Hier gilt es, das Kundenkontaktvolumen genau zu beobachten. Ist das Volumen gesamthaft gesunken? Hat es das Unternehmen geschafft, einzelne Kontaktgründe komplett zu eliminieren? Hier geht es vor allem um wiederkehrende Kontakte, die aus Sicht des Unternehmens und der Kunden unnötig sind: Fragen zur Kommunikation auf der Website, zu den Produkten etc. Eine konsequente Herangehensweise skizzieren Pyka und Stuhldreier in diesem Band anhand des Beispiels des Deutschen Direktversicherers HUK24. So sei «jede E-Mail ein Versagen der Website».

Als anspruchsvoll stellt sich die Steuerung der Massnahmen des Quadranten IV dar. Da viele Instrumente der Automation oder des Selfservice für Kunden noch neu sind, müssen diese Touchpoints adäquat eingeführt und vermarktet werden. Kunden sind es noch gewohnt, anzurufen oder ein Mail zu schreiben. Dementsprechend ist der Nutzungsgrad eines Selfservice-Portals oder eines Bots zunächst matchentscheidend. Darauf aufbauend gilt jedoch die Frage, ob das Tool die Anfrage des Kunden beantworten konnte. Hier bietet sich die Kennzahl der «first contact resolution rate» (FCR) an: «Konnte das Tool Ihre Anfrage beantworten?» Wenn ja, stellt sich hier – ähnlich wie im Quadranten I – die Frage nach dem Aufwand. Aus der dem Customer Effort Score folgenden «Close-the-Loop»-Frage ergeben sich aus Sicht des Kunden Hinweise darauf, wie die Tools noch kundenorientierter gestaltet werden könnten.

1.3   Zusammenführung der Steuerungsinformationen zu einem Kunden-Cockpit

Bruhn (2016) macht deutlich, dass Qualitätsmanagement ein integraler Bestandteil des Managements langfristiger Kundenbeziehungen ist. Auch Peppers und Rogers (2016) zeigen in ihren Ausführungen zum IDIC-Modell auf, welche Bedeutung ein ständiges Lernen von Kunden und Verbessern haben. Kennzahlen, die dieses Lernen aus einem Kundendialog begünstigen, wie NPS, CSAT oder der Customer Effort Score, wurden in Abschn. 2.2.4 im Rahmen der Steuerung der Massnahmen, die sich aus der Anwendung der Value-Irritant-Matrix ergeben, vorgestellt.

Darüber hinaus hat sich seit einigen Jahren in der Praxis die Erkenntnis durchgesetzt, dass sich «schlechte» Customer Experience oft nicht rechnet. Gerade im Kundenservice sind Kunden, wenn es darum geht, von einem Unternehmen eine verlässliche, richtige Lösung zu bekommen, viel beharrlicher als man denkt. So nehmen sie oft Wartezeiten in Kauf oder kontaktieren die Firma wegen desselben Problems mehrfach über verschiedene Anlaufstellen wie die Filiale, die Website oder das Contact Center. Um diese «unnötigen» Kosten zu senken, benötigt das Unternehmen jedoch Steuerungssysteme, die auf die schnelle Lösung im ersten Anlauf (First Contact Resolution Rate) zu vertretbaren Gesamtkosten (Cost to Serve) abzielen. Auf der Basis dieser Informationen kann mit einer Value-Irritant-Matrix bspw. über eine sinnvolle Automation oder eine Kompetenzentwicklung bei einem persönlich bedienenden Mitarbeiter entschieden werden.

Überhaupt wird das Thema der Integration von Kostenbetrachtungen in das Kunden- und Service-Excellence-Management noch viel zu wenig methodisch unterstützt. Hier sind die Arbeiten von Maklan et al. (2017) hervorzuheben. Sie haben untersucht, wie die Royal Bank of Scotland (RBS) unter grossem Kostendruck ihre Customer Journey analysiert hat. Dabei zerlegt die RBS die Journey in die einzelnen Kundenentscheidungsschritte, identifiziert die Services und Dialoge, die RBS in diesem Schritt anbietet, analysiert die Relevanz dieser Services aus der Perspektive des Kunden, die für RBS entstehenden Kosten und die durch den Kunden wahrgenommene Qualität und Performance dieser Services anhand von NPS, Kundenzufriedenheit und Customer Effort Score.

Das Zusammenbringen dieser drei Perspektiven (Schritte aus Kundenperspektive, Services und Kosten aus Unternehmensperspektive und Qualität wiederum aus Kundenperspektive) lässt RBS beurteilen, wo die grössten Hebel in der Verbesserung des Kundenerlebnisses sind. Die Auswahl der richtigen KPIs trägt also dazu bei, Ansatzpunkte zu finden, wo man mit einer Verbesserung des Kundenerlebnisses beginnen sollte, und hilft durch diese Priorisierung, Komplexität zu bewältigen und Fokus herzustellen. Interessant ist dabei, dass viele Unternehmen gerade im Zusammenhang mit der Bewältigung der COVID-19-Pandemie hohe Beträge investiert haben, um neue Customer-Experience-Abteilungen zu gründen oder WOW-Momente für ihre Kunden zu gestalten. Leider blieben hier häufig nennenswerte Effekte aus, da gleichzeitig an anderer Stelle – z. B. im Customer Service – gespart wurde und die Auswirkungen der ergriffenen CX-Massnahmen nicht gemessen werden (konnten). Abhilfe kann hier eine Implementation eines integrierten Kundenmanagement-Cockpits schaffen.

Die Mehrheit der befragten Unternehmen misst heute schon einstellungsbezogene KPI wie z. B. den Net Promotor Score (NPS), Mitarbeiter- und Kundenzufriedenheit sowie den Customer Effort Score. Jedoch stehen solche Kennzahlen als «zu weich» immer wieder in der Kritik, da der Zusammenhang zu anderen, objektiv gemessenen Kennzahlen des Unternehmens fehlt.

Daher messen die Organisationen zusätzlich auf der operativen Ebene der Marketing-, Vertriebs- und Customer-Service-Abteilungen Prozesskennzahlen, bspw. die Conversion-Rate der Kampagnen, die Anzahl der Verkaufsberatungen, die Erfolgsrate der

Offerten, die Erstlösungsquote oder den Servicelevel im Contact Center. Solche Kennzahlen mögen für einzelne Abteilungen eine gute Orientierungshilfe zur Steuerung ihrer Ziele sein, helfen aber nicht, der Unternehmung ein gemeinsames Bild vom Stand der Umsetzung der Customer-Experience-Strategie und den Erfolg des Kundendialogmanagements über die gesamte Organisation hinweg zu vermitteln, da der Zusammenhang bspw. zwischen Erstlösungsquote (FCR) und Kundenzufriedenheit sowie Mitarbeiterzufriedenheit und Kundenzufriedenheit oder gerade der Effekt auf Profitabilität und Wachstum (den die übergeordnete Instanz der Geschäftsleitung interessiert) nicht transparent gemacht werden kann.

Um nun im Customer Experience erfolgreich zu sein (und damit Kundenorientierung nicht nur als Lippenbekenntnis zu leben), müssen also Schlüsselkennzahlen nach Prioritäten geordnet und in einen Bezug zum Beitrag der Unternehmensstrategie gesetzt werden. Das gestaltet sich aber aufgrund der Anzahl möglicher KPIs schwierig. Die Führung mit aussagekräftigeren Verhältniskennzahlen wie der Anzahl Weiterempfehlungen, der tatsächlichen Mehrverkäufe (Reichheld et al., 2021) an die eigene Kundschaft, der Anzahl wertschöpfender Kundenkontakte, der Selfservice-Quote aus der Anwendung der Value-Irritant-Matrix oder der Servicekosten pro Kunde ist in diesem Zusammenhang immer noch nicht sehr weit verbreitet. Auch ist in den meisten Branchen nicht bekannt, wie sich z. B. ein in die unterschiedlichen Kommunikationsmöglichkeiten und Medien (Kampagnen, Werbung, Sponsoring) investierter Werbefranken rentiert und auf das positive Kundenerlebnis gerade bei potenziellen Neukunden einzahlt. Diese Kennziffern sind es jedoch, die einen sehr guten Aufschluss über die mittel- und langfristige strategische Entwicklung des Kundenmanagements im Hinblick auf ein differenzierendes Kundenerlebnis und eine kosteneffiziente Service Excellence geben.

Für eine effektivere CX-Steuerung wäre es also wünschenswert, dass Kennziffern nicht nur Touchpoint-bezogen, sondern auch Customer-Journey-bezogen erhoben und gesteuert werden. Da Kunden die Customer Journey gesamthaft beurteilen, ist ein Customer-Journey-Messverfahren wichtig – möglichst in Echtzeit, um zeitnah reagieren zu können. CX-Management-Cockpits auf einer solchen Basis können dann genutzt werden, um die CX- und Unternehmensziele zu erreichen, wenn die Bewertungen der Kunden und deren Einfluss auf die Umsätze und Kosten verbunden werden. Ein ideales CX-Cockpit steigert die Performance auch dadurch, dass es allen involvierten Mitarbeitenden zeigt, wie die verbesserten Umfragewerte (z. B. Kundenzufriedenheit) mit einem Rückgang der Anrufe im Contact Center korrelieren. Der Einsatz eines integrierten Kundenmanagement-Cockpits kann so auch zur Kulturbildung und -entwicklung eingesetzt werden, indem Erfolge transparent gemacht werden. Auf der anderen Seite ist es gerade für das Management ebenso entscheidend, an welchen Stellen eine verbesserte CX auch zu Kosteneinsparungen beiträgt. So dürften die Verantwortlichen den Wert von Customer Experience besser einschätzen.

Grundsätzlich ist es für Unternehmen, die einen hohen Reifegrad anstreben, wichtig, sowohl Prozesskennzahlen als auch Kundenfeedback-KPIs sowie vor allem die «harten» Geschäftsresultate intelligent miteinander in Beziehung setzen zu können, um einerseits Wirkungsmechanismen zu verstehen und andererseits gezielt nachhaltig in das Kundenmanagement der Zukunft investieren zu können.

1.4   Fazit

Je grösser die Herausforderungen und je komplexer die Ansprüche der Kunden werden, desto mehr steigt die Notwendigkeit nach einer Formulierung einer Kundendialogstrategie. Ziel einer solchen Strategie muss es sein, positive Kundendialoge planen und durchführen zu können. Wesentlicher Pfeiler dabei ist die Messung und Steuerung der Relevanz von Kundendialogen aus der Sicht der Kunden und aus der Sicht der Unternehmen in der Value-Irritant-Matrix. Diese erfordert jedoch einen akkuraten Katalog der Kundendialoge und deren Volumina. Die grundlegenden Strategien der Matrix «Vermeiden», «Vereinfachen», «Ausschöpfen» und «Automatisieren» helfen, konkrete Massnahmen zielgerichtet zu entwickeln. Dabei ist wichtig, die Umsetzung dieser Massnahmen mit den geeigneten KPIs zu erfassen. Diese KPIs können ein fundamentaler Bestandteil eines umfassenderen Customer Experience Cockpit sein, müssen jedoch mit Prozess-KPIs und dem Unternehmenserfolg aus Sicht des Vorstands/der Geschäftsleitung gekoppelt werden, um den Mehrwert einer verbesserten Customer Experience auch systematisch managen zu können.

Literatur

Agag, G., & Eid, R. (2020). Which consumer feedback metrics are the most valuable in driving consumer expenditure in the tourism industries? A view from macroeconomic perspective. Tourism Management, 80(Oct), 104109. https://doi.org/10.1016/j.tourman.2020.104109.

Ardelet, C., & Benavent, C. H. (2023). Does making less effort entail satisfaction? A large empirical study on client relationship services. *International Journal of Market Research, 65*(1), 83–99. https://doi.org/10.1177/14707853221113953.

Bruhn, M. (2016). *Relationship Marketing: Das Management von Kundenbeziehungen* (5. Aufl.). Vahlen.

Christopher, M., Payne, A., & Ballantyne, D. (1991). *Relationship marketing: Bringing quality, customer service and marketing together.* Butterworth-Heinemann.

Dixon, M., Freeman, K., & Toman, N. (2010). STOP trying to delight your customers. *Harvard Business Review, 88*(7/8), 116–122.

Gans, N., Koole, G., & Mandelbaum, A. (2003). Telephone call centers: Tutorial, review, and research prospects. *Manufacturing & Service Operations Management, 5*(2), 79–141.

Hundertmark, S., & Hafner, N. (2023). Gestaltung automatisierter Kundendialoge im Spannungsfeld von Kosten und Customer Experience. In M. Bruhn & K. Hadwich (Hrsg.), *Gestaltung des Wandels im Dienstleistungsmanagement, Band 2: Kundenperspektive – Anbieterperspektive – Mitarbeiterperspektive* (S. 219–238).

Klaus, P., & Manthiou, K. (2020). Applying the EEE customer mindset in luxury: Reevaluating customer experience research and practice during and after corona. *Journal of Service Management.* https://doi.org/10.1108/JOSM.

Landmann, E., Siems, F. U., Hafner, N., & Pape, M. (2022). Die Value-Irritant-Matrix als mögliches Instrument zur empirischen Klassifikation von Potenzialen und Grenzen von Smart Services: Ein Anwendungsversuch mit kritischer Diskussion. In M. Bruhn & K. Hadwich (Hrsg.), *Smart Services: Forum Dienstleistungsmanagement* (S. 273–290). Springer. https://doi.org/10.1007/978-3-658-37344-3_8.

Lemon, K. N., & Verhoef, P. C. (2016). Understanding customer experience throughout the customer journey. *Journal of Marketing, 80*(6), 69–96. https://doi.org/10.1509/jm.15.0420.

Maklan, S., Antonetti, P., & Whitty, S. (2017). A better way to manage customer experience – Lessons from the Royal Bank of Scotland. *California Management Review, 59*(2), 92–115.

Oliver, R. L. (1997). *Satisfaction: A behavioral perspective on the consumer.* Irwin/McGraw-Hill.

Peppers, D., & Rogers, M. (2016). *Managing customer experience and relationships: A Strategic Framework.* Wiley.

Price, B., & Jaffe, D. (2008). *The best service is no service: How to liberate your customers from customer service, keep them happy, and control costs.* Wiley.

Price, B., & Jaffe, D. (2022). *The frictionless organization: Deliver great customer experiences with less effort.* Berrett-Koehler Publishers.

Reichheld, F., Darnell, D., & Burns, M. (2021). *Net Promoter 3.0.* Harvard Business Review, 11/2021.

Reichheld, F., & Markey, R. (2011). *The ultimate question 2.0: How net promoter companies thrive in a customer-driven world.* Harvard Business Review Press.

Service Excellence Cockpit. (2022). Report 2022.

Vuillemin, C. (2023). Zwischen Burnout und Boreout, Brand eins. Ausgabe Mai 2023 (S. 87 f.).

Prof. Dr. Nils Hafner ist Professor für Kundenmanagement am Institut für Finanzdienstleistungen Zug der Hochschule Luzern Wirtschaft. Prof. Dr. Hafner studierte Betriebswirtschaftslehre, Psychologie, Philosophie und Neuere Geschichte in Kiel und Rostock, Deutschland. Er promovierte im Innovationsmanagement/ Marketing über die Qualitätssteuerung von Callcenter-Dienstleistungen.

Heute ist er als Autor und internationaler Keynote Speaker tätig und berät Geschäftsführungen und Vorstände mittlerer und grosser Unternehmen in Deutschland, der Schweiz und ganz Europa zum Aufbau von Unternehmenskompetenzen im Kundenmanagement. Nils Hafner hält pro Jahr ca. 30 Keynotes an öffentlichen und unternehmensinternen Veranstaltungen zum Thema «Kunde».

Ende 2018 erschien sein Amazon Nr. 1. Bestseller «Die Kunst der Kundenbeziehung» in der zweiten Auflage. In seinem Blog «Hafner on CRM» und seinem Podcast «Hafners CX Podcast» versucht er, dem Thema seine informativen, schönen, schlimmen, tragischen und lustigen Seiten abzugewinnen. Dort veröffentlicht er auch seit 2006 die CRM-Trends des Jahres, seit 2020 zusammen mit dem deutschen Berater Harald Henn den CEX Trendradar, der inzwischen international eine relevante Entscheidungsgrundlage für Customer Experience Management Lösungen im Top-Management geworden ist und von weltweiten Technologie-Anbietern systematisch gefördert wird.

Die vier Bausteine einer menschenzentrierten Kultur: Die Zutaten für ein gesundes Frühstück

2

Gregorio Uglioni

Inhaltsverzeichnis

Schlüsselwörter

Kultur · Transformation · Menschenzentrierung · Leadership

2.1 Einführung

Wir sind in einer historischen Phase, in der Menschen mit Unternehmen in Kontakt treten wollen, die ähnliche Werte und sinnstiftende Zwecke haben und diese auch leben. Es ist eine Tatsache geworden: Viele Menschen bevorzugen Unternehmen wie z. B. IKEA (2023), das die Vision hat, einen besseren Alltag für Menschen zu schaffen, oder Tesla (2023), das den Übergang zu einer nachhaltigeren Energieversorgung beschleunigen will. Sie würden sogar gerne dort arbeiten. Eine menschenzentrierte Kultur stellt genau

G. Uglioni (✉)
CX Goalkeeper, Maennedorf, Schweiz
E-Mail: g.uglioni@gmail.com

N. Hafner und S. Hundertmark (Hrsg.), *Kundendialog-Management,*
https://doi.org/10.1007/978-3-658-42851-8_2

das sicher. In einer solchen Kultur leben die Mitarbeitenden die definierten Werte, und sie wollen täglich einen sinnvollen Mehrwert für die Kunden generieren. Die Kunden sind zufrieden und fühlen sich mit der Marke emotional verbunden; deswegen kommen sie immer wieder zurück.

In ersten Teil dieses Kapitels wird Klarheit über das Zusammenspiel der Vision, der Mission, den Werten und der Kultur eines Unternehmens geschaffen, bevor der Fokus auf die Unternehmenskultur und auf die vier vom Autor identifizierten kulturellen Grundbausteine gerichtet wird. Abschliessend wird der ROI («Return on Investment») einer gesunden, positiven und inspirierenden Kultur beschrieben.

Vision, Mission, Werte und Kultur sollen in einem Unternehmen optimal zusammenpassen, sodass das Unternehmen und seine Mitarbeitenden auf einen gemeinsamen Zweck sowie Werte und Ziele hinarbeiten. Eine positive Unternehmenskultur, die mit der Mission, Vision und den Werten des Unternehmens übereinstimmt, wird zu einer engagierenden und produktiven Zusammenarbeit führen.

Die Vision eines Unternehmens gibt die Orientierung vor, wohin die Reise gehen soll. Im Einzelnen drückt die Vision das Leitbild für die Zukunft aus, sowie ihren möglichen Einfluss auf die Welt. Das ist der Grund, «warum» Kunden und Mitarbeitende mit dieser Marke in Berührung kommen und bestenfalls eine langfristige Beziehung zu dieser Marke aufbauen.

Neben der Vision wird die Unternehmensmission definiert, die das übergeordnete Ziel oder den Zweck eines Unternehmens beschreibt. Es geht um die Quantifizierung des Mehrwerts, den ein Unternehmen den Kunden und der Gesellschaft anbietet. Damit wird ein «Gefühl» entwickelt, das die Richtung und den Zweck vorgibt, wie das Unternehmen langfristig seine Vision erreichen will.

Die Vision eines Unternehmens wird als Grundbaustein (gemeinsam mit der Unternehmensmission) genommen, um die Kultur eines Unternehmens zu definieren, zu schützen und weiterzuentwickeln. Entscheidend ist, die Vision und die Mission in eine tägliche mehrwertgenerierende Realität umzuwandeln. Das ist die Rolle der Kultur. Die Unternehmenskultur ist das «soziale Gefüge», welches das Unternehmen am Laufen hält.

Die Unternehmenskultur ist das Zusammenspiel von Verhaltens- und Wertesystemen, Überzeugungen, Normen und Ritualen, die den Charakter eines Unternehmens prägen. Es geht darum, wie Menschen untereinander im Unternehmenskontext interagieren, wie sie mit den Kunden umgehen, wie sie (und Vorgesetzte) Entscheidungen treffen, wie sie untereinander kommunizieren, wie sie Unternehmensziele verfolgen und wie sie versuchen, diese zu erreichen. Diese Werte sind die grundlegenden Überzeugungen und Prinzipien innerhalb des Unternehmens, die das Handeln und das Verhalten vorgeben. Verhaltensmuster dessen, was erlaubt, unterstützt und was nicht erlaubt wird, werden in Beispielen vorgegeben. Diese Verbildlichung hilft den Mitarbeitenden von Anfang an, die Kultur besser zu verstehen. Es geht um diejenigen Werte, die effektiv von den Mitarbeitenden gelebt werden, und nicht um jene, die man auf einem Plakat in der Eingangshalle lesen kann (oder die im Internet dokumentiert sind).

Nachfolgend werden drei hervorragende Definitionen von Kultur aufgelistet: Herb Kelleher, ehemaliger CEO von Southwest, einer bekannten Fluggesellschaft, definiert die Unternehmenskultur wie folgt: «Wie verhalten sich Mitarbeitende, wenn die Chefs nicht anwesend sind» («Culture is what you do when people aren't looking»; E. Mosley, 2014). Gibson Biddle, ein ehemaliger Netflix Executive, benutzt einen grossartigen Vergleich, um verständlich zu machen, was die Unternehmenskultur ist: «Kultur ist wie das Wasser für die Fische. Sie sehen das Wasser nicht, sie wissen nicht, was Wasser ist, aber das Wasser ermöglicht ihnen alles» («Culture is like water to a fish – they don't see it or know what it is exactly, but it governs everything that's possible»; Biddle, 2021). Und wie Joe Pine, bekannt als «Vater von Customer Experience» mit seinem berühmten Buch «The Experience Economy» sagt: «Die Kultur ist das schlechteste Verhalten, welches toleriert wird» («Culture is the worst behaviour you tolerate»; Pine, 2021).

2.2   Die vier Bausteine einer Kultur

Auf den nächsten Seiten werden vier wichtige Komponenten einer gesunden, positiven und inspirierenden menschenzentrierten Kultur beschrieben. Der Autor dieses Kapitels hat sie aus mehreren weltweit bekannten Büchern (wie bspw. «Customer What?» von Ian Golding, «Customer Understanding» von Annette Franz, «The Chief Customer Officer 2.0» von Jeanne Bliss, «The Customer Culture Imperative» von L. Brown und C. Brown) zusammengestellt und mit den Erkenntnissen aus zahlreichen Episoden seines «CX Goalkeeper»-Podcasts (Uglioni, 2023) ergänzt. Dabei entstand folgende Kategorisierung (vgl. Abb. 2.1):

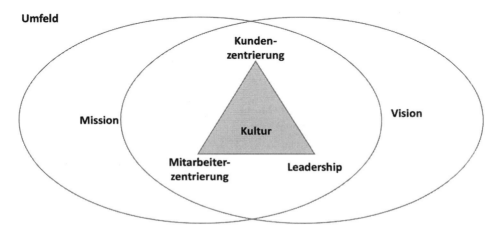

Abb. 2.1   Die vier Bausteine einer Kultur

1. Die Mitarbeitendenzentrierung
2. Die Kundenzentrierung
3. Die Leadership
4. Das Umfeld

Eine wichtige Bemerkung: Der Autor dieses Kapitels schreibt über eine menschen-
zentrierte Kultur (und nicht über eine kundenzentrierte oder mitarbeitendenzentrierte
Kultur), da sowohl Mitarbeitende als auch Kunden Menschen sind. Menschen sollen im
Mittelpunkt stehen.

2.2.1   Mitarbeitendenzentrierung

In diesem Unterkapitel wird die Zentralität der Mitarbeitenden in einer menschenzentrierten Kultur und in einem Unternehmen beschrieben. Zudem werden einige «Best
Practices» anhand eines vereinfachten Mitarbeitendenpfads geschildert.

2.2.1.1 Einführung

Eine wichtige Zutat einer menschenzentrierten Kultur ist der Einbezug der Mitarbeitenden. Die Mitarbeitenden sind im Unternehmen die Akteure, die in jedem Bereich
tätig sind. Wie können Kunden ohne engagierte Mitarbeitende zufriedengestellt werden
(so, dass Kunden gegenüber dem Unternehmen loyal bleiben)?

Mitarbeitende entwickeln Produkte und neue Ideen für Kunden, sie bedienen Kunden
am Telefon, vor Ort und digital über zahlreiche Kanäle. Wenn sie optimal befähigt und
unterstützt werden, werden sie alles tun, um das Beste für den Kunden zu erreichen. Mit
dem täglichen Einsatz, ihrem Verhalten, an welche Normen sie sich halten, zeigen sie,
dass sie sich ins Kundengeschehen involviert fühlen. Wie die Mitarbeitenden gemeinsam
«Dinge anpacken», ist für den Unternehmenserfolg entscheidend.

Besonders in einer schwierigen Situation sind der Zusammenhalt, die gegenseitige
Unterstützung und die Motivierung der anderen ausschlaggebend, damit sich das Unternehmen in die geplante Richtung weiterentwickelt.

Viele Unternehmen fokussieren sich auf die Optimierung der Kundenerfahrungen,
Mitarbeitende beschäftigen sich mit Customer Journeys, mit den für den Kunden entscheidenden Momenten (sogenannte «Moments of Truth»), mit den Resultaten von
Kundenbefragungen, und sie implementieren dementsprechend neue Kommunikationskanäle, intelligentere Systeme und optimierte Prozesse etc. Vielfältige Initiativen laufen
im Unternehmen, um die Kundenerlebnisse zu verbessern. Unternehmen achten mehr
und mehr darauf, dass die gesamte Customer Journey einfach, reibungslos, komfortabel,
emotional und personalisiert ist. Jedes Unternehmen beschäftigt sich mit Customer Journeys, die diese «Meta»-Schritte beinhalten:

- Schritt 1: «Vor dem Einkauf» (Wie können Kunden herausfinden, dass das Unternehmen überhaupt existiert und ihre Bedürfnisse abdecken könnte?)
- Schritt 2: «Während des Einkaufs» (Wie läuft der Einkaufsprozess ab?)
- Schritt 3: «Nach dem Einkauf» (Wie kann ein Unternehmen sicherstellen, dass Kunden mit dem Produkt oder mit der Dienstleistung zufrieden sind, und wie kann ein Unternehmen mit den Kunden nach dem Einkauf in Kontakt bleiben?)

Erst in den letzten zwei bis drei Jahren haben Unternehmen angefangen, sich mit Mitarbeitenden-Journeys und den Emotionen der Mitarbeitenden zu beschäftigen, da sie verstanden haben, dass sowohl die Kundenbedürfnisse als auch die Mitarbeitendenbedürfnisse wichtig sind.

Viele Experten beobachten immer wieder, dass die internen Systeme (z. B. das Customer Relationship Management Tool, das Knowledge Management) nicht so einfach bedienbar sind wie die Systeme (z. B. Kundenportal oder App), welche die Kunden benutzen. Viele Mitarbeitende aus dem Kundendienst fragen sich z. B., wieso den Kunden eine wunderbare App mit sämtlichen relevanten Informationen zur Verfügung steht und sie sich mit zahlreichen veralteten Systemen begnügen müssen. Es ist eine Tatsache, dass Kundendienstmitarbeitende durchschnittlich bis zu sieben Systeme während einer Kundeninteraktion benutzen, weshalb sie sich nicht auf den Gesprächspartner fokussieren können. Ein weiteres Beispiel sind die unternehmensinternen Kommunikationswege: Viele Unternehmen benutzen immer noch E-Mails und Intranet als interne Kommunikationskanäle, während Kunden bereits über zahlreiche Medien (z. B. soziale Medien, ein Kundenportal, …) verfügen, welche die wichtigsten Informationen enthalten und mit denen sie mit den Unternehmen interagieren können. Das jüngste Beispiel stellen Chatbots dar. Diese beantworten bereits viele externe Kundenanfragen, werden intern im Unternehmen jedoch nicht genutzt. Viele IT Service Desks beantworten daher die meisten Mitarbeitendenanfragen immer noch manuell per Telefon oder E-Mail.

Diese Beispiele zeigen auf, wie wenig relevant Mitarbeitende für den Betrieb eines Unternehmens erscheinen. Sie erleben im Unternehmen oft langwierige emotionslose Prozesse. Aber ohne motivierte und exzellent unterstützte Mitarbeitende funktioniert leider wenig. Interessant ist dabei, dass Mitarbeitende eine ähnliche Journey wie Kunden durchlaufen (vgl. Abb. 2.2). In den nachfolgenden Absätzen werden einige der wichtigsten Elemente für die kulturelle Entwicklung einer Mitarbeitenden-Journey geschildert.

2.2.1.2 Schritt 1: Vor der Anstellung

Bereits beim ersten Schritt der Journey («Vor der Anstellung»), nämlich dem Bewerbungsprozess, treten oft viele Ineffizienzen auf, im Anschluss fehlen beim Onboarding die Zugriffsrechte am ersten Arbeitstag, oder Laptop oder Zugangs-Badge sind nicht vorhanden. Das ist nur ein Beispiel zum Thema «Erster Eindruck». Schwieriger wird es, wenn Mitarbeitende sich in den ersten Arbeitswochen oft weder mit den Werten noch mit der Vision eines Unternehmens identifizieren können. Das bedeutet, dass sie nicht in der Lage sind, sich im Zusammenspiel mit ihren Kollegen wohlzufühlen und

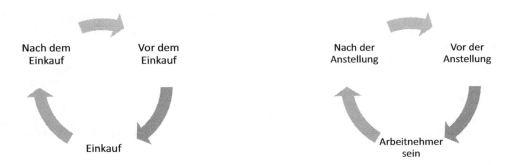

Abb. 2.2 Holistische Journeys – links: Kunden-Journey, rechts: Mitarbeitenden-Journey

Resultate zu liefern. Es kann jedoch passieren, dass diese Mitarbeitenden die Kultur ge-fährden (oder sogar bekämpfen), weil sie sich nicht wohl fühlen. Oft sind das die Mit-arbeitenden, die sich immer direkt oder indirekt («passive Resistenz») querstellen, alles infrage stellen, alles immer negativ kommentieren – Mitarbeitende, die sich während der Arbeitszeit «immer anpassen müssen» und sogar die sogenannte «Maske» tragen müs-sen. Sie sind kurz- oder langfristig unzufrieden und können dementsprechend nicht ihr Bestes für das Unternehmen geben.

Eine menschenzentrierte Kultur eines Unternehmens soll geschätzt werden! Es muss von Anfang an sichergestellt werden, dass die Mitarbeitenden zur Unternehmenskultur passen sollen und nicht umgekehrt. Ziel dabei ist es, ein harmonisches, positives und ge-meinschaftliches Arbeitsumfeld zu schaffen, wo Mitarbeitendenprobleme angegangen und Lösungen gefunden werden, um gemeinsam etwas zu erreichen. Unternehmen sol-len Mitarbeitende anstellen und beschäftigen, welche die definierten Unternehmenswerte selbst leben. Ein gutes Beispiel zeigt hier die Firma Zappos (Canales, 2023).

Bereits vor der Anstellung und insbesondere bei den Bewerbungsgesprächen ist es den Verantwortlichen von Zappos wichtig, dass man die zur Kultur «passenden» Mit-arbeitenden anstellt. Die Werte der Kandidaten sollen mit denen des Unternehmens übereinstimmen. Nur auf diesem Weg kann man sicherstellen, dass die neuen Mit-arbeitenden einerseits zur Kultur passen und sich an die Normen und Verhaltensweisen halten werden, und andererseits, dass diese Werte von den Mitarbeitenden täglich gelebt werden.

Zappos, ein digitaler Schuhhändler, verteidigt die eigene Kultur so stark, dass sie be-reit sind, neuen Mitarbeitenden bis zu 2000 US$ zu bezahlen, um das Unternehmen so-fort zu verlassen, wenn der Mitarbeitende während der ersten Arbeitswochen bei Zappos das Gefühl hat, dass er sich nicht in die Kultur von Zappos integrieren kann. Zappos verlangt, dass die Mitarbeitenden die Werte von Anfang an auswendig können, und ins-besondere, dass sie diese Werte leben. Das zeigt auf, wie wichtig für Zappos die Kultur ist. In der Tat war Zappos das erste Geschäft, das zu Amazon gehörte und die eigene Marke weiterhin benutzen durfte und das eigene Branding weiterführen konnte. Amazon wollte sicherstellen, dass die Zappos-Kultur auch nach der Übernahme unberührt bleibt, weil die Zappos-Kultur das Unternehmen so erfolgreich gemacht hat (Canales, 2023).

2.2.1.3 Schritt 2: Arbeitnehmer sein

Neue Mitarbeitende besuchen oft einige Einführungsveranstaltungen, die mehrere Tage dauern, und lernen das Unternehmen kennen. Sie besuchen viele Kurse, um Prozesse, Vorgehensweisen und Produkte kennenzulernen. Oft wird dieser Austausch auch genutzt, um das interne Netzwerk aufzubauen. Nach den ersten Monaten ist alles vorbei. Das «Daily Business» drängt, und einige Unternehmen bieten danach wenige (oder gar keine) internen oder externen Weiterbildungen an. Oft gehen Unternehmen davon aus, dass die Mitarbeitenden «bereits alles wissen, was sie wissen sollen». Sämtliche relevanten Informationen und Vorgehensweisen sind bereits rezipiert worden. Die Informationen zu neuen Entwicklungen im Unternehmen und über neue Produkte werden oft per E-Mail oder Intranet mitgeteilt. Jeder Mitarbeitende ist selbst dafür verantwortlich, sich auf dem Laufenden zu halten.

Einige Unternehmen bieten solche internen (und externen) Weiterbildungen, Austausche und Reflexionsmöglichkeiten regelmässig an. Es geht nicht nur darum, inhaltlich weiterzukommen, sondern auch darum, die menschlichen Skills zu verstärken, sich auszutauschen und das Verständnis der Grundwerte zu erweitern. Das bewusste Wiederholen, bspw. anhand von Situationen («das ist passiert, so haben wir reagiert»), hilft Mitarbeitenden, bestimmte Automatismen zu verinnerlichen.

Die Antwort von Ritz-Carlton stellen z. B. die Ritz-Carlton-Rituale dar. Beim morgendlichen Austausch wird jeden Tag ein Serviceprinzip wiederholt (Schulze, 2019).

Rituale sind wie bei Ritz-Carlton entscheidend, um eine Servicekultur zu verankern. Weltweit treffen sich die Mitarbeitenden jeden Tag vor dem Schichtstart. Sie gehen bewusst eines der vierundzwanzig «Serviceprinzipien» der Grundbausteine der Servicekultur durch – unabhängig davon, ob es sich um das Ritz-Carlton in Hong Kong oder in London handelt. Jeden Tag findet das gleiche Ritual statt. Diese Herangehensweise ermöglicht es, dass sämtliche Mitarbeitende monatlich sämtliche Prinzipien besprechen, verstehen, wiederholen und anwenden.

Eine weitere Problematik ist, dass Unternehmen ihren Mitarbeitenden nicht vertrauen. Unternehmen definieren immer mehr Weisungen, Standard Operating Procedures («SOPs») und detaillierte Vorgehensweisen, um sicherzustellen, dass die Mitarbeitenden exzellent performen. Mitarbeitende werden (in ihrer Kreativität) so sehr stark eingeschränkt, weil sie immer mehr kontrolliert werden. Eine Abweichung von einer SOP kann bereits eine Abmahnung auslösen, auch wenn der Mitarbeitende sich für die Kunden (und sogar im Sinne des Unternehmens) eingesetzt hat. Zum Beispiel wird im Kundendienst das Einhalten der Vorgaben vor die Improvisationsfähigkeit der Mitarbeitenden, Kundenanliegen elegant zu lösen, gestellt. Mitarbeitende werden nicht in die bestmögliche Lage gebracht, die beste Lösung für die Kunden zu suchen, sondern sie müssen ohne Ausnahmen die Regeln einhalten.

Wenn ein Unternehmen sich für einen Mitarbeitenden entscheidet, dann sollte man davon ausgehen, dass der Mitarbeitende sich für das Unternehmen einsetzen wird (Menschen gehen nicht zur Arbeit, um einen schlechten Job zu machen). Mitarbeitende haben eine entscheidende Rolle bei der Mehrwertgenerierung für das Unternehmen und für die Kunden. Das funktioniert jedoch nur dann, wenn das Unternehmen ihnen vertraut und es ihnen ermöglicht, das Beste zu geben. Selbstverständlich müssen sich Mitarbeitende an sämtliche gesetzlichen und regulatorischen Regeln halten. Wenn man den Mitarbeitenden jedoch vertraut und die richtigen Menschen eingestellt hat, dann ist es eine Selbstverständlichkeit, dass die Mitarbeitenden diese Grenzen kennen und sich nur innerhalb dieser bewegen werden.

Eine Antwort, um einengende Regeln zu beseitigen, liefert Mary Barra, GM CEO. Sie reduzierte die Bekleidungsvorschriften von mehreren Seiten auf zwei Wörter: «Dress appropriately» (Feloni, 2023): In ihrer Erläuterung zu dieser Vereinfachung erklärt Mary, dass man Vorgesetzten und Mitarbeitenden vertrauen sollte, da sie sicherlich wissen, wie man sich in den unterschiedlichen Situationen kleiden soll. Unabhängig davon, wie komplex das Umfeld ist, welche Personen ein Mitarbeitender während einer Arbeitsschicht treffen könnte, sind die Mitarbeitenden in der Lage, die richtige Kleidung zu wählen.

2.2.1.4 Schritt 3: Nach der Anstellung

Zu guter Letzt haben sich viele Unternehmen noch zu wenig mit dem Thema «nach der Anstellung» beschäftigt. Oft wird zu wenig getan, um die guten Mitarbeitenden zu halten («Retention»), und wenn sie dann das Unternehmen verlassen, werden sie innerhalb von wenigen Tagen vergessen, unabhängig davon, wie viele Jahre sie im Unternehmen verbracht und was sie für das Unternehmen geleistet haben.

Die Unternehmensberatung Accenture liefert hier ein hervorragendes Beispiel: eine Community der ehemaligen Mitarbeitenden (Accenture, 2023). Accenture hat eine hervorragende Community aus ehemaligen Mitarbeitenden aufgebaut. Accenture hat die Möglichkeit, mit ehemaligen Mitarbeitenden in Kontakt zu bleiben, und Mitarbeitende können mit anderen ehemaligen Mitarbeitenden in Kontakt bleiben. Es werden regelmässig Events, ein persönlicher Austausch und Vorträge organisiert. Diese Community hat sich so stark durchgesetzt, dass ehemalige Mitarbeitende potenzielle Kandidaten für offene Stellen empfehlen können. Diese Community ist ein sehr gutes Beispiel dafür, wie man mit ehemaligen Mitarbeitenden in Kontakt bleibt und die Beziehung über Jahre aufrechterhalten kann.

Es lohnt sich sehr, die Mitarbeitenden ins Zentrum zu stellen. Viele Unternehmen haben bereits die ersten Schritte unternommen, um die Mitarbeitenden als «Asset» zu behandeln und sie ins komplexe System «Unternehmen» einzugliedern, und insbesondere haben sie verstanden, dass sie ein entscheidender Bestandteil des Erfolgs eines Unternehmens sind. Deswegen ist die Mitarbeitendenzentrierung in der Unternehmenskultur unerlässlich, um exzellente Kundendialoge zu ermöglichen.

2.2.2 Kundenzentrierung

In diesem Unterkapitel wird die Relevanz der Kundenzentrierung in einer menschen-zentrierten Kultur beschrieben. Zudem werden einige «Best Practices» entlang eines ver-einfachten Kundenpfads geschildert.

2.2.2.1 Einführung

Heutzutage ist der Fokus auf die Kunden unentbehrlich. Kunden haben zahlreiche Möglichkeiten, Produkte und Dienstleistungen von anderen Unternehmen zu beziehen und Produkte zu vergleichen, und die «Wechselkosten» dieser Kunden sinken dank der Digitalisierung rasant. Kundenfokus ist für Unternehmen heute oft die einzige Möglich-keit, sich im Markt zu differenzieren, um die existierenden Kunden zu halten und neue zu akquirieren.

Unternehmen, die eine menschenzentrierte Kultur leben, stellen die Bedürfnisse und die Emotionen der Kunden in den Vordergrund. Jeder Dialog, jede Aktivität, jede Aktion wird dann durchgeführt, wenn es im Sinne der Kunden ist. Das bedeutet, dass Unter-nehmen, die solche Kulturen vorleben, sich sehr stark mit Kunden beschäftigen, um langfristig profitable Beziehungen aufzubauen.

Dementsprechend sind die Bedürfnisse und ein vertieftes Verständnis der Kunden das Alpha und Omega einer solchen menschenzentrierten Kultur. Entscheidungsfindungs-wege und Aktivitäten im Unternehmen müssen entsprechend ausgerichtet werden. Kunden werden an der (Weiter-)Entwicklung der Produkte oder Dienstleistungen nach Möglichkeit von Anfang an beteiligt, bei der Definition von Kunden-Journeys mitein-bezogen, beim Testen von Lösungen involviert, bevor diese vermarktet werden. Zudem fordern solche Unternehmen proaktiv an der richtigen Stelle Kundenfeedback ein, sie hören auf sie und agieren dementsprechend. Zusammengefasst: Kunden stehen immer im Zentrum.

In einer menschenzentrierten Kultur geht es auf keinen Fall um einen «Kult» der Kun-den, sondern es geht um die Arbeitsweise des Unternehmens, die immer für die Kunden und im Sinne der Kunden sein soll. Das bedeutet nicht, dass der Kunde «König» ist (wie man in der Vergangenheit geglaubt hat). Es geht vielmehr um die Tatsache, dass Mit-arbeitende sich für das Kundenerlebnis verantwortlich fühlen, unabhängig davon, ob sie direkt oder indirekt mit dem Kunden interagieren.

Einer der Vorteile einer solchen Kultur ist, dass Kunden bei diesen Unternehmen «konsistente» Erlebnisse erhalten, und zwar nicht nur an bestimmten Tagen («wenn genügend Personal da ist») oder nur wenn man mit einem bestimmten Mitarbeitenden interagiert («Herr Müller ist super, aber er arbeitet nur am Mittwoch»); sondern die Jour-neys, Prozesse, Systeme und Datenflüsse sind so aufgesetzt, dass die Voraussetzungen für ein konsistentes Erlebnis für Kunden durchgängig und immerzu gegeben sind. Da jeder Mitarbeitende im Sinne der Kunden agiert (selbstverständlich nur unter Einhaltung der Gesetze und der regulatorischen Vorgaben), sind sie in der Lage, konsistente Er-fahrungen anzubieten.

Wenn die Mitarbeitenden entsprechend auf Kundenerlebnisse fokussiert sind, weil das Unternehmen, das Umfeld und die Kultur das erlauben, dann sind sie imstande, den Kunden überdurchschnittliche Erlebnisse anzubieten: Diese (die Kunden) kaufen dann immer wieder Produkte und Dienstleistungen und erzählen anderen Leuten darüber. «Konsistente, leicht überdurchschnittliche Erfahrungen» ist die Definition, die Shep Hyken, Chief Amazement Officer bei Shepard Presentations, für «Amazing Experiences» verwendet (Hyken, 2023). Er bezeichnet solche Erlebnisse als die Erfahrungen, die es dem Unternehmen ermöglichen, existierende Kunden aktiv zu behalten und neue Kunden zu akquirieren. Die positive Beziehung zwischen «engagierten Mitarbeitenden» und «zufriedenen Kunden» stellt sicher, dass es dem Business nicht nur kurzfristig, sondern auch langfristig gut geht.

Ferner ermöglicht die Kundenzentrierung den Unternehmen, bereits im Voraus zu agieren, sodass das Unternehmen in der Lage ist, proaktiv zu agieren (Fisher, 2023). Mitarbeitende, die eine solche Kultur leben und entsprechend technologisch unterstützt werden, wissen, was Kunden als nächstes tun werden, und bereiten dementsprechend das Spielfeld so vor, dass die Kundenerlebnisse optimal ablaufen.

Auch in diesem Kapitel werden die Eckpfeiler einer menschenzentrierten Kultur anhand von drei Beispielen und entlang der Kunden-Journey (vgl. Abb. 2.2) beschrieben.

2.2.2.2 Schritt 1: Vor dem Einkauf

Viele Unternehmen sitzen auf einem sogenannten Datenfriedhof. Sie sind nicht in der Lage, die riesigen Datenmengen zu verwerten und daraus Schlüsse zu ziehen, woher die Kunden kommen und wie sie verloren gehen (Einkaufabbruch). Oft suchen Unternehmen Abkürzungen, indem sie versuchen, die Probleme zu erahnen, anstelle sie faktenbasiert zu identifizieren und sich mit den Kunden auszutauschen. Dabei lassen sich Kunden oft sehr gerne in solche Diskussionen involvieren, denn sie sind wirklich daran interessiert, die Erlebnisse zu verbessern.

Firmen, denen ein kundenzentriertes Verhalten in die DNA übergegangen ist, transformieren Daten aus den Journeys und Feedback in wertstiftendes Wissen. Sie sind ständig mit Kunden im Austausch, um immer bessere Erlebnisse anbieten zu können. Sie lassen sich dabei mehr und mehr von technologischen Lösungen unterstützen, um Kundengruppen oder einzelne Kunden besser zu verstehen.

Der US-amerikanische Händler Nordstrom z. B. verwertet Daten und bindet Kunden von Anbeginn der Beziehung an seine Marke. So sammelt das Unternehmen Kundenfeedback und Daten sehr sorgfältig. Alles wird strukturiert abgelegt, um durch ein intelligentes System verarbeitet zu werden. In der Tat stellt das Data Lab von Nordstrom sicher, dass die Mitarbeitenden aufgrund der vorhandenen Daten und Informationen Massnahmen und Verbesserungen für die Customer Journeys erarbeiten können. Dies alles erfolgt mit dem klaren Ziel, datenbasierte, unvoreingenommene Entscheidungen zu treffen, um Kunden vor dem Einkauf besser unterstützen zu können (Aubagna, 2023).

Zudem ist Nordstrom dank des Nordstrom Analytical Program (NAP) in der Lage, Kaufverhalten vorherzusagen und Kunden bei der Suche nach geeigneten Produkten und

Dienstleistungen zu unterstützen. Dieses Programm nutzt Interaktionen mit dem Servicepersonal und Daten aus den sozialen Medien, um Kundenpräferenzen vorherzusagen. Das Ergebnis: Die Kunden werden mit einem optimierten und einzigartigen Einkaufserlebnis belohnt (Nordstrom, 2023).

2.2.2.3 Schritt 2: Während des Einkaufs

Zuhören ist eine oft unterschätzte Fähigkeit. Gemeint ist die Fähigkeit, gründlich verstehen zu wollen, was der Ansprechpartner effektiv mitteilen will, ohne gleich eine Antwort zu geben. Dieselbe Problematik existiert auch im Unternehmen. Nach einer Kundenanfrage wird von den Mitarbeitenden mechanisch eine Antwort gegeben, aber dem Kunden wird nicht wirklich zugehört.

In der Tat ist in einer menschenzentrierten Kultur das Zuhören und insbesondere das Agieren auf das Feedback verinnerlicht worden. Es wird dank strukturierter Vorgehensweisen («Voice of the Customer» oder «VoC») umgesetzt, und jedes Feedback (positiv und negativ) wird geschätzt, verarbeitet und verwertet.

Paradebeispiel ist dafür die Plattform UBER. UBER bietet Online-Vermittlungsdienste zur Personenbeförderung an und legt sehr viel Wert auf Kundenfeedback und die Qualität der Dienstleistung. UBER verwertet das Feedback der Kunden auf vielfältige Art und Weise. Ein spannendes Beispiel bezieht sich auf die Beurteilung der Fahrer. Die Fahrer werden real-time von Gästen bewertet, und diese Bewertung beeinflusst automatisch, wie oft ein Fahrer fahren darf. Und zwar so: Je positiver sie ist, desto öfter werden die Fahrer aufgeboten (da die Gäste zufrieden sind). Dagegen gilt: Je schlechter die Bewertung der Fahrer ausfällt, desto weniger dürfen sie fahren (da die Gäste unzufrieden sind) (Uber, 2023).

2.2.2.4 Schritt 3: Nach dem Einkauf

Oft werden Produkte auf den Markt gebracht, die den Kundenbedürfnissen nicht vollständig entsprechen, ungeeignet sind oder schnell kaputtgehen. Das verursacht Unzufriedenheit bei den Kunden, viele Anfragen (oder sogar Beschwerden), zahlreiche Kontakte mit dem Kundendienst, und der Kunde muss dann entweder das Produkt ersetzen oder reparieren lassen, sofern dies möglich ist, weil alte Produkte heutzutage öfter entsorgt als repariert werden.

Unternehmen, die eine menschenzentrierte Kultur leben, fokussieren sich sehr stark auf die Kundenzufriedenheit und darauf, dass die Dienstleistung oder das gekaufte Produkt einen tatsächlichen Mehrwert bietet. Es geht nicht nur um eine kurzfristige Zufriedenheit, sondern um tatsächliche, langfristige emotionale Beziehungen, um das Leben des Kunden zu bereichern.

Um solche Beziehungen glaubwürdig zu vermitteln, bietet der Bekleidungsbrand Patagonia eine lebenslange Garantie auf seine Produkte. Und das mit grossem Erfolg. Patagonia legt viel Wert darauf, dass seine Produkte eine lebenslange («kompromisslose») Garantie haben und dass sie nicht kaputtgehen. Sollte ein Produkt kaputtgehen, dann hat Patagonia ein Reparaturportal mit folgendem Einführungstext (Auszug aus der Webseite) aufgesetzt: «Verlängere die Lebensdauer deiner Bekleidung mit unseren DIY-Anlei-tungen und Reparaturservices. Nutze deine Kleidung so lange wie möglich, indem du kleine Reparaturen mithilfe unserer Videos und Anleitungen selbst erledigst, Ersatzteile bei unserem Kundenservice anforderst oder einfach den Anweisungen in unserem Portal folgst, um eine Reparatur in die Wege zu leiten» (Patagonia, 2023).

Diese innovativen Lösungen entstehen nur, wenn es die Kultur des Unternehmens er-laubt, solche Lösungen zu konzipieren, zu entwickeln und langfristig aufrechtzuerhalten.

Diese Beispiele zeigen eindeutig auf, welche Möglichkeiten die Kundenzentrierung in einem Unternehmen bietet, um neue Kunden zu akquirieren, bestehende Kunden zu behalten und sie zu ermuntern, die positiven Erlebnisse mit der Familie und Freunden zu teilen (und weiterzuempfehlen). Mitarbeitende sollen einfach die Möglichkeit erhalten, sich mit Kundenverhalten, Kundenemotionen und Kundenaktivitäten auseinanderzu-setzen; danach entsteht in einer menschenzentrierten Kultur das Wunder fast von selbst: eine dauerhafte, echte, emotionale Bindung mit den Kunden. Kundenkontakte werden als Interaktion und nicht als Transaktion wahrgenommen. Mitarbeitende verhalten sich Kun-den gegenüber immer empathisch und kompetent.

2.2.3 Leadership

In diesem Unterkapitel werden drei wichtige Aspekte des Leadership-Stils in einer posi-tiven, gesunden, inspirierenden Kultur geschildert und durch drei Beispiele von weltweit bekannten kundenzentrischen Leadern ergänzt.

2.2.3.1 Einführung
Führungskräfte spielen im Unternehmen eine entscheidende Rolle. Sie prägen die Kultur mit ihrem Verhalten. Sie sind verantwortlich dafür, die Richtung vorzugeben, das Ge-schäft zu steuern und Mitarbeitende im täglichen Geschehen zu befähigen.

Führungskräfte geben den Ton vor und sind das Vorbild für andere Mitarbeitende. Die Arbeitnehmer fühlen sich wohl, wenn sie wissen, dass sie jemanden an der Seite haben, der sie unterstützt, falls etwas nicht funktioniert oder etwas sie daran hindert, ihre regu-läre Arbeit auszuführen. Führungskräfte haben die Möglichkeit, eine Autorität aufzu-bauen, die auf Vertrauen, Transparenz und Inklusion basiert. Umso wichtiger ist es, dass sie kohärent mit dem eigenen Führungsstil sind, sodass Klarheit über die erwarteten Ver-haltensweisen und die Arbeitsethik herrscht.

2.2.3.2 Die Führungskräfte haben eine Vorbildfunktion
Eine Kultur, welche die Menschen ins Zentrum stellt, kann nur existieren, wenn das Leadership-Team (z. B. die Geschäftsleitung) sich verpflichtet, jeden Tag eine solche Kultur vorzuleben.

Viele Mitarbeitende sehen das Management-Team als die Personen, die den Weg zei-gen, Stolpersteine aus dem Weg räumen und Entscheidungen treffen. Das fängt beim

CEO an und bezieht sämtliche Führungskräfte mit ein. Wenn sie den Menschen (Kunden und Mitarbeitenden) nah sind, dann werden es auch die Mitarbeitenden sein. Viele CEOs (und andere Personen in Leitungspositionen) verbringen zu wenig Zeit mit Mitarbeitenden und insbesondere mit Kunden und verlieren den Draht und die emotionale Bindung zu den Kunden und zu dem, was tatsächlich im Tagesgeschäft passiert.

Interessant ist in diesem Zusammenhang das Vorbild von Gary Vaynerchuk. Man kann es mit «Für den Menschen, mit den Menschen!» überschreiben. Gary Vaynerchuk, ein Pionier der sozialen Medien, der ein Imperium rund um soziale Medien geschaffen hat, verbringt viel Zeit mit Menschen und in den sozialen Medien, weil er davon überzeugt ist, dass die Interaktion mit Menschen und das Engagement in den sozialen Medien wichtig für den Erfolg im Geschäft sind (GaryVee, 2023). Die sozialen Medien geben ihm die Möglichkeit, eine tiefere Bindung zu Kunden und Fans aufzubauen. Das ermöglicht es ihm, Kunden besser zu verstehen, Fragen zu beantworten, um am Puls seines Zielpublikums zu sein, und Trends frühzeitig zu erkennen. Vaynerchuk weist mehrfach darauf hin, dass eine tiefere Bindung mit Kunden und Fans für sein Geschäftsmodell erfolgsentscheidend ist.

2.2.3.3 «Oft» reicht nicht. «Immer» ist die Antwort, wenn es darum geht, Entscheidungen im Sinne der Menschen zu treffen

Führungskräfte müssen mehrmals am Tag Entscheidungen treffen, die von aktuellen Gegebenheiten, unterschiedlichen Wahrnehmungen, interner Politik gesteuert sind. Wenn man tatsächlich Menschenzentrierung lebt und sich in einer solchen Kultur bewegt, dann sollten Entscheidungen immer im Sinne der Menschen getroffen werden, unabhängig von der Situation, den Quartalszielen und Gegebenheiten. Leider ist das sehr schwierig, da die Mitarbeitenden und insbesondere die Kunden oft nicht in diesem Entscheidungsgremium repräsentiert sind.

Eine interessante Art, Kunden bei jeder Entscheidung (und in jedem Meeting) miteinzubeziehen, hat Jeff Bezos bei Amazon umgesetzt. Der ehemalige Amazon CEO lässt bei den wichtigsten Meetings einen freien Stuhl aufstellen, damit sich alle Teilnehmenden jederzeit daran erinnern, dass der wichtigste Entscheidungsträger abwesend ist: nämlich der Kunde (Koetsier, 2023).

Roy Disney, Mitbegründer der Walt Disney Company, erklärt auf eine sehr einfache Art und Weise, wie wichtig es ist, die Unternehmenswerte zu leben: «It's not hard to make decisions when you know what your values are» (Mackay, 2023).

Investoren und Verwaltungsräte erwarten oft kurzfristige Resultate, während eine menschenzentrierte Herangehensweise nur langfristig ihre Wirkung zeigt. Es geht darum, eine Balance zwischen kurzfristigen Resultaten und langfristigem nachhaltigem Wachstum zu finden. Diese Balance soll sich immer auf die Unternehmenswerte stützen.

2.2.3.4 Die neue Leadership-Praxis: der Servant Leader

«Servant Leadership» ist eine Art von Führung, bei der die Führungskräfte den Fokus auf das Dienen richten. Sie möchten anderen helfen, ihr Potenzial zu entfalten. Es geht um genau das Gegenteil des alten hierarchischen Management-Ansatzes. Die Mitarbeitenden werden in den Vordergrund gerückt. Ein Servant Leader ist empathisch, fördert die persönliche Weiterentwicklung der Mitarbeitenden, kommuniziert effektiv und arbeitet mit den Mitarbeitenden zusammen. Diese Leader nehmen gleichzeitig unterschiedliche Rollen wahr: Coach, Mentor und Förderer je nach Situation.

Bei diesem Konzept sind Führungskräfte Dienstleister und Unterstützer der Mitarbeitenden. Sie stehen ihnen zur Seite, helfen ihnen, das Beste aus sich herauszuholen. Mitarbeitende werden dank dieses Ansatzes stärker involviert, sie fühlen sich als Teil des Unternehmens, und sie werden bessere Resultate für sich selbst und für das Unternehmen erzielen. Mitarbeitende werden unabhängig von Geschlecht, Rasse, Religion oder Herkunft einbezogen, Sie erhalten die Möglichkeit, sich frei zu äussern und an Entscheidungen teilzuhaben. In dieser Kultur werden die Zusammenarbeit und das Vertrauen unter den Mitarbeitenden gefördert.

Eines der bevorzugten Beispiele des Autors dieses Kapitels in Bezug auf Servant Leadership ist Bob Chapman, Verwaltungsratspräsident und CEO von Barry-Wehmiller. Das Unternehmen ist ein internationales Konglomerat, das sich auf maschinelle Verpackungslösungen und Produktionssysteme spezialisiert hat. Bob Chapman legt sehr viel Wert auf die Förderung einer positiven Arbeitskultur. Um sicherzustellen, dass die Mitarbeitenden sich unterstützt fühlen und sich als Menschen weiterentwickeln können, haben sie die GPL («Guiding Principles of Leadership») definiert, die sie im Unternehmen leben. Sie basiert auf Werten wie Integrität, Verantwortung und Mitgefühl. Bob Chapman glaubt, dass eine Führungskultur, die sich auf die Bedürfnisse und das Wohl der Mitarbeitenden konzentriert, zu einem motivierten und engagierten Team führt, das bessere Ergebnisse für das Unternehmen erzielt. Durch diese Philosophie hat er bei Barry-Wehmiller eine positive und nachhaltige Kultur geschaffen, die zu langfristigem Erfolg und Wachstum beigetragen hat (Wehmiller, 2023).

Der folgende Satz zeigt auf, welches das wahre Messkriterium des Erfolgs von Barry-Wehmiller ist: «We measure success by the way we touch the lives of humans» (Chapman, 2023). Der Fokus der menschenzentrierten Kultur liegt in diesem Fall auf der Art und Weise, wie das Leben von Menschen beeinflusst und verbessert werden kann, und es ist nicht an finanzielle Kriterien gekoppelt.

Diese vier Beispiele zeigen auf, wie entscheidend die Rolle jedes Leaders und vor allem des Leadership-Teams in einem Unternehmen ist – sei die Person Teamleiter oder Geschäftsleitungsmitglied. Jede Person in einer Leadership-Rolle ist verantwortlich, sich ausnahmslos an den Unternehmenswerten zu orientieren und entsprechend zu handeln. Jede Führungsperson ist verpflichtet, integer und ethisch korrekt zu handeln. Ausserdem muss ein Leader sich für eine moralische und werteorientierte Führung einsetzen. Das ist seine Pflicht gegenüber den Kunden und den Mitarbeitenden.

2.2.4 Das Umfeld

In diesem Unterkapitel werden abschliessend drei Komponenten des Umfelds beschrieben, die für die Kultur eines Unternehmens eine wichtige Rolle spielen und die beachtet werden sollten, um «fit» für die Zukunft hervorragender Kundendialoge zu sein.

2.2.4.1 Das Umfeld innerhalb des Unternehmens

Hierbei geht es um das physische und technologische Umfeld, das den Mitarbeitenden vom Unternehmen zur Verfügung gestellt wird. Ein staubiges, veraltetes Büro wird höchstwahrscheinlich die Mitarbeitenden weniger motivieren, innovativ zu sein. In einer ähnlichen Situation befinden sich die Arbeitnehmenden, wenn die verwendeten digitalen Tools alt und von schlechter Qualität sind. Diese ermutigen sie nicht, nach dem Maximum zu streben. Ausserdem ist es für Mitarbeitende schwierig, kreativ zu sein, wenn ein Grossteil der Arbeitszeit dafür verwendet werden soll, die vorhandenen Werkzeuge zu benutzen. Das kostet Energie.

Die Arbeitsbedingungen für die Mitarbeitenden werden immer wichtiger. Viele Mitarbeitende der jüngeren Generationen haben andere Ansprüche als die «Baby-Boomer». Die Arbeitsbedingungen (wie Homeoffice, die Weiterentwicklungsmöglichkeiten, die Arbeitsflexibilität, die Vielfältigkeit in der Verantwortung) spielen für die Motivation der Mitarbeitenden eine entscheidende Rolle. Die Berücksichtigung der unterschiedlichen Mitarbeitendenansprüche (aus den unterschiedlichen Generationen, die im Unternehmen tätig sind) ist für das kulturelle Wohl des Unternehmens entscheidend.

Da ein Unternehmen ein komplexes System ist, ist es wichtig, sich nicht nur um die Gegenwart zu kümmern, sondern auch, die Zukunft im Blick zu behalten. Das gilt insbesondere auch im Hinblick auf das Anziehen zukünftiger Mitarbeitender: Wie kann man sie für sich gewinnen (und anstellen) und ihnen ein inspirierendes Umfeld bieten, das zu ihnen passt?

2.2.4.2 Das angrenzende Umfeld

Vor allem in diesem Umfeld ausserhalb des Unternehmens, das nicht direkt beeinflusst werden kann, ist es wichtig, die Wettbewerber sehr gut zu kennen, um zu verstehen, wie diese sich auf dem Markt bewegen, um ihre Schritte zu antizipieren. Zudem sollte man sich Gedanken über mögliche zukünftige (direkte und indirekte) Wettbewerber machen, welche die Position des Unternehmens schwächen könnten.

Der Markt selbst ist viel komplizierter geworden. Bestehende Konkurrenten verschwinden in kürzester Zeit, und neue Wettbewerber werden in kürzester Zeit auf dem Markt aktiv. Daher wird es immer wichtiger, die Bewegungen der Konkurrenten zu kennen, zu beobachten und vorherzusagen, um proaktiv und flexibel auf jede Veränderung reagieren zu können, ohne befürchten zu müssen, dass das Unternehmen über Nacht verschwindet, weil ein Ersatzprodukt auf den Markt kommt, ohne dass man darauf vorbereitet ist.

2.2.4.3 Weitere Aspekte aus dem Umfeld

Ein weiterer wichtiger Aspekt, den es zu berücksichtigen gilt, sind politische, sozioökonomische und gesetzliche Veränderungen.

Politische Veränderungen können zu unerwarteten Abweichungen im Geschäftsmodell oder in der zukünftigen Organisation eines Unternehmens führen. Sozioökonomische Veränderungen wirken sich unmittelbar auf die Kaufkraft der Kunden und die einem Unternehmen zur Verfügung stehenden Ressourcen aus. Ausserdem ist es immer wichtig, die rechtlichen (und regulatorischen) Aspekte in dem Bereich, in dem man tätig ist, im Auge zu behalten und sich immer daran zu halten.

Auch das Umfeld spielt eine wichtige Rolle für die Kultur eines Unternehmens. Einige Aspekte sind direkt beeinflussbar, da sie im Unternehmen angegangen werden können, während andere Aspekte, die sich unabhängig vom Unternehmensgeschehen entwickeln, laufend beobachtet werden sollen.

2.3 Der ROI («Return on Investment») einer gesunden, positiven und inspirierenden menschenzentrierten Kultur

In den folgenden Abschnitten werden vier Gründe genannt, warum die Unternehmenskultur für den Geschäftserfolg von zentraler Bedeutung ist. Auch wenn das Thema Kultur nicht direkt messbar ist, sollen die Vorteile einer gesunden Kultur verdeutlicht werden.

2.3.1 Aus finanzieller Sicht

Eine menschenzentrierte Kultur stellt sicher, dass das Unternehmen langfristig erfolgreich ist. Fred Reichheld zeigt in seinem letzten Buch «Winning on Purpose» auf, dass menschenzentrische Unternehmen überdurchschnittliche Renditen erzielen und die Leistungen des Marktes locker übertreffen können (Reichheld, 2021).

McKinsey bestätigt, dass Unternehmen, die sich auf eine menschenzentrierte Kultur fokussieren, 60 % mehr Erträge erzielen als Unternehmen, die das nicht machen (Dewar, 2023).

Das bedeutet, dass:

- Mitarbeitende länger bleiben und engagierter sind (d. h. weniger Mitarbeitendenabgänge, tiefere Einstellungskosten, höhere Mitarbeitendenzufriedenheit).
- Kunden kaufen mehr ein und empfehlen das Brand weiter (d. h. bessere «Retention»-Zahlen, mehr Kundenakquise, erhöhte Ausgaben pro Kunde, das sogenannte «Share of Wallet» und bessere Net Promoter Scores).

All diese Faktoren haben eine direkte eindeutige positive Auswirkung auf die Erfolgsrechnung eines Unternehmens.

2.3.2   Aus Branding-Sicht

Eine starke Kultur, die klare Werte aufweist, stärkt das Brand Image. Jeder Mitarbeitende lebt die definierten Werte und verhält sich entsprechend. Eine positive Kultur stellt sicher, dass Ausreisser schnell erkannt werden, um dem Unternehmen gröbere Image-Einbussen zu ersparen. Zudem können Kunden sich mit dem Unternehmen identifizieren und eine langfristige Beziehung mit dem Brand aufbauen.

2.3.3   Innovationsbeschleuniger

Eine menschenzentrische Kultur ermöglicht es, Innovation viel schneller voranzutreiben, weil der Austausch mit den Kunden enger ist und insbesondere, weil die sich verändernden Bedürfnisse schneller erkannt werden können. Solche Unternehmen sind direkt am Puls der Kunden und des Marktes.

2.3.4   Differenzierungsmerkmal

Heutzutage können Produkte von Konkurrenten über Nacht kopiert werden, eine starke Kultur aber nicht. Die Kultur ermöglicht es den Unternehmen, sich schnell den Marktveränderungen anzupassen, Produkte und Dienstleistungen ständig zu verbessern, Kundenkontakte in mehrwertgenerierende Interaktionen umzuwandeln.

2.4   Zusammenfassung

Die wichtigsten Erkenntnisse dieses Kapitels werden wie folgt zusammengefasst:

- Eine menschenzentrierte Kultur eines Unternehmens ist der Treibstoff, der den Motor eines Unternehmens in Bewegung hält, um die vorgegebenen kurzfristigen und langfristigen Ziele zu erreichen.
- Vier Komponenten sind vom Autor dieses Kapitels identifiziert worden, um eine gesunde, positive und inspirierende Kultur zu definieren, zu pflegen und weiterzuentwickeln, und zwar: die Mitarbeitendenzentrierung, die Kundenzentrierung, die Leadership und das Monitoring des Umfelds.
- Mitarbeitende sollen anhand ihres kulturellen Fit angestellt werden. Wenn sie im Unternehmen tätig sind, sind sie als das wichtigste Asset zu behandeln. Vertrauen und Weiterentwicklung sind das Alpha und Omega. Mitarbeitende können nach der Beendigung des Arbeitsverhältnisses weiterhin als Assets behandelt werden, sodass sie im besten Fall lebenslang «Brand Ambassadors» sind.

- Ohne Kunden existiert kein Business. Die vorhandenen Informationen (Daten, Feedbacks usw.) sollen vor, während und nach dem Einkauf (und nach jeder Interaktion) verwertet werden. Konsistente leicht überdurchschnittliche Erfahrungen bringen Kunden immer wieder zurück und stärken die Beziehung mit dem Brand. Das ist nur möglich, wenn das Unternehmen immer den Fokus auf Kundenbedürfnisse und Kundenemotionen richtet. «Best-in-Class» wird man, wenn das Unternehmen «proaktiv» wird.
- Führungskräfte haben eine Vorbildfunktion. Wie sie agieren, Entscheidungen treffen und mit ihren Kunden in Kontakt bleiben, beeinflusst, wie die Mitarbeitenden das tägliche Geschehen im Unternehmen leben. Ein Servant Leader stellt sich nicht selbst in den Vordergrund, sondern die Mitarbeitenden und insbesondere deren persönliche Entwicklung.
- Es ist dabei grundlegend wichtig, die Umgebung des Unternehmens zu beobachten: sowohl das, was man beeinflussen kann, als auch das, was man nicht beeinflussen kann, heute und in Zukunft.
- Es ist bewiesen und beweisbar, dass eine gesunde, positive und inspirierende Kultur nicht nur erfolgsentscheidend, sondern auch ein Differenzierungsmerkmal ist.

Literatur

Accenture. (15. Februar 2023). *Accenture Community*. https://www.accenturealumni.com/login/. abgerufen.

Aubagna, M. (15. Februar 2023). *Skeepers Webseite*. https://skeepers.io/en/blog/2019/08/25/top-brands-collect-customer-feedback/. Zugegriffen: 15. Februar 2023.

Biddle, G. (23. Mai 2021). *Interview Gibson Biddle on Vimeo*. Von Interview Gibson Biddle on Vimeo. https://vimeo.com/450503741. Zugegriffen: 23. Mai 2021.

BROWN, D. (15. Februar 2023). *Inc.com*. https://www.inc.com/damon-brown/in-ted-talk-chobani-founder-hamdi-ulukaya-gives-4-secrets-to-success.html. abgerufen.

Canales, K. (15. Februar 2023). *Businessinsider.com*. https://www.businessinsider.com/zappos-tony-hsieh-paid-new-workers-to-quit-the-offer-2020-11. abgerufen.

Chapman, B. (15. Februar 2023). Von Barry Wehmiller Webpage: https://www.barrywehmiller.com/post/blog/2020/03/05/the-value-of-identifying-values. abgerufen.

Dewar, C. (15. Februar 2023). *McKinsey Webseite*. https://www.mckinsey.com/capabilities/people-and-organizational-performance/our-insights/the-organization-blog/culture-4-keys-to-why-it-matters. abgerufen.

E. Mosley, D. I. (2014). *The power of thanks*. McGraw Hill.

Feloni, R. (15. Februar 2023). *Businessinsider.com*. https://www.businessinsider.com/gm-ceo-mary-barra-on-changing-gms-dress-code-2015-3?r=US&IR=T. abgerufen.

Fisher, S. (15. Februar 2023). *Qualtrics XM*. https://www.qualtrics.com/blog/build-cx-culture/. abgerufen.

Franz, A. (2019). *Customer understanding*. Independently Published.

GaryVee. (15. Februar 2023). *GaryVee facebook page*. https://www.facebook.com/gary/posts/the-things-i-do-to-prove-its-really-me-texting-text-212-931-5731/10157582885403350/. abgerufen.

Hyken, S. (15. Februar 2023). *Shep Hyken Webpage*. https://hyken.com/customer-service/secret-amazing-customer-service-better-average/. abgerufen.

IKEA. (15. Februar 2023). *IKEA Webseite*. https://www.ikea.com/ch/de/this-is-ikea/about-us/die-ikea-vision-und-werte-pub9aa779d0. abgerufen.

Koetsier, J. (15. Februar 2023). *Inc Webpage*. https://www.inc.com/john-koetsier/why-every-amazon-meeting-has-at-least-one-empty-chair.html. abgerufen.

Mackay, H. (15. Februar 2023). *The Business Journals*. https://www.bizjournals.com/bizjournals/how-to/growth-strategies/2017/05/values-determine-who-we-are.html. abgerufen.

Narayanan, K. (15. Februar 2023). *Forbes Webseite*. https://www.forbes.com/sites/forbestechcouncil/2021/09/17/there-is-only-one-boss---the-customer/?sh=1ac077313de8. abgerufen.

Nordstrom. (15. Februar 2023). *Nordstrom Now*. https://press.nordstrom.com/news-releases/news-release-details/nordstrom-analytical-platform-and-enhancing-customer-experience. abgerufen.

Patagonia. (15. Februar 2023). *Patagonia Webseite*. https://eu.patagonia.com/de/de/repairs/. abgerufen.

Pine, J. (23. Mai 2021). *Strategic Horizons Webseite*. https://strategichorizons.com/learn-and-engage/onstage/. Zugegriffen: 23. Mai 2021.

Reichheld, F. (2021). *Winning on purpose*. Harvard Business Review Press.

Schulze, H. (2019). *Excellence Wins*. Zondervan.

Sinek, S. (15. Februar 2023). *Twitter Account von Simon Sinek*. https://twitter.com/simonsinek/status/5232157344?lang=en. abgerufen.

Starbucks. (15. Februar 2023). *Starbucks Webseite*. https://www.starbucksathome.com/at/kaffee-story/ueber-starbucks. abgerufen.

Tesla. (15. Februar 2023). *Tesla Webseite*. https://www.tesla.com/impact. abgerufen.

Uber. (15. Februar 2023). *Uber Webseite*. https://www.uber.com/de/de/drive/basics/how-ratings-work/. abgerufen.

Uglioni, G. (15. Februar 2023). *CX Goalkeeper Podcast*. www.cxgoalkeeper.com/podcast. abgerufen.

Wehmiller, B. (15. Februar 2023). Von Barry Wehmiller Webpage: https://www.barrywehmiller.com/post/blog/2020/03/05/sharing-our-message-servant-leadership-summit. abgerufen.

Gregorio Uglioni ist im Bereich Business Transformation, Innovation und Customer Experience (CX) spezialisiert. Dank seiner starken Führungsqualitäten war er in der Lage, mehrere Transformationsprogramme zu leiten und dabei messbare Ergebnisse zu erzielen sowie einen positiven Kundeneinfluss zu schaffen. Ausserdem hat er immer darauf geachtet, in den Teams und im Unternehmen eine positive kundenzentrierte Innovationskultur zu fördern.

Sein branchenübergreifendes Engagement (wie z. B. beim CX World Games, als Juror bei weltweiten CX Awards oder als Keynote Speaker bei internationalen Events) für die Weiterentwicklung der CX «Wissenschaft» zeugen von seiner Leidenschaft dafür. Zudem ist Gregorio mit seinem englischsprachigen Podcast «Customer Experience Goals with the CX Goalkeeper» in der internationalen CX-Szene aktiv. Er hat jeweils ein Kapitel in den «best-selling» Büchern: Customer Experience 3 und Customer Experience 4 (Herausgeber Writing Matters) verfasst.

Gregorio hat zwei Master-Abschlüsse der Universität Zürich und ist ein CCXP (Certified Customer Experience Professional) und der erste weltweit zertifizierte ACXSPlus. Gregorio hat seine Karriere bei Accenture angefangen, er war mehr als 10 Jahre im Financial Service tätig. Aktuell arbeitet er als «Leiter Business Transformation» beim Kantonsspital Winterthur.

https://www.linkedin.com/in/gregorio-uglioni/
www.cxgoalkeeper.com/podcast
www.cxgoalkeeper.com

Effektives Kundendialogmanagement durch eine kundenzentrierte Organisation

3

Dominik Georgi und Jan-Erik Baars

Inhaltsverzeichnis

Schlüsselwörter

Kundenzentrierte Organisation · Kundenzentrierung · Customer Centricity Score ·
Customer Impact Score

D. Georgi (✉) · J.-E. Baars
Hochschule Luzern, Luzern, Schweiz
E-Mail: dominik.georgi@hslu.ch

J.-E. Baars
E-Mail: jan-erik.baars@hslu.ch

© Der/die Autor(en), exklusiv lizenziert an Springer Fachmedien Wiesbaden GmbH,   37
ein Teil von Springer Nature 2024
N. Hafner und S. Hundertmark (Hrsg.), *Kundendialog-Management*,
https://doi.org/10.1007/978-3-658-42851-8_3

3.1   Erfolgsfaktor kundenzentrierte Organisation

Es gibt viele Optionen, Kunden in unternehmerische Aktivitäten zu integrieren: Die Kunden können als notwendiger Faktor angesehen werden, die benötigt werden, um die Produkte und Dienstleistungen zu erstellen und abzusetzen; sie können die Zielgrösse bei der Entwicklung von Dienstleistungen sein, um sicherzustellen, dass diese nutzer- und bedürfnisorientiert gestaltet werden; oder sie können im Zentrum aller Handlungen stehen, um zu gewährleisten, dass das Unternehmen ihre ungeteilte Loyalität erhält. Unabhängig davon, ob als Orientierungsobjekt, Zielgrösse oder als Ausgangspunkt einer Kette von Aktivitäten: Ohne die Kunden kommt kein Geschäft zustande, kann keine Organisation Werte erzeugen (Fader, 2020).

Ein sich an Kunden orientierendes Unternehmen betrachtet diese als Abnehmer von Leistungen, die am Ende einer Kette von Aktivitäten erzeugt werden. Diese Unternehmen sind bestrebt, dass die Erwartungen der Kunden durch die Angebote erfüllt werden, damit diese eine Transaktion tätigen. In der Kundenorientierung wird nicht antizipiert, was Kunden wirklich benötigen, sondern man reagiert primär auf Markt- und Kundenanforderungen. Unternehmen mit einer ausgeprägten Kundenorientierung können dabei effektiver im Markt agieren als jene, die diese Orientierung nicht entwickelt haben (Bruhn & Homburg, 2003).

Kundenfokussierte Unternehmen richten sich zudem noch auf die Wünsche und Bedarfe spezifischer Kundengruppen. Sie erkennen die Effekte der Beziehungsqualität in der Umsetzung von Geschäftsprozessen und bauen daher eine Kompetenz in der «Customer Intimicy» auf. Sie wissen, dass neben der Erfüllung von Kundenerwartungen auch spezifische Kundenwünsche erfüllt werden müssen, was bedeutet, dass das Unternehmen vertieft auf diese eingehen muss.

Kundenzentrierte Unternehmen gehen jedoch noch einen Schritt weiter: Sie sehen ihre Rolle in der Bereicherung von Kundenbedürfnissen zusätzlich zur Erfüllung von Kundenwünschen. Diese Unternehmen sehen den Kunden als elementar in der Werterzeugung an und stellen ihn ins Zentrum all ihrer Aktivitäten. Bei der Kundenzentrierung geht man davon aus, dass sich das Unternehmen ganzheitlich an den Kunden ausrichtet, dabei aber ein gesundes, reflektierendes Selbstbild aufrechterhält (in Form eines unternehmerischen Leitbildes, das sich am Einzelkunden als Führungsgrösse orientiert), damit es Kundenbedürfnisse in relevante Angebote überführen kann (Fader, 2020). Kundenzentrierte Unternehmen antizipieren Kundenbedürfnisse und generieren entsprechende Kundenerlebnisse, die von allen im Unternehmen gelebt werden können. Dabei pflegen sie eine gesunde Balance zwischen dem, was Kunden benötigen, und dem, was das Unternehmen benötigt, um nachhaltig bestehen zu können (Baars, 2017).

Im Rahmen der Unternehmensführung bedeutet dies, dass sich alle Unternehmensfunktionen an den Kundenprioritäten ausrichten und bestrebt sind, eine symmetrische Beziehung zwischen Unternehmen und Kunden zu erzeugen. Dies umfasst also nicht nur die vertrieblichen und kommunikativen Massnahmen, sondern auch alle Massnahmen der Angebotsentwicklung, des Service und der Beratung.

3.2   Kundenzentrierung als Voraussetzung für einen effektiven Kundendialog

Kundendialog ist ein wesentlicher Erfolgsgarant für Unternehmen, die ihren proaktiven Kundendialog, etwa im Sales, effektiv gestalten. Indem sie etwa den Kunden, die passende Angebote schnüren und vorschlagen, haben erfolgreichere Kundenbeziehungen. Unternehmen, die beim reaktiven Dialog gewissenhaft sind, Indem sie den Kunden die passenden Angebote schnüren und vorschlagen, haben sie erfolgreichere Kundenbeziehungen.

Allzu oft erleben Kunden jedoch Enttäuschungen im Kundendialog. Unpassende und nicht nachvollziehbare Angebote, etwa durch eine Vielzahl von Leistungsvarianten, sind an der Tagesordnung. Und insbesondere im Customer Service, im reaktiven Kundendialog, treten extrem negative Erlebnisse auf. Unternehmen der Fall, die Kundenprobleme nicht ernst nehmen oder erst gar nicht erreichbar sind für ihre Kunden.

Ein solch schwacher Kundendialog hat seine Ursache in mangelnder Kundenzentrierung der Organisation der Unternehmen. Strukturen, Prozesse und Verhalten sind nicht darauf ausgerichtet, im Sinne des Kunden zu handeln. Andere Kriterien wie Kosten oder Zeit werden priorisiert. Da fallen Investitionen in einen kundenzentrierten Dialog schon einmal unter den Tisch.

Zusammengefasst führt eine mangelnde Kundenzentrierung der Organisation gemäss der Erfolgskette der Kundenzentrierung zu mangelhafter Customer Experience im Kundendialog und in der Folge zu weniger Kundenloyalität und Kundenwert (vgl. Abb. 3.1).

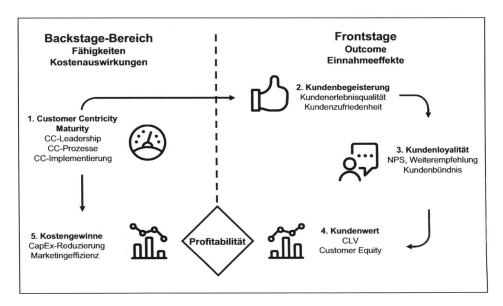

Abb. 3.1 Erweiterte Kundenerfolgskette. (Quelle: Georgi et al., 2020, S. 25)

3.3 Barrieren bei der Entwicklung zur kundenzentrierten Organisation

In einem gänzlich kundenzentrierten Unternehmen agieren alle Mitarbeitenden als Mitunternehmer effektiv und im Sinne des Ganzen, weil sie sich mit dem Unternehmensziel – dem Kunden zu dienen – identifizieren. Damit die Mitarbeitenden dies auch tatsächlich leisten können, hat die Führung durch bewusste Gestaltungsmassnahmen die gesamte Organisation mit ihrer Struktur, ihren Prozessen und Mitteln auf den Kunden ausgerichtet. Sie ernennt dies als oberste Priorität und verankert dies in der Organisation (Glasl, 2011).

Im Idealfall ist ein solch kundenzentriertes und integriertes Unternehmen dadurch gekennzeichnet, dass sowohl die Unternehmensführung als auch die Unternehmensstruktur sowie die damit verbundenen Umsetzungsprozesse eine auf Kunden zentrierte Ausprägung haben (Glasl & Lievegoed, 2011).

Obwohl dieses Idealbild theoretisch schon seit vielen Jahren beschrieben ist, sind die Praxisbeispiele von Organisationen, die diesem Idealbild entsprechen, sehr beschränkt: Nur wenige Unternehmen schaffen es, neben ihren Angeboten auch ihre Organisation und die Mitarbeitenden umfassend auf die Kunden auszurichten. Einer der Gründe hierfür liegt in der Art und Weise, wie man sich auf den Kunden ausrichtet: Die klassische Kundenfokussierung stellt den Kunden an das Ende der Wertschöpfungskette als Zielgrösse, jedoch nicht an den Anfang, quasi als «Sinn-Grösse» (Baars, 2017).

Wenn Unternehmen Aktivitäten zur Steigerung von Kundenzentrierung starten, dann vor allem mit einem Fokus auf die nachgelagerte Erhebung von Kundenzufriedenheit oder Loyalität (in der Regel über den Net Promoter Score [NPS] erhoben). Diese erzeugen dann Leistungsindikatoren (Key Performance Indicators [KPIs]), die es den Unternehmen erlauben, die Angebotsentwicklung zu steuern, indem konkrete Zielvorgaben für eine Steigerung dieser Indikatoren definiert werden. Dies führt vor allem dazu, dass man das Augenmerk auf die Kundenbeziehung und -bindung legt, damit man diese Kennzahlen positiv beeinflussen kann. Das wiederum führt zu einem opportunistischen Verhalten, den Kunden zu beglücken: Auf die zugrunde liegende Unternehmenskultur und -struktur hat dieses Vorgehen kaum Einfluss.

Mit der Zunahme von Studien, die den Zusammenhang von Kundenzuspruch und Umsatzrendite belegen (Beutin et al., 2001; Bruhn, 2020), sowie von entsprechenden Methoden, wie die des Fan-Prinzips, wird die umfassende Auswirkung von kundenzentrierter Entwicklung und ebensolcher Handlungen auf den Kundenzuspruch nachdrücklich belegt (Becker & Daschmann, 2015).

Jedoch zeigt sich hier das Dilemma einer Fokussierung auf den Kunden, die sich auf nachgelagerte Kennzahlen stützt: Um sie zu steigern, verbessert man die Prozesse, die Abläufe und letztendlich auch die Angebote, aber nicht zwingend die Struktur, das Management und die Führung des Unternehmens (Baars, 2017).

Des Weiteren sind die nachgelagerten Kennzahlen mit einem Wertungsansatz (Valuierung) verbunden, der dazu genutzt wird, die Leistungsfähigkeit des Unternehmens und dessen Dienstleistungen wiederzugeben und als Zielgrösse für Verantwortliche zu postulieren. Eine Steigerung der Wertung der Leistungen seitens der Kunden gilt als Gradmesser des Unternehmenserfolgs und somit auch für die Kompetenz der Verantwortlichen. Wo die KPIs dazu beitragen, die Effekte einer Unternehmung zu steuern, haben diese auf die Bewertung der «operanten Ressourcen» kaum einen Einfluss. Kunden können nur den Effekt einer Unternehmung werten. Das, was die Organisation leistet, um diese zu erbringen, bleibt ihnen verborgen. Die Bewertung (Evaluierung) der Fähigkeit «im Unternehmen» kann nur anhand einer Evaluierung mit entsprechenden Kriterien erfolgen. Kennt man die Stellhebel der internen Kundenzentrierung und die organisatorischen Fähigkeiten, die man benötigt, um diese zu beeinflussen, dann kann man sie auch anhand einer Selbstevaluierung bewerten. Damit lassen sich Stärken und Schwächen der internen Kundenzentrierung als wichtige «operante Ressource» aufzeigen, um sie infolgedessen zu verbessern.

3.4   Wahrnehmung der Kundenzentrierung aus Sicht der Mitarbeitenden

3.4.1   Konzept des Customer Centricity Score

Die Problematik fehlender Bewertungsansätze für Kundenzentrierung im Unternehmen stellte sich in einem Pilotprojekt bei Swisscom im Jahre 2013, als man erkannte, dass die Bemühungen, kundenzentrierte Lösungen zu entwickeln, durch diskrepante Zielsetzungen konterkariert wurden (z. B. waren finanzielle Ziele wichtiger als Serviceziele). Die eingeführte Verbesserung der Prozesse und Abläufe sowie die eingesetzten Methoden zur kundenorientierten Produktentwicklung (Human Centered Design) erzielten nicht den beabsichtigten Effekt: Eine transformative Auswirkung auf die Strukturen und die benötigte verbesserte Zusammenarbeit (multifunktional statt nur transfunktional) blieb aus. Man hatte zwar kundenzentrierte Entwicklungsprozesse erstellt, deren Methoden wurden aber nur in isolierten Expertengruppen umgesetzt: Von den Entscheidern wurden diese nicht vollends akzeptiert, da kein entsprechender KPI vorhanden war. Man konnte die Errungenschaften in der Entwicklung von Kundenzentrierung und den begleiteten Organisationsfähigkeiten schlichtweg nicht bewerten (Baars, 2017).

Zu erkennen, dass die Entwicklung einer kundenzentrierten Organisation nicht nur die Verbesserung der Innovations- und Vertriebsprozesse bedeutet, sondern ein umfassendes Change Management bedingt, stellt viele Unternehmen vor eine grosse Herausforderung: Meist wird dies in den Führungsebenen nicht erkannt oder als nicht relevant eingestuft. Man betrachtet Kundenzentrierung als «nice to have» und nicht als Treiber in der Organisationsentwicklung, der auch in der Kostenreduktion eine wichtige Rolle spielt.

Daher war eine Massnahme, die im Pilotprojekt zentral war, die Organisations-beschaffenheit/-maturität in Bezug auf die Kundenzentrierung «sichtbar» und bewertbar zu machen und diese somit als KPI auszuweisen. Somit kann die Führungsebene eine pragmatische Zielsetzung für die Organisationsentwicklung entwickeln, aber auch die Change-Manager und Fachstellen können die Rolle der Organisationsbeschaffenheit in der Kundenzentrierung der Führungsebene darlegen und diese entsprechend thematisie-ren.

Ziel war die umfassende Messung der Kundenzentrierung durch eine Mitarbeiter-befragung. Im Rahmen des Pilotprojekts bei Swisscom wurden daher über 300 Be-wertungsaspekte der Kundenzentrierung über ein Desk Research gesammelt und an-schliessend in einer empirischen Studie und mehreren Evaluierungsrunden mit über 3000 Beteiligten verdichtet. Die üblichen statistischen Verfahren führten zur Formulierung der Faktoren der Kundenzentrierung in Unternehmen. Über weitere Messungen wurden die Faktoren geschärft und in drei Dimensionen eingeteilt, die sich anhand von jeweils fünf Items bewerten lassen. In Analogie zur sogenannten NPS-Logik wurden die Score-Werte auf einer Skala von -100 bis 100 normiert.

So entstand ein Score, der den Grad einer Kundenzentrierung, aber auch des organisa-tionalen Commitments abbilden kann und diesen in einen vergleichbaren KPI-Wert über-führt: Der Customer Centricity Score (CC-Score) (Baars et al., 2014).

3.4.2 Methodik des Customer Centricity Score

Mithilfe des CC-Score wird die Kundenzentrierung eines Unternehmens aus der Sicht seiner Mitarbeitenden gemessen. Entsprechend werden die Mitarbeitenden des Unter-nehmens bezüglich ihrer Einschätzung von 15 Statements befragt, die 15 CC-Score-Items operationalisieren.

Diese 15 Items können drei Dimensionen der Kundenzentrierung zugeordnet werden (siehe Abb. 3.2):

1. Kundenzentrierte Führung
2. Kundenzentrierte Zusammenarbeit
3. Kundenzentrierte Umsetzung

Die 15 Items werden anhand entsprechender Bewertungsstatements erhoben, die auf einer Skala von «trifft sehr zu» (10) bis «trifft überhaupt nicht zu» (1) eingestuft werden (siehe Abb. 3.3).

Führung	Zusammenarbeit	Implementation
Die Führung schafft die Rahmenbedingungen, damit Kundenzentrierung in der gesamten Organisation gelebt werden kann.	*Ein reflektierter, offener und toleranter Umgang über alle Organisationseinheiten hinweg ermöglicht eine kundenzentrierte Zusammenarbeit.*	*Durch die Implementation von kundenzentrierten Abläufen und Systemen entstehen relevante Angebote und ganzheitliche Kundenerlebnisse.*
Anreize (Incentives) Das Erreichen kundenbezogener Ziele ist der Führung wichtiger als das Erreichen finanzieller oder technischer Ziele (Umsatzziele, Absatzziele, Time-to-Market Releases usw.)	**Touchpoint Interaktion (Lining-up)** Alle Geschäftseinheiten stehen mit den Kundenkontaktpunkten in regelmässigem Austausch.	**Persönliche Agilität (Personal Responsiveness)** Mitarbeitende können auf Kundenrückmeldungen in Echtzeit wirksam und mit individuellen Lösungen reagieren („moments of truth", „magic moments").
Commitment (Verpflichtung) Die Führung exponiert sich zum Thema Kundenzentrierung und lebt es in ihren Aktivitäten und Entscheidungen vor.	**Bereichsübergreifende Zusammenarbeit (Crossfunctionality)** Teams arbeiten zusammen unbefangen über organisatorische Grenzen hinweg. Es gibt kein Silodenken in der Organisation.	**Kundenintegration (Customer Integration)** Kunden werden proaktiv in die Entwicklung von Produkt- und Dienstleistungslösungen einbezogen.
Befähigung (Enabling) Die Führung gibt den Mitarbeitenden die notwendigen Ressourcen und Befugnisse um kundenzentriert arbeiten zu können.	**Konsequenz (Persistence)** Einmal getroffene Entscheidungen werden von allen konsequent mitgetragen.	**Erlebnisgestaltung (Experience Design)** Das angestrebte Kundenerlebnis ist von Anfang bis Ende klar definiert, gestaltet und allen im Unternehmen bekannt. Jeder weiss, welchen Beitrag er in der Kundenerlebniskette leistet.
Offenheit (Openness) Die Führung pflegt eine Kultur, in der neuartige Lösungen eigenverantwortlich umgesetzt werden können. Unterschiedliche Sichtweisen werden als Bereicherung empfunden.	**Lernkultur (Learning Culture)** Die Organisation entwickelt sich durch die Auseinandersetzung mit den eigenen Produkten ständig weiter. Feedback von Kollegen und Kunden wird durch eine kontinuierliche Verbesserung integriert.	**Kundenwissen (Customer Insight)** Die Mitarbeitenden wissen, was ihre Kunden wirklich brauchen. Informationen und Wissen über Kunden und deren Bedürfnisse sind breit gestreut.
Priorisierung (Prioritisation) Die Mitarbeitenden wissen, dass Kundenzentrierung für das Unternehmen entscheidend ist. Kundenzentrierung wird in der Organisation als Top-Priorität wahrgenommen.	**Toleranz (Tolerance)** Mitarbeiter können ihre Meinung frei äussern und Fehler machen, ohne dafür bestraft zu werden.	**Umsetzungssupport (System Support)** Alle Systeme, Prozesse und Kanäle sind so gestaltet, dass sie die Kundeninteraktion erfolgreich unterstützen.

Abb. 3.2 CC-Score-Items

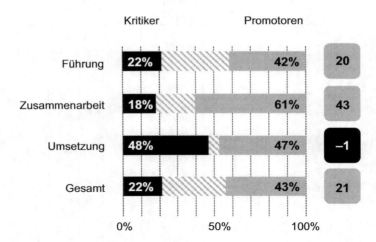

Abb. 3.3 Exemplarisches CC-Score-Messergebnis

3.4.3 Marktstudie zum Customer Centricity Score in der Schweiz

Im Rahmen einer Marktstudie in der Schweiz wurde der Customer Centricity Score auf Branchenebene für 22 Branchen erhoben. Unter Verwendung des Intervista-B2B-Panels wurden die Probanden jeweils zu dem Unternehmen befragt, bei dem sie arbeiten. Anhand der Panelinformationen konnten die Befragten damit jeweils einer Branche zugeordnet werden, wenn auch nicht dem jeweiligen Unternehmen. Damit wurden Befragungswerte für die 22 Branchen gesammelt. Selbstverständlich handelt es sich hierbei nicht um repräsentative Samples, die jeweils die gesamte Branche eindeutig abdecken. Abb. 3.4 zeigt die Ergebnisse.

Branchentypen bezüglich der CC-Score-Dimensionenwerte
Zusätzlich zum allgemeinen Entwicklungsstand in Sachen Customer Centricity unterscheiden sich die Branchen auch dahingehend, bei welchen Dimensionen sie insbesondere Nachholbedarf haben. Eine wesentliche Differenzierung liegt darin, wie stark jeweils die Zusammenarbeitsorientierung und die Umsetzungsorientierung ausgeprägt sind. Aus der Gegenüberstellung der beiden Dimensionen Zusammenarbeit und Umsetzung ergeben sich vier CC-Score-Branchentypen:

- Leaders weisen in allen drei Dimensionen relativ hohe Werte auf. Die Verankerung der Kundenzentrierung in der Führung wird konsequent in kundenzentrierte Abläufe übersetzt, die wiederum kundenzentriertes Umsetzungsverhalten begünstigen. Beispiele: IT, Consulting, Werbung.
- Administrators sind stark in der Planung und Koordination von Kundenzentrierungsaktivitäten. Die Kundenzentrierung der Führung ist auf mittlerem Niveau. Diesen

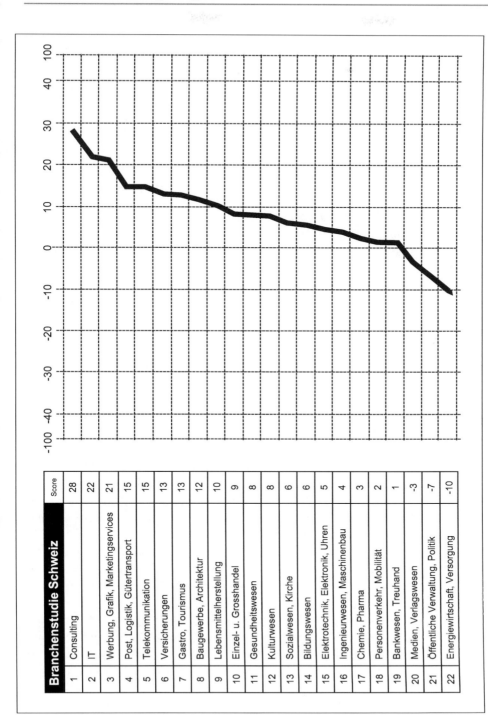

Branchenstudie Schweiz	Score
1	Consulting	28
2	IT	22
3	Werbung, Grafik, Marketingservices	21
4	Post, Logistik, Gütertransport	15
5	Telekommunikation	15
6	Versicherungen	13
7	Gastro, Tourismus	13
8	Baugewerbe, Architektur	12
9	Lebensmittelherstellung	10
10	Einzel- u. Grosshandel	9
11	Gesundheitswesen	8
12	Kulturwesen	8
13	Sozialwesen, Kirche	6
14	Bildungswesen	6
15	Elektrotechnik, Elektronik, Uhren	5
16	Ingenieurwesen, Maschinenbau	4
17	Chemie, Pharma	3
18	Personenverkehr, Mobilität	2
19	Bankwesen, Treuhand	1
20	Medien, Verlagswesen	-3
21	Öffentliche Verwaltung, Politik	-7
22	Energiewirtschaft, Versorgung	-10

Abb. 3.4 Ergebnisse einer CC-Score-Branchenstudie (2016)

Branchen und Unternehmen fehlt es an kundenzentrierter Umsetzung. Beispiele: Tele-
kommunikation, Pharma.

- Pragmatics sind jene Branchen und Unternehmen, die sich «von Natur aus» kundenzentriert verhalten. Die operativen Mitarbeitenden sind nah am Kunden dran und
kennen die Kundenbedürfnisse umfassend. In der Führung ist ein gewisses Mass an
Kundenzentrierung verankert, während die Zusammenarbeit im Unternehmen weniger kundenzentriert ausgeprägt ist. Beispiele: Gastronomie, Logistik.
- Laggers haben in allen drei Dimensionen starken Nachholbedarf. Kundenzentrierung
ist weder in der Führung, der breiteren Organisation noch in der Umsetzung ein prä-
gendes Thema. Beispiele: Energiewirtschaft, öffentliche Verwaltung.

Die Kundenzentrierung der Unternehmensführung verhält sich «linear» in diesem Raster: In Branchen, in denen Zusammenarbeit und Umsetzung hoch ausgeprägt sind, ist
auch die Führung hoch bewertet und umgekehrt. In Branchen, bei denen entweder nur
die Umsetzung oder nur die Zusammenarbeit stark ausgeprägt ist, liegt die Kundenzentrierung der Führung jeweils auf mittlerem Niveau. Unternehmen können sich nun
selbst in das Raster einordnen, um auf dieser Basis für sie nötige Handlungsmöglich-
keiten und -erfordernisse zu erkennen.

3.5 Wahrnehmung der Kundenzentrierung aus Sicht der Kunden

3.5.1 Zusammenhang zwischen interner und externer Perspektive und Bedeutung der Messung aus Kundensicht

Die interne Evaluierung der Kundenzentrierung und die Erhebung eines Indikators dient
der Steuerung von Verbesserungsmassnahmen und der Entwicklung einer Kundenkultur
im Unternehmen. Diese Evaluierung bleibt jedoch eine einseitige, interne Betrachtung,
die womöglich durch die Einschränkungen/Fokussierung der Unternehmensprozesse und
der Betriebskultur «verfärbt» ist. Die Faktoren der Kundenzentrierung mögen als Be-
wertungskriterien valide sein und die Selbstevaluierung in Form von eindeutigen Scores
wiedergeben, aber die Wechselwirkung der internen Kundenzentrierung mit der externen, auf Kundenseite wahrgenommenen Zentrierung kann die Evaluierung nicht aufzeigen.

Um die Massnahmen der Unternehmensentwicklung auch hinsichtlich ihrer Wirksamkeit in Bezug auf die Kunden nachweisen zu können, bedarf es also einer Klärung,
welche Wechselwirkung zwischen der internen und externen Kundenzentrierung besteht.
Da das Instrument des CC-Score breit und umfassend die interne Kundenzentrierung
evaluiert, benötigt man ein ebenso breit evaluierendes Instrument, das die externe, vom
Kunden wahrgenommene Kundenzentrierung bewertet. Erst dann lassen sich Wechsel-
wirkungen beschreiben und feststellen, ob, wie und wo Kundenzentrierung (als operante

Ressource) einen direkten Einfluss auf die Wahrnehmungssphäre der Kunden hat. Auf der Hand liegt die Nutzung verschiedener Bewertungsinstrumente, die bereits etabliert sind: Kundenzufriedenheit, Markenimage, Reputation, Weiterempfehlung usw. Jedoch sind diese Aspekte nicht ausschliesslich Effekte einer kundenzentrierten Organisation und decken jeweils nur einzelne Aspekte ab.

Daher wurde im Rahmen eines Forschungsprojekts der Hochschule Luzern mit fünf Schweizer Unternehmen untersucht, wie die Faktoren der Kundenzentrierung extern bei Kunden wahrgenommen werden.

3.5.2 Customer Impact Score zur Erfassung der Kundenzentrierung aus externer Kundenperspektive

Ziel war wiederum die Ableitung von Messkriterien für die Kundenzentrierung, in diesem Fall aus Sicht der Kunden. Hierzu wurde in folgenden **Schritten** vorgegangen:

1. Entwicklung einer CI-Score-Item-Longlist: Im Rahmen von qualitativen Interviews mit Kunden sowie Unternehmensvertretern wurden Aspekte gesammelt, die aus Sicht der Befragten ein Unternehmen «kundenzentriert» machen. Zudem wurden Items auf Basis einer intensiven Literaturrecherche ergänzt. Hierzu wurden sowohl Studien mit engerem Bezug zur Kundenzentrierung (z. B. Habel et al., 2020) herangezogen als auch solche Konstrukte, die im Zusammenhang zur «wahrgenommenen» Kundenzentrierung stehen, wie Kundenzufriedenheit, Customer Experience, Reputation. Die Item-Longlist umfasste schliesslich ca. 150 Items.
2. Sachlogische Item-Reduktion: In einem nächsten Schritt wurden jene Items eliminiert, die nicht die zugrunde gelegte Definition der Kundenzentrierung widerspiegeln. Es war das Ziel, Items zu identifizieren, welche die Wahrnehmung einer kundenzentrierten Organisation wiedergeben (z. B., wenn Kunden spüren, dass das Unternehmen ihre Bedürfnisse berücksichtigt).
3. Vorstudie und empirische Konzeptionalisierung: Unter Verwendung des Bevölkerungspanels des Marktforschungsinstituts LINK wurde eine Vorstudie durchgeführt. Hierbei wurden 500 KonsumentInnen und 200 B2B-Kunden befragt. Die Befragten konnten sich aus einer Liste von Unternehmen eines aussuchen, das sie kennen. Im Falle der B2B-Kunden wurden nicht konkrete Unternehmen, sondern Unternehmenskategorien (z. B. IT-Dienstleister) zur Auswahl gestellt. Die Befragten wurden gebeten, sich eine Kategorie auszuwählen und in dieser ihren eigenen Dienstleister zu bewerten. Rund 70 Items wurden in der Befragung bewertet. Auf Grundlage dieser Bewertungen wurde eine Konzeptionalisierung des Konstrukts «wahrgenommene Kundenzentrierung» («CI-Score») vorgenommen. Auf Basis der Cronbach-Alpha-Werte und Faktoranalysen wurden die 15 Items identifiziert, die das Konstrukt am besten widerspiegeln (siehe Abb. 3.5).

Basisleistung	Mehrwert	Begeisterung
Kunden setzen voraus, dass Unternehmen funktionieren und performant sind. Sie setzen voraus, dass man die nötigen Kompetenzen besitzt und sich stets für sie einsetzt.	*Kunden haben konkrete Anforderungen an Unternehmen, die sie erfüllt sehen wollen. Sie erwarten für sie relevante Angebote und eine agile sowie offene Umgangsweise, die lösungsorientiert ist und ihren Ansprüchen erfüllt.*	*Kunden entwickeln eine starke Loyalität und hohes Engagement, wenn sie sich emotional einbringen können und sie das Gefühl haben, dass sie Leistungen erhalten, mit denen sie nicht gerechnet haben.*
Augenhöhe Kundenzentrierung ist im Unternehmen tief verankert, und daher behandelt man Kunden partnerschaftlich und auf Augenhöhe.	**Engagement** Das Unternehmen ermöglicht seinen Kunden, sich aktiv einzubringen zu bringen und so eine Beziehung zu leben.	**Stimmigkeit** Das Unternehmen achtet auf eine kohärente Erscheinung und klare eindeutige Kommunikation.
Kompetenz Das Unternehmen ist umfassend kompetent und leistungsfähig. Qualität ist selbstverständlich.	**Relevanz** Das Unternehmen liefert das, was die Kunden einfordern und benötigen.	**Sinnstiftung** Das Unternehmen und dessen Leistungen spielen eine besondere Rolle beim Kunden über die Leistungserbringung hinaus.
Transparenz Das Unternehmen ist offen und transparent im Umgang mit Kunden und der Umwelt und pflegt einen offenen Dialog.	**Effektivität** Das Unternehmen liefert dem Kunden einen klaren Nutzen und Vorteil.	**Begeisterung** Das Unternehmen kann Kunden begeistern, jenseits der Leistungserbringung.
Qualitätskonstanz Das Unternehmen hat eine hohe Motivation und Leistungsbereitschaft.	**Agilität** Das Unternehmen ist agil und flexibel im Umgang mit Problemen. Die Mitarbeitende sind lösungsorientiert und aufmerksam.	**Differenzierung** Das Unternehmen ist klar von Wettbewerbern zu unterscheiden und hat eine „Persönlichkeit".
Verlässlichkeit Das Unternehmen ist konstant in der Leistungserbringung und im Umgang mit Kunden.	**Bedürfnisorientierung** Das Unternehmen geht aufgeschlossen und aktiv mit Kundenbelangen um, zeigt dem Kunden, dass man seine Anliegen aufnimmt.	**Authentizität** Das Unternehmen ist ganzheitlich aktiv und wirkt in sich stimmig. Silodenken ist nicht wahrnehmbar.

Abb. 3.5 CI-Score-Items der von den Kunden wahrgenommenen Kundenzentrierung

3.5.3 Marktstudie zum Customer Impact Score für die Schweiz

Um das Befragungsinstrument zu erproben, wurden zunächst Kundenbefragungen bei den Kunden von zwei Partnerunternehmen durchgeführt, und es wurde der jeweilige CI-Score ermittelt. Zudem wurde, um eine breitere Datengrundlage zu schaffen, eine Marktstudie in Kooperation mit dem Marktforschungsinstitut LINK und unter Verwendung des LINK-Bevölkerungspanels durch die Bewertung von 20 bekannten Schweizer Unternehmen/Marken durchgeführt. Pro Unternehmen wurden 100 Bewertungen erhoben. Jede/r Befragte wurde zunächst gefragt, bei welchen der 20 Unternehmen sie/er Kunde/in ist. Anschliessend wurde vom Befragungssystem nach einer Kombination aus Zufallsprinzip und Bedarf an Befragten pro Unternehmen das Unternehmen festgelegt, das im Folgenden bewertet werden sollte.

Das Ergebnis der Evaluation (siehe Abb. 3.6) zeigt neben einem zu erwartenden Gefälle der Unternehmen und Branchen, dass die Items der Emotionalität am schlechtesten bewertet werden. Unternehmen, die hier höhere Werte erreichen, sind auch im Sample die am höchsten evaluierten. Die Rangfolge der Branchen gleicht der der Branchenstudie zum CC-Score – mit einer klaren Ausnahme: Die Telekommunikationsbranche wird von Kunden als wesentlich weniger kundenzentriert wahrgenommen als von den Mitarbeitenden selbst.

3.6 Der Pfad zu mehr Kundenzentrierung auf Basis der CC-Score- und CI-Score-Messungen

Sinn und Zweck der Evaluierung einer Organisationsmaturität in Bezug auf ihre Kundenzentrierung ist – neben der Ermittlung eines KPI – vor allem die Ableitung von konkreten Massnahmen zur Steigerung der Kundenzentrierung im Rahmen eines Change-Prozesses. Messwerte bilden daher nur den Ausgangspunkt für einen mehrstufigen Prozess, der zur gezielten Verbesserung der Kundenzentrierung führen kann. Dieser sollte dort ansetzen, wo die Organisation wenig entwickelt ist. Dies bedingt einen Ansatz, der sich mit dem Zusammenwirken aller Elemente untereinander befasst – ein isolierter, z. B. nur auf die Prozesse ausgerichteter, Change-Ansatz würde nur die diversifizierte Organisationskultur bedienen und den Effekt des «Abteilungsdenkens» noch verstärken (Doppler & Lauterburg, 2002). In einem Kreislauf aus Messung und Bestandsaufnahme, Reflexion und Massnahmenentwicklung sowie der anschliessenden Umsetzung in der Organisation lassen sich Ursache und Wirkung von Verbesserungsmassnahmen verfolgen und steuern, und somit kann ein Wandel eingeleitet werden, der dem ganzen Unternehmen zugutekommt. Dieser kontinuierliche Verbesserungsprozess ist kennzeichnend für eine Exzellenzkultur, in der die operanten Ressourcen ständig optimiert werden. Ausgehend von einer umfassenden Bewertung der eigenen Fähigkeit, den Kunden ins Zentrum zu stellen, arbeitet das Unternehmen kontinuierlich an der Verbesserung.

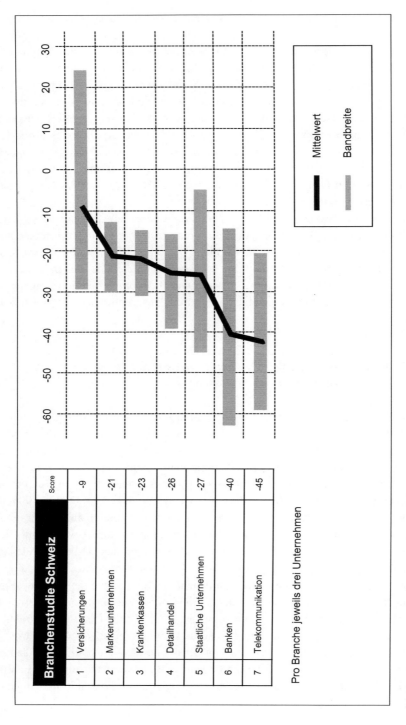

Abb. 3.6 Ergebnisse einer CI-Score-Marktstudie (2022)

In den Anwendungen des CC-Score und des CI-Score hat sich dabei eine Vorgehensweise etabliert, in der über mehrere Stufen ein kontinuierlicher Verbesserungsprozess etabliert wurde:

Stufe 1: Messung der Maturität über den CC-Score und den CI-Score
Die Messung des CC-Score ermöglicht eine sehr differenzierte Sicht auf die einzelnen Treiber der Maturität des Unternehmens in Bezug auf Kundenzentrierung. So wird ersichtlich, wo im Unternehmen Potenzial für Verbesserung liegt. Ergänzt um die Kundenperspektive durch die CI-Score-Messung werden so systematische Messgrundlagen geschaffen.

Stufe 2: Konkrete Handlungsoptionen ableiten (Reflection-to-Action-Prozess)
Die Ursachen und Treiber der CC-Score- und CI-Score-Ergebnisse werden analysiert und in Handlungsoptionen für eine Verbesserung der Kundenzentrierung überführt. Der Prozess wird abgeschlossen, indem die Beteiligten konkrete Handlungsoptionen ableiten.

Ein grosser Vorteil der CC-Score- und CI-Score-KPIs ist es, dass sie sich für die Unternehmenssteuerung einsetzen lassen: Die Handlungsoptionen lassen sich priorisieren und als konkrete Massnahmen in Strategie- und Zielvorgaben für eine KPI-Verbesserung in der nächsten Messperiode überführen.

Stufe 3: Aktionsplan definieren und implementieren
Die so entstandenen Massnahmen lassen sich in bereits bestehende Verbesserungsprozesse integrieren: Die Implementierung der Massnahmen wird angestossen, der Fortschritt regelmässig kontrolliert und die Zielerreichung mit einer nächsten CC-Score-/CI-Score-Messung überprüft.

3.7   Learnings

Nach vielfacher Evaluierung verschiedenster Unternehmen lassen sich Erkenntnisse festhalten, die aufzeigen, welche hartnäckigen Stolpersteine sich in der Transformation hin zum kundenzentrierten Unternehmen auftun. Dass die Kundenzentrierung als entscheidende «operante Ressource» überhaupt von der Unternehmensleitung wahrgenommen werden muss, ist dabei eine Grundproblematik. Viele Fachabteilungen initiieren einen Prozess der Kundenzentrierung, scheitern aber oft an der entsprechenden Positionierung: Man erreicht nicht die nötige strategische und übergreifende Flughöhe, die Geschäftsführung verpflichtet sich nicht, die Transformation unternehmensweit anzugehen. Es bleibt bei der Entwicklung von methodischen Fähigkeiten, die Unternehmenskultur wird kaum verändert. Dies zeigt sich dann, wenn die Ergebnisse einer Evaluierung primär als Zielvorgaben in einem Managementsystem genutzt werden (Incentivierung), nicht aber als Input in einem Gestaltungssystem, in dem die Unternehmensfähigkeit strukturell entwickelt wird. Dort jedoch, wo Verantwortliche eine

Kultur der Kundenzentrierung etablieren, sind die Evaluierungsmethoden des CC-Score und CI-Score wertvolle Instrumente, um eine Exzellenzkultur zu festigen und in einer stetigen Transformation die Ressourcen der Unternehmung zu optimieren. Zusammenfassend können folgende Learnings aus der Arbeit mit dem CC-Score und dem CI-Score hervorgehoben werden.

- Kundenerlebnisse sind immer «ganzheitlich»: Sie umfassen die Interaktion des Kunden mit allen Touchpoints der Organisation. Eine Fokussierung auf eine reine Verbesserung der Angebote allein greift daher zu kurz, man muss die Organisation immer als Ganzes mitentwickeln (Kundenzentrierung als Unternehmenskultur).
- Programme zur Kundenzentrierung werden oft als «operativ» betrachtet und daher von Fachabteilungen durchgeführt: Es fehlt die Anerkennung auf der Führungsebene. Die Weiterentwicklung der «operanten Ressource» Kundenzentrierung ist eine strategische, grundlegende Angelegenheit, die auf der Geschäftsführungsebene verankert sein muss (Strategierelevanz).
- Die Kraft der bestehenden KPIs, wie des NPS, verstärkt den Fokus auf nachgelagerte Massnahmen, wie die Verbesserung des Service oder der Kundeninteraktion, und lenkt von der Organisationsentwicklung selbst ab (Opportunitätsdenken). Die konsequente Weiterentwicklung der eigenen Exzellenz, evaluiert durch eine interne und externe Sicht, benötigt eine langfristige Planung und Begleitung sowie eine zugrunde liegende Exzellenzkultur.
- Dieser Aspekt zeigt sich auch in der Erwartungshaltung auf der Führungsebene. Der Aspekt, einen KPI ausweisen zu können, verführt diese zum Aktionismus: Eine Steigerung um x Punkte wird rasch wichtiger als die Entwicklung von tiefgreifenden Veränderungen (Incentivierung). Daher muss eine erfolgreiche Transformation auf die Entwicklung der gesamten Organisation zielen und diese in den Mittelpunkt stellen: Vergleichende Evaluationen zwischen Unternehmensbereichen und Funktionen sollten dem Erkenntnisgewinn dienen, nicht einen internen Wettbewerb anregen.

Literatur

Baars, J. (2017). Die kundenzentrierte Organisation: Kundenzentrierung mit einem KPI effektiv entwickeln. *Marketing Review St. Gallen, 36–42.*

Baars, J., Brandenberg, A., & Engl, S. (2014). *Customer centricity score.* Projektbericht HSLU, Luzern. https://www.hslu.ch/de-ch/hochschule-luzern/forschung/projekte/detail/?pid=106.

Becker, R., & Daschmann, G. (2015). Das Fan-Prinzip: Mit emotionaler Kundenbindung Unternehmen erfolgreich steuern. *Springer Gabler.* https://doi.org/10.1007/978-3-658-07236-0.

Beutin, N., Paul, A., & Schröder, N. (2001). *Marketing in Energieversorgungsunternehmen: Instrumente und Erfolgsfaktoren in Zeiten der Deregulierung.* IMU.

Bruhn, M. (2020). *Qualitätsmanagement für Dienstleistungen: Handbuch für ein erfolgreiches Qualitätsmanagement. Grundlagen, Konzepte, Methoden* (12. Aufl.). Springer Gabler. https://doi.org/10.1007/978-3-662-62120-2.

Bruhn, M., & Homburg, C. (2003). *Handbuch Kundenbindungsmanagementstrategien: Strategien und Instrumente für ein erfolgreiches CRM*. Springer Gabler.

Doppler, K., & Lauterburg, C. (2002). *Change-Management: Den Unternehmenswandel gestalten*. Campus.

Fader, P. (2020). *Customer centricity: Focus on the right customers for strategic advantage*. Wharton School Press.

Georgi, D., Baars, J.-E., & Brandenberg, A. (2020). Der Customer Centricity Score: Guide auf dem Weg zur kundenzentrierten Organisation. In B. Keller & C. S. Ott (Hrsg.), *Touchpoint Culture* (S. 21–35). Haufe.

Glasl, F., & Lievegoed, B. (2011). *Dynamische Unternehmensentwicklung: Grundlagen für nachhaltiges Change Management*. Haupt.

Habel, J., Kassemeier, R., Alavi, S., Haaf, P., Schmitz, C., & Wieseke, J. (2020). When do customers perceive customer centricity? The role of a firm's and salespeople's customer orientation. *Journal of Personal Selling & Sales Management, 40*(1), 25–42. https://doi.org/10.1080/08853 134.2019.1631174.

Prof. Dr. Dominik Georgi ist Leiter des Competence Center für Marketingmanagement am Institut für Kommunikation und Marketing (IKM) der Hochschule Luzern (HSLU) sowie Gründer und Partner bei Customer Metrics AG.

Prof. Jan-Erik Baars ist Leiter des CAS Design Management am Institut für Kommunikation und Marketing (IKM) der Hochschule Luzern (HSLU) sowie Gründer und Partner bei Customer Metrics AG.

Digitaler Kunde im Mittelpunkt – Die Persönliche Versicherungsmaschine der HUK24

4

Sebastian Pyka und Uwe Stuhldreier

Inhaltsverzeichnis

Schlüsselwörter

Versicherungswirtschaft · Versicherungen · UX/CX, KI-Chatbot · Kundenmanagement ·
Marketing-Leitmodell

S. Pyka · U. Stuhldreier (✉)
HUK24 AG, Coburg, Deutschland
E-Mail: uwe.stuhldreier@huk24.de

S. Pyka
E-Mail: sebastian.pyka@huk24.de

© Der/die Autor(en), exklusiv lizenziert an Springer Fachmedien Wiesbaden GmbH,   55
ein Teil von Springer Nature 2024
N. Hafner und S. Hundertmark (Hrsg.), *Kundendialog-Management*,
https://doi.org/10.1007/978-3-658-42851-8_4

4.1   Digitale Kundenerwartungen – Rolle der HUK24 in der Versicherungsbranche

Das Internet und die stetig fortschreitende Digitalisierung haben in einer sehr kurzen Zeitspanne das Sozial- und Konsumverhalten der Gesellschaft nachhaltig geprägt und verändert (vgl. Kollmann, 2013, S. 18). Wesentliche und starke Einflüsse zeigen sich dabei insbesondere auf das Kommunikations-, Informations- und Interaktionsverhalten und damit in den Kauf- und Konsumgewohnheiten von Verbrauchern. Gerade die Informationsvielfalt, eine hohe Transparenz, die globale Verfügbarkeit eines vielfältigen Angebots und die schnelle Vergleichbarkeit von Preisen haben in vielen Branchen die marktlichen Rahmenbedingungen für Anbieter und Nachfrager fundamental verändert (vgl. Barth et al., 2015, S. 16). Langjährig etablierte Geschäftsmodelle und deren Marktmechanismen werden infolge der Digitalisierung und neuer internetbasierter Technologien sowie insbesondere durch die damit einhergehenden Kundenerwartungen zunehmend infrage gestellt. Mit Blick auf das veränderte Kauf- und Konsumverhalten sind traditionelle Branchen (wie z. B. die Versicherungsbranche) und die dort agierenden Unternehmen gezwungen, Veränderungsprozesse anzustossen und erfolgreich zu meistern, um die eigene Wettbewerbsfähigkeit sicherzustellen (vgl. Hutzschenreuter, 2000, S. 53 f.; Wamser, 2001, S. 57 f.).

Traditionelle Branchen und Unternehmen stehen damit vor der Herausforderung, Strategien zu entwickeln und umzusetzen, mit denen die digitalen Bedürfnisse der Konsumenten (vgl. Kirchgeorg & Beyer, 2016, S. 410) und deren Erwartungen an digitale Prozesse, Interaktionen und Dialoge erfüllt werden. Unternehmen müssen mit hoher Agilität und Innovationsbereitschaft reagieren, um der Dynamik, Geschwindigkeit und Intensität der Digitalisierung gerecht zu werden und um die digitalen Bedürfnisse und Erwartungen ihrer Kunden, auch an Kundendialoge und -interaktionen, zu befriedigen (vgl. Deges, 2020, S. 1 ff.; Hutzschenreuter, 2000, S. 53 f.; Kirchgeorg & Beyer, 2016, S. 410).

Nachhaltig wird dabei die digitale Erwartungshaltung von Kunden durch den E-Commerce geprägt, der zu einer Transformation des Handels in nahezu allen Waren- und Dienstleistungskategorien führte (vgl. bevh, 2022; HDE, 2022; Deges, 2020, S. 11). Der starke Einfluss des E-Commerce auf die digitalen Kaufgewohnheiten und die Kundenerwartung ist dabei auf die hohe Internetpenetration und die steigende Nutzungsintensität des E-Commerce, unabhängig von spezifischen Produktkategorien, zurückzuführen (vgl. Deges, 2020, S. 13). Seit Jahren verzeichnet der digitale Handel ein stabiles Wachstum und wird von nahezu allen Bevölkerungsschichten und Altersgruppen als alternativer Weg zum Kauf von Produkten und Dienstleistungen genutzt (vgl. bevh, 2022; HDE, 2022). Dabei hat die COVID-19-Pandemie den Trend zum E-Commerce nochmals stark beschleunigt – eine Entwicklung, die nicht mehr umkehrbar ist.

Folglich sammeln Verbraucher im Rahmen ihres täglichen Konsums digitale Erfahrungen im E-Commerce und machen diese zu ihren digitalen Erwartungen, auch an andere Branchen. Dabei wünschen Kunden leicht zugängliche Informationen, um mit dem Kauf empfundene Dissonanzen und Risiken zu reduzieren, und fordern möglichst einfache, nahtlos digitale Kauf- und Abschlussprozesse sowie digitale Kommunikationsmöglichkeiten (vgl. Ehrlich, 2011, S. 37 ff.). Konsumenten stellen damit neue Erwartungen an das Interaktions- und Dialogmanagement. Unternehmen und Institutionen jedweder Wirtschaftszweige und Branchen müssen deshalb Internettechnologien für ihre Wertschöpfung einsetzen, traditionelle Vertriebsstrukturen um internetbasierte Vertriebskanäle (z. B. Onlineshops oder Präsenz auf Onlinemarktplätzen) erweitern und im Hinblick auf eine nutzerfreundliche Customer Experience gestalten sowie digitale Kommunikationswege im Dialog mit Kunden nutzen (vgl. Deges, 2020, S. 7). Längst ist Conversational Commerce, also die dialogbasierte digitale Kundenkommunikation, kein Trendbegriff mehr, sondern über intelligente Sprachsteuerung sowie Künstliche Intelligenz (KI) neue Grundanforderung des modernen Kundendialogs.

Diese Erwartungshaltung, basierend auf Erfahrungen aus dem beschriebenen E-Commerce sowie aus anderen Branchen, die deutlich früher volldigitale Wege im Wettbewerb um den Kunden, Kostendruck und Erhalt ihrer Margen beschreiten mussten, übertragen Konsumenten auch auf die Versicherungsbranche sowie auf den digitalen Abschluss und die digitale Verwaltung von Versicherungsprodukten. So zeigt eine aktuelle Studie des Marktforschungsinstituts HEUTE und MORGEN GmbH (2022) zur Customer Journey der Kfz-Versicherung, dass 85 % der Versicherungswechsler im Kfz-Jahreswechselgeschäft das Internet als Informationsquelle nutzen und 57 % aller Kfz-Versicherungswechsel digital über das Internet abgeschlossen werden. Darüber hinaus verdeutlicht die Vertriebswegestatistik 2021 der deutschen Versicherungsbranche, herausgegeben vom Gesamtverband der Versicherer (GDV) (2022), dass in den meisten Versicherungssparten zunehmend mehr Versicherungsverträge digital abgeschlossen werden und der direkte Vertriebskanal „Internet" für den Versicherungsabschluss über die vergangenen Jahre hinweg stetig an Bedeutung gewinnt.

Dennoch bestehen aus Sicht der Verbraucher vielfach noch erhebliche Defizite in der Versicherungsbranche hinsichtlich der Digitalisierung allgemein, mit Blick auf den digitalen Versicherungsabschluss sowie insbesondere auch hinsichtlich der digitalen Kommunikation und Interaktion (vgl. BearingPoint, 2022; Schmidt-Kasparek, 2023). Laut einer aktuellen Online-Umfrage der YouGov Deutschland GmbH im Auftrag der Unternehmensberatung BearingPoint (2022) stellen insbesondere jüngere Konsumenten mit Blick auf die Digitalisierung Versicherern „ein Armutszeugnis" aus. Obwohl bereits heute alle Altersgruppen die digitale Ansprache und Abwicklung gegenüber der analogen Kommunikation bevorzugen, sind lediglich 13 % der Befragten mit den angebotenen digitalen Prozessen zufrieden. Zusätzlich zeigt sich eine hohe Abbruchquote bei der digitalen Interaktion von Kunden mit ihrem Versicherer, da Vorgänge häufig als zu aufwendig empfunden werden (vgl. BearingPoint, 2022; Schmidt-Kasparek, 2023).

Unter Berücksichtigung dieser existierenden digitalen Anforderungen von Konsumenten an Versicherungsunternehmen ist die vollständige und nahtlose Digitalisierung von Abschluss-, Verwaltungs- und Interaktionsprozessen zukünftig ein entscheidender Wettbewerbsvorteil. Versicherer sind daher gefordert, Prozesse und Interaktionen zu digitalisieren und zu automatisieren sowie insbesondere digitale Einfachheit an den verschiedenen Touchpoints mit Kunden zu schaffen. Nur so ist das Bedürfnis von Konsumenten nach einer ganzheitlich digitalen Customer Journey mit einer nutzerfreundlichen Customer Experience zu erfüllen.

Vor diesem Hintergrund und der Erwartungshaltung von Verbrauchern an die Versicherungsbranche sowie der stetig fortschreitenden Digitalisierung und Entwicklung moderner, internetbasierter Technologien wurde bereits im Jahr 2000 die HUK24 als eines der ersten „InsurTechs" in Deutschland gegründet und kontinuierlich weiterentwickelt. Die HUK24 ist der reine Online-Versicherer im HUK-COBURG-Versicherungskonzern, die ausschliesslich auf www.huk24.de verfügbar ist und digital agiert. Seit ihrer Unternehmensgründung blickt die HUK24 auf eine einzigartige digitale Erfolgsgeschichte im deutschen Versicherungsmarkt zurück und ist kontinuierlich dynamisch, aber vor allem auch profitabel gewachsen. Mittlerweile besitzt die HUK24 in der Kfz-Versicherungssparte einen Bestand von mehr als 3 Mio. Verträgen und ist damit, als reiner Digitalversicherer, bereits der fünftgrösste Kfz-Versicherer in Deutschland (vgl. V.E.R.S. Leipzig GmbH, 2022). Darüber hinaus erzielte die HUK24 im Jahr 2021 laut dem Finanzmarktpanel des Marktforschungsinstituts Ipsos (2022) im Kfz-Neugeschäft den zweithöchsten Marktanteil, direkt hinter der Muttergesellschaft HUK-COBURG.

Dieser Erfolg der HUK24 basiert auf einer ganzheitlichen Ausrichtung an den digitalen Bedürfnissen der Kunden und deren Verankerung unmittelbar in der Unternehmensidentität, im Zielbild des Unternehmens sowie im täglichen Handeln. Die digitale Vision der HUK24 der „Persönlichen Versicherungsmaschine", die vollautomatisiert, effizient und datengetrieben mit Kunden interagiert, ist aus den digitalen Kundenerwartungen abgeleitet und prägt nachhaltig das eigene Selbstverständnis sowie ganzheitlich das unternehmerische Handeln (vgl. Stuhldreier, 2021). Manifestiert wird diese – im Versicherungsmarkt einzigartige – Vision im eigenen Modell des „HUK24-Wachstumsdiamanten" und ist dadurch als Marketing-Leitmodell im Unternehmen verankert. Der Wachstumsdiamant dient zur Unterstützung bei und der Orchestrierung von Entscheidungen und wird als Steuerungs- und Gestaltungsrahmen herangezogen. Die Unternehmensvision der „Persönlichen Versicherungsmaschine" sowie der „HUK24-Wachstumsdiamant" sind damit das Fundament von Kundeninteraktionen und umfassen die Leitplanken für das Kundendialogmanagement.

Da im digitalen Geschäftsmodell Touchpoint zugleich auch Sales Point bedeutet, kommt der Kundenschnittstelle und folglich der Kundeninteraktion und dem Kundendialog im Rahmen der Unternehmensvision eine übergeordnete Bedeutung zu (vgl. Stuhldreier, 2022). Im digitalen Dialogmanagement mit Kunden nutzt die HUK24 daher einen KI-gestützten Virtuellen Assistenten, der unmittelbar mit Kunden automatisiert und datengetrieben kommuniziert, auf deren Fragen eingeht, Unterstützung anbietet und sich – basierend auf Kundenfeedback – kontinuierlich weiterentwickelt.

Zusammenfassend sind damit für das digitale Dialogmanagement der HUK24 die Vision der „Persönlichen Versicherungsmaschine", das Marketing-Leitmodell des „Wachstumsdiamanten" und der Virtuelle Assistent, der die Unternehmensvision für den

Konsumenten in der digitalen Interaktion erlebbar macht, zentrale Erfolgsgrössen. Mit Blick auf die Gestaltung des digitalen Dialogmanagements der HUK24 werden die aufgeführten Erfolgsgrössen deshalb nachfolgend ausführlich dargestellt.

4.2   „Persönliche Versicherungsmaschine" und deren zentrale Bedeutung für das digitale Dialogmanagement

„Klick, klick, klick – versichert": So einfach könnte der Versicherungsvertrieb sein. Doch noch immer werden Versicherungen statt per Mausklick überwiegend mit der Unterschrift auf Papier abgeschlossen. Persönliche Vermittler sind heute immer noch an mehr als 85 % der Neugeschäftsabschlüsse in der Sachversicherung beteiligt; in der Personenversicherung sind es sogar 97 % (vgl. GDV, 2022).

Die Ursache für die heute noch starke Nutzung von analogen Kanälen und Kundendialogen beim Versicherungsabschluss liegt u. a. in der Tatsache begründet, dass Versicherungen Produkte mit einem hohen Vertrauensanteil sind (vgl. Abell, 1980). Unsicherheit auf Kundenseite besteht oftmals dahingehend, ob die richtigen Dinge versichert werden, ein günstiger Preis bezahlt wird und im Schadensfall eine ausreichend hohe Absicherung sowie ein guter Schadenservice bestehen. Da Kunden in persönlichen Beratungsgesprächen diese Fragen direkt klären können, erfolgt der Abschlussprozess von Versicherungen auch heute noch häufig analog (vgl. GDV, 2022; V.E.R.S. Leipzig GmbH, 2022).

Mit der zunehmenden Digitalisierung und nochmals verstärkt seit der COVID-19-Pandemie zeigt sich jedoch eine deutlich wachsende Bedeutung von digitalen Kanälen auch für den Versicherungsabschluss (vgl. GDV, 2022). So verstärkte COVID-19 die digitale Erwartungshaltung von Konsumenten an die Versicherungsbranche, insbesondere hinsichtlich einfacher und volldigitaler Kundenreisen. Etablierte Versicherer stehen damit zur Sicherstellung der eigenen Wettbewerbsfähigkeit vor der Herausforderung, Versicherungsabschlüsse vollständig zu digitalisieren und so einfach zu gestalten, dass kein menschlicher Kontakt benötigt wird. In diesem Zusammenhang zeigen Tech-Giganten wie Amazon, Google oder Datenspezialisten, dass im digitalen Umfeld nicht der menschliche Kontakt für unternehmerischen Erfolg entscheidend ist. Vielmehr ist es von zentraler Bedeutung, ein digitales Kundendialogmanagement zu etablieren, das bedarfsgerecht mit Konsumenten interagiert und dabei Daten über den Kunden aus verschiedenen Lebensbereichen zusammenführt, um Bedürfnisse so passend wie möglich vorherzusagen und mit geeigneten Angeboten anzusprechen.

Die HUK24 entwickelte vor diesem Hintergrund und mit Blick auf die digitalen Erwartungen von Konsumenten die Vision der „Persönlichen Versicherungsmaschine". Konkret umfasst diese Vision einerseits eine „Maschine", die vollautomatisiert, effizient und datengetrieben arbeitet, aber andererseits auch die Komponente „Persönlich" einschliesst, um mit Kunden zu interagieren, deren Bedürfnisse und individuelle Situation zu berücksichtigen und relevante Angebote zu unterbreiten.

Die Basis für die „Persönliche Versicherungsmaschine" liegt dabei in der daten-basierten Intelligenz, welche die richtigen Entscheidungen in der Geschwindigkeit eines Mausklicks trifft, schnelle und einfache Interaktion ermöglicht sowie anhand von daten-basierten Vorschlägen mehr situative Relevanz für den Kunden bringt. Dies hat bspw. zur Folge, dass jede Kundennachfrage per E-Mail auf eine Schwachstelle in der Ver-sicherungsmaschine hindeutet, denn sie sollte selbsterklärend funktionieren. Die Ver-sicherungsmaschine optimiert sich selbst auf Basis der Erfahrungen aller Nutzer und beantwortet individuelle Fragen der Kunden, indem sie Informationen aus anderen Ver-sicherungsprodukten und Bewegungen im Netz mit einbezieht. Sie weiss häufig, welche Websites der Kunde besucht hat, wo dieser sich gerade aufhält und welches Gerät be-nutzt wird. Sie bemerkt, wie sich Lebensphasen verändern, etwa durch den Wechsel des Autos oder den Bau eines Hauses, und hilft bei der passenden Absicherung. Zentrales Element der Versicherungsmaschine ist der automatisierte, digitale Kundendialog, was eine Automatisierung über die gesamte Wertschöpfungskette fordert, die simultan mit einer Erhöhung der Produktivität einhergeht. Dadurch können Kosten gesenkt und die erzielten Einsparungen in Form von niedrigeren Preisen an die Kunden weitergereicht werden.

Eine Maschine funktioniert ohne Anreizmechanismen wie Provisionen und bietet des-halb auf lange Sicht weitere Potenziale für Kostenreduzierungen, rationale Empfehlun-gen und folglich Steigerungen des Kundennutzens. Zusammenfassend wird der mit Ver-sicherungsprodukten aus Kundensicht bestehende Beratungsbedarf digital adressiert, der Kostendruck durch Automatisierung abgemildert und die Komplexität durch Personali-sierung und „Mobile first"-Entwicklung gesenkt. Im Mittelpunkt steht dabei die Etablie-rung eines volldigitalen, einfachen und kostengünstigen Vertragsabschlusses.

In Bezug auf das digitale Kundendialogmanagement der HUK24 bedeutet dies in der Zielsetzung eine ganzheitliche Betrachtung des digitalen Wertschöpfungs-Funnels sowie die vollständige Automatisierung von Kundeninteraktionen unabhängig vom jeweiligen Touchpoint. Dabei sind eine hohe automatisierte Verarbeitung (sogenannte Dunkelver-arbeitungsquote) sowie auf Key Performance Indicators (KPIs) basierte Optimierun-gen der Automatisierung essenziell. Hinsichtlich des Zugangs-Funnels werden digitale Möglichkeiten in der Leadgenerierung sowie moderne Marketingplattformen genutzt, um Marketingprozesse zu vereinheitlichen, zu automatisieren, zu messen und skaliert zu optimieren. So erfolgt die Kundenakquisition bei der HUK24 bspw. mittels Google durch ein Smart-Bidding-Verfahren, das vollständig automatisiert, selbstoptimierend und gesteuert über die Abschlusskosten (Cost per Order) funktioniert. Im Mittelpunkt des di-gitalen Kundendialogmanagements steht die Website als „Herzstück" und zentrale digi-tale Kommunikations- und Interaktionsplattform.

Dabei gilt längst, dass das Prinzip von „One size fits all" obsolet ist. Auto-matisierungssoftware und moderne Content-Management-Systeme werden eingesetzt, um die Website für die jeweilige Zielgruppe zu personalisieren. Ein KI-gesteuerter Virtueller Assistent unterstützt die User-Führung und übernimmt die Interaktion. Auf Basis des Klickverhaltens lassen sich innerhalb einer Session die ausgespielten Inhalte in Echtzeit dynamisieren. So soll die Website zum individuellen Erlebnis werden, mit dem Ziel, alle Touchpoints zu nutzen und den Kunden zum passenden Versicherungsabschluss zu führen. Dabei werden Produktangebote bedarfsgerecht offeriert, und deren Ausspielung wird kontinuierlich durch stark automatisiertes, KPI-basiertes A/B-Testing maschinell gesteuert. Dadurch werden individuelle Empfehlungen zur Produktlinie oder zu Zusatzbausteinen ermöglicht. Durch die Analyse der Klicks pro Nutzergruppe lernt die Versicherungsmaschine, was wirklich kundenrelevant ist. Mit Blick auf den Versicherungsabschluss übernimmt die datenbasierte Recommendation Engine den weiteren Kundendialog und steuert das Cross-Selling, bis zum automatisierten Mailversand, in einem „Closed Loop".

Diese Vision der HUK24 von der „Persönlichen Versicherungsmaschine" adressiert die Bedürfnisse und Erwartungen von Konsumenten im digitalen Umfeld und verankert diese im eigenen Zielbild sowie im eigenen Selbstverständnis. Dabei dient die Unternehmensvision dazu, aus Kundensicht überlegene digitale Customer Journeys und Erlebnisse zu schaffen sowie bedarfsgerechte, personalisierte Interaktionen und Angebote zu etablieren, um Kunden einen höheren Nutzen zu stiften und dadurch die eigene Wettbewerbsfähigkeit sicherzustellen.

Um die Vision der „Persönlichen Versicherungsmaschine" erfolgreich umzusetzen, erfolgt bei der HUK24 eine kontinuierliche und fokussierte Weiterentwicklung der Technologie, der Organisationsstruktur und der Führungskultur, die sich schon heute an der Wachstumsmethode der „Objectives and Key Results" (OKRs) ausrichtet. Darüber hinaus wurde das einzigartige Marketing-Leitmodell des „HUK24-Wachstumsdiamanten" implementiert, um die Unternehmensvision konsequent und über alle Entscheidungs- und Hierarchieebenen hinweg in der HUK24 zu leben und durchzusetzen sowie für das tägliche Handeln transparent und greifbar zu machen.

4.3 Umsetzung der Unternehmensvision und des digitalen Dialogmanagements

4.3.1 Der HUK24-Wachstumsdiamant als Marketing-Leitmodell

Um die Unternehmensvision der „Persönlichen Versicherungsmaschine" in den täglichen Entscheidungs- und Handlungsprozessen zu manifestieren, entwickelte die HUK24 Handlungsmaxime, die im Marketing-Leitmodell des „HUK24-Wachstumsdiamanten" (Abb. 4.1) integriert sind. Dieses Marketing-Leitmodell bietet zugleich einen allgemeingültigen Orientierungsrahmen für digitalen Erfolg.

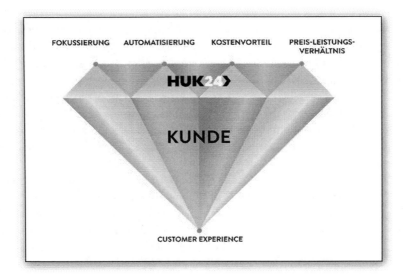

Abb. 4.1 HUK24-Wachstumsdiamant für digitalen Erfolg

Für das dynamische Wachstum[1] und den digitalen Erfolg der HUK24 sind die Orientierung an den fünf Eckpunkten des Wachstumsdiamanten entscheidend. So sind in digitalen Geschäftsmodellen die Fokussierung, der Kostenvorteil, die Automatisierung, das Preis-Leistungs-Verhältnis sowie eine überlegene Customer Experience bedeutende Erfolgsdeterminanten. Im Mittelpunkt des Wachstumsdiamanten und damit von allen unternehmerischen Entscheidungen stehen der Kunde und seine Bedürfnisse. Mit dem Marketing-Leitmodell soll unternehmensweit nicht nur Kundenorientierung, sondern Kundenzentrierung gelebt werden.

Aufgrund der zentralen Bedeutung des Wachstumsdiamanten für den digitalen Erfolg der HUK24, für die Realisierung der Unternehmensvision und deren Operationalisierung für unternehmerische Entscheidungen und Handlungen sowie für die Interaktion mit Kunden und damit für Kundendialog werden die Eckpunkte des Wachstumsdiamanten im Folgenden ausführlich beschrieben.

Fokussierung – Ausgangspunkt für schnelles Wachstum
Um digital zu skalieren, ist eine Fokussierung auf ausgewählte Produkte und Prozesse essenziell. Mit einem Anteil von über 80 % der verdienten Beiträge hat die HUK24 seit ihrer Gründung ihr Geschäftsmodell stark auf das Kfz-Versicherungsgeschäft

---

[1] Im Geschäftsjahr 2022 stieg der Bestand an versicherten Kraftfahrzeugen um fast 10 % im Vergleich zum Vorjahr. Seit 2016 liegt sogar ein Anstieg um satte 64 % von 1,9 Mio. auf über 3,0 Mio. an versicherten Kraftfahrzeugen vor.

Abb. 4.2 Fokussierung schafft Wachstum und Automatisierung schafft Kostenvorteil – Entwicklung HUK24 versus Kfz-Versicherungsmarkt in Deutschland

ausgerichtet und darauf optimiert. Im Jahr 2021 war die HUK24 laut dem Ipsos-Finanzmarktpanel (vgl. Ipsos, 2022) im Neugeschäft bereits die zweitgrösste Kfz-Versicherungsmarke. In Versicherungsbeständen ist die HUK24 inzwischen zum fünftgrössten Versicherer gewachsen (V.E.R.S. Leipzig GmbH, 2022). Und obwohl die HUK24 als rein digitaler Anbieter damit zu den Marktgrössen gehört, erzielte sie im Jahr 2021 zugleich das grösste Bestandswachstum unter allen am Markt agierenden Wettbewerbern.

In Abb. 4.2 ist der Bestandszuwachs der HUK24 in Relation zum durchschnittlichen Bestandswachstum am Markt, bezogen auf den Zeitraum von 2021 zu 2020, dargestellt. Mit einem Zuwachs von 8,8 % wuchs der Kfz-Vertragsbestand der HUK24 dabei erheblich, exakt viermal, stärker als der Marktdurchschnitt (2,2 %) (vgl. V.E.R.S. Leipzig GmbH, 2022).

Kostenvorteil und Automatisierung – Zentrale Bestandteile digitaler Wettbewerbsfähigkeit
Nachhaltig für den Erfolg und Grundlage für das Wachstum der HUK24 sind die niedrigsten Betriebskosten aller Kfz-Versicherer. Hierzu trägt ebenso die Fokussierung bei. Wie in Abb. 4.2 dargestellt, liegt die Betriebskostenquote[2] in der Sparte Kfz-Versicherung der HUK24 im Jahr 2020 mit nur 4,9 % weit unter dem Marktdurchschnitt von 18,2 % (vgl. V.E.R.S. Leipzig GmbH, 2021).

Grundlage für die niedrige Betriebskostenquote ist eine klar definierte digitale DNA. Denn Digitalisierung findet keinesfalls nur am Frontend statt, sondern muss über die

---

[2] Die Betriebskostenquote berechnet sich durch die Bruttoaufwendungen in Relation zu den verdienten Nettobeiträgen.

gesamte Wertschöpfungskette gedacht werden. Im Antrags- und Vertragsprozess ist die HUK24 ausschliesslich digital erreichbar, und auch die Verwaltung von Verträgen erfolgt digital mittels Selfservices durch den Kunden. Für die HUK24 gilt, ganz plakativ, dass „jede E-Mail ein Versagen der Website ist", da die Website selbsterklärend sein sollte und E-Mails zudem manuelle Prozesse auslösen. Zur Unterstützung kommt daher ein moderner KI-basierter Virtueller Assistent im Kontaktbereich zum Einsatz, um die Kundeninteraktion zu steuern sowie automatisiert Anfragen zu beantworten. Zugleich wurde die Vollautomatisierungsquote systematisch ausgebaut. Anteile von ca. 80 % an Antragsprozessen, die keiner manuellen Bearbeitung bedürfen, bilden die Grundlage der geringsten Betriebskosten. So entstehen überlegene Kostenpositionen gegenüber dem Wettbewerb. Hinzu kommt ein entscheidender Vertriebs- und damit Abschlusskostenvorteil. Die HUK24 hat sich seit einigen Jahren strategisch zudem für einen „Direct to Consumer" (D2C)-Ansatz entschieden. D2C bedeutet, dass es HUK24 nur auf www.huk24.de gibt und über keinen anderen Vertriebskanal, insbesondere nicht über Vergleichsplattformen oder sonstige Vermittler angeboten wird. Damit spart die HUK24 hohe Vertriebsprovisionen, die in günstige Tarife investiert und damit als Preisvorteil an den Kunden weitergereicht werden. Zudem stellt die HUK24 so sicher, dass sie stets direkten Kundenzugang besitzt.

Zugleich wird auch dem bereits in anderen Branchen zu beobachtenden Phänomen Rechnung getragen, dass Kunden wieder verstärkt direkt bei einer Marke einkaufen. Die Vorteile für die Anbieter liegen auf der Hand: Unabhängigkeit, stärkere Kundenbindung, umfassende Daten zum Verbraucherverhalten, einfacheres Cross-Selling-Potenzial. Um Konsumenten davon zu überzeugen, direkt auf der Unternehmenswebsite Verträge abzuschliessen und nicht über Plattformen zu kaufen, müssen den Kunden Vorteile geboten werden, die als Differenzierungsmerkmale dienen und unmittelbar im Dialog mit Kunden auch kommuniziert werden: insbesondere ein klar positioniertes Branding, ein exklusiver Kundenmehrwert, der nur auf der eigenen Website verfügbar ist, Preisvorteile und eine überlegene Customer Experience. Das Wachstum und die Erfolge der HUK24 bestätigen die Entscheidung für eine ausschliessliche D2C-Marke. So wurde die HUK24 im Jahr 2022 auf Basis des Markenperformance-Trackers „Yougov BrandIndex"[3] zur zweitstärksten deutschen Versicherungsmarke gekürt (vgl. Andre, 2022; YouGov Deutschland GmbH, 2022a).

Preis-Leistungs-Verhältnis – Der Kunde und die Kundenbeziehung sind entscheidend

Werden die durch die Automatisierung erzielten Kostenvorteile an den Kunden weitergegeben und Provisionen durch den D2C-Ansatz eingespart, so honorieren dies die

---

[3] Der Markenperformance-Tracker «Yougov BrandIndex» wird jährlich vom Marktforschungsinstitut YouGov Deutschland GmbH durchgeführt. Die für Deutschland repräsentative Studie basiert im Jahre 2022 auf mehr als 900.000 Online-Interviews.

Kunden. Die HUK24 bietet aus Sicht der Verbraucher unter den deutschen Direktversicherern das beste Preis-Leistungs-Verhältnis (vgl. Schickling, 2022; Schulte, 2022).
Dies zeigt z. B. eine YouGov-Umfrage (2022b) im Auftrag des Handelsblatts, die auf
über 900.000 Online-Interviews unter Bundesbürgern basiert und das aus Verbraucher-
sicht wahrgenommene Preis-Leistungs-Verhältnis in Form eines Gesamt-Scores ermittelt. In der Kategorie Direktversicherungen erzielt die HUK24 in dieser Untersuchung
einen Preis-Leistungs-Score von 20,8 Punkten und belegt damit den ersten Platz. Der
Rückstand der zweitplatzierten Versicherermarke, mit einem Preis-Leistungs-Score von
10,5 Punkten, auf die HUK24 ist dabei deutlich (vgl. Schulte, 2022). Es zeigt sich zusätzlich, dass reine Onlineversicherungen sich hinsichtlich der Kundenzufriedenheit
nicht hinter klassischen Anbietern verstecken müssen – im Gegenteil. Neben rationalen
Merkmalen ist bei der Preis-Leistungs-Beurteilung zudem die Markenwahrnehmung
entscheidend. Die HUK24 profitiert zum einen davon, dass die Marke überzeugend die
Markenessenz „digital, einfach, günstiger" transportiert, und zum anderen davon, dass
die Nutzung der Marke gegenüber der Muttergesellschaft klar zuordenbar ist. Dies ist
Orientierungs- und Vertrauensanker.

Customer Experience – Überlegene Kundenerlebnisse durch Einfachheit
Digitalisierung verändert wie beschrieben Kundenerwartungen, weshalb die Gestaltung
der Customer Experience (CX) zunehmend zur Managementaufgabe wird – auch bei
Versicherungen. Versicherer haben sich in den vergangenen Jahren durch ihre Produkte und ihre Effizienz behauptet, nicht unbedingt durch die Schaffung neuer digitaler
Kundenerlebnisse. Jedoch findet das Leben der Menschen zunehmend digital statt, und
die Konsumenten machen in anderen Branchen Erfahrungen, die sie verstärkt auf ihre
digitalen Erwartungen an ihren Versicherer übertragen. In vielen Märkten ist es längst
nicht mehr das Produkt, sondern die digitale CX, die über den Online-Abschluss entscheidet – ein Bereich, in dem viele Versicherer aber bisher weniger stark Ressourcen
aufgebaut haben als in ihren Produkt-, Aktuariats- oder auch Marketingabteilungen.
Grundlegend für digitalen Erfolg ist es aber, Customer Experience mit Data Experience
zu verbinden, was in Abb. 4.3 dargestellt ist.
     Durch diese einfache Gleichung wird offensichtlich, dass im digitalen Umfeld neben
dem zentralen Erfolgskriterium der Customer Experience zusätzlich auch in Customer
Data, Data Analytics und einen modernen Marketing-Tech-Stack zu investieren ist.
Dabei dient der Marketing-Tech-Stack letztlich auch dazu, Funktionssilos von Daten
aufzulösen und analytisch-basiert nahtlos digitale Customer Journeys zu gestalten. In

„**Customer Experience + Data Experience = Digitaler Erfolg**"

Abb. 4.3 Grundprämisse der HUK24 für digitalen Erfolg

diesem Zusammenhang ist grundsätzlich die Einfachheit in allen Bereichen der Kundenreise das Alleinstellungsmerkmal und fundamentales Gestaltungskriterium.

Ausblick: Mit dem Wachstumsdiamanten zur „Winner takes it all"-Dynamik
Werden die Handlungsmaxime des Wachstumsdiamanten aus Fokussierung, Kostenvorteil, Automatisierung, Preis-Leistungs-Verhältnis und einer überlegenen Customer Experience konsequent und über alle Hierarchie- und Entscheidungsebenen hinweg verfolgt, entsteht nicht nur digitaler Erfolg, sondern es kann die in vielen E-Commerce-Märkten zu beobachtende „The winner takes it all"-Dynamik entstehen. Eine Analyse der Unternehmensberatung McKinsey & Company (2022) bestätigt diesen Effekt auch für das deutsche Direktversicherungsgeschäft eindrucksvoll. In den Jahren 2017 bis 2021 lag der Anteil der HUK24 am kumulierten Gesamtgewinn des Kfz-Direktversicherungsmarktes in Höhe von 695 Mio. EUR bei bemerkenswerten 59 %. Grundlage für diesen Erfolg ist die stringente Orientierung am beschriebenen Wachstumsdiamanten und die damit verbundene konsequente Orientierung an den digitalen Anforderungen und Erwartungen von Kunden.

4.3.2 Virtueller Assistent – Intelligente Basis des digitalen Kundendialogs

Die Vision der „Persönlichen Versicherungsmaschine" und die Handlungsmaxime des „HUK24-Wachstumsdiamanten" manifestieren sich im digitalen Kundendialogmanagement der HUK24 und geben dafür den grundlegenden Gestaltungsrahmen vor. Um die „Persönliche Versicherungsmaschine" im direkten Kundenkontakt umzusetzen und für Kunden erlebbar zu machen, kommt auf der HUK24-Website (www.huk24.de) ein KI-gesteuerter Virtueller Assistent zum Einsatz.

Zur Schaffung eines ganzheitlich konsistenten und mit Blick auf die Künstliche Intelligenz dem aktuellen Stand entsprechenden Kundenerlebnisses integriert der Virtuelle Assistent verschiedene KI-gesteuerte Fähigkeiten miteinander. So umfasst dieser eine KI-basierte Suchfunktion, ein Kontaktformular mit KI-basierten Antwortvorschlägen sowie einen KI-basierten Chatbot. Dieser dient dazu, im Rahmen des digitalen Dialogmanagements mit Kunden zu interagieren, in der User-Führung zu unterstützen und entsprechend dem jeweiligen Kundenanliegen eine bedarfsgerechte Lösung automatisiert zu finden. Über die Suche, das Kontaktformular oder den Chatbot werden dabei Kundenanfragen entgegengenommen und im KI-System mittels Natural Language Understanding und Nutzung eines vortrainierten Sprachmodells analysiert sowie passende Antwortvorschläge ausgespielt. Mit Blick auf bedarfsgerechte Lösungen ist der Virtuelle Assistent über die genannten KI-basierten Funktionalitäten hinaus mit einer Vielzahl an Selfservices angereichert.

Die Kundeninteraktion erfolgt damit neben Selfservices mit einem KI-gestützten Chatbot, der wesentliche Aufgaben im digitalen Kundenservice und in der virtuellen Beratung übernimmt. Dieser führt z. B. einfache Dialoge mit Nutzern und geht in Echtzeit direkt auf Anliegen ein, um Kunden bei der Selbstverwaltung von Verträgen zu unterstützen und Hilfestellung bei Fragen und Anliegen zu leisten. Des Weiteren wird der Virtuelle Assistent der HUK24 durch verschiedene KI-Fähigkeiten in der Suche und im Kontaktformular komplementiert. Während Nutzer über die Suchfunktion Anfragen zu einfachen Sachverhalten mittels weniger Schlagworte stellen und klären können, dient das Kontaktformular dazu, komplexere Anliegen zu schildern und dafür geeignete Lösungen zu finden.

Insgesamt steuert der Virtuelle Assistent die Kundeninteraktion und übernimmt bereits in vielen Teilen die klassischen Aufgaben eines Versicherungsberaters. So geht dieser auf das individuelle Kundenanliegen ein und stellt bedarfsgerecht Lösungsansätze in Form von „Next Best Action" (NBA) oder „Next Best Offer" (NBO) zur Verfügung. Dabei trifft der Virtuelle Assistent aber keine „eigenen" unkontrollierten Entscheidungen, die vertragliche Aspekte der Kunden berühren. So werden z. B. Entscheidungen über einen Vertragsabschluss oder die Schadensregulierung nicht durch die Künstliche Intelligenz beeinflusst.

Bei der Implementierung und Weiterentwicklung des Virtuellen Assistenten stehen gemäss der Unternehmensvision und des Marketing-Leitmodells die Schaffung einer überlegenen Customer Experience sowie die Automatisierung des Kundenservices im Mittelpunkt. Dies bedeutet, dass Interaktionen und die Dialogführung kundenzentriert erfolgen und in Abhängigkeit des jeweiligen Kundenanliegens online und damit orts- und zeitunabhängig gestaltet werden. Dabei besteht das primäre Ziel in der Erfüllung des entsprechenden Kundenbedürfnisses durch den Einsatz von automatisierter und selbstlernender Kommunikation sowie durch geeignete und einfach zu handhabende Selfservices.

In der konkreten Umsetzung können Kunden der HUK24 also Anträge oder Datenänderungen jederzeit direkt mittels Online-Selfservices vornehmen. Ausserordentliche 96 % der Kundenanliegen werden schon heute über die beschriebenen Funktionalitäten selbstständig auf der Website erledigt. Dabei nimmt, entsprechend dem Wachstumsdiamanten, die Schaffung einer hohen Kundenzufriedenheit eine exponierte Stellung ein. Umso erfreulicher ist es natürlich, dass Kunden der HUK24 mit Blick auf die angebotenen Touchpoints, Features und Online-Services (wie Kundenportal, Live-Chat, Online-Antrag, Online-Schadensmeldung, digitale Dokumentenverwaltung oder Online-Rechner) Bestnoten vergeben.

Zusammenfassend verfolgt die HUK24 mit dem Einsatz des Virtuellen Assistenten die Ziele, überlegene Kundenerlebnisse zu schaffen, Kunden durch Einfachheit und den Einsatz von Künstlicher Intelligenz zur Selbstverwaltung von Verträgen zu befähigen, E-Mails zu vermeiden sowie die Vollautomatisierung, die Kundenzufriedenheit und die Erträge zu steigern. Wesentlich für die Erreichung dieser Ziele ist die Nutzung von KI, die zuverlässig verschiedene Kundenanliegen erkennt und Kunden durch das Angebot von geeigneten Selfservices die Möglichkeit bietet, diese Anliegen selbstständig zu lösen.

Vor diesem Hintergrund ist die Leistungsfähigkeit des Virtuellen Assistenten anhand geeigneter Leistungsparameter zu beurteilen sowie dessen konsequente Weiterentwicklung mittels entsprechender Kenngrössen zu steuern. Da ein primäres Ziel der HUK24 darin besteht, die Anzahl an eingehenden E-Mails durch das Angebot von passenden Online-Services zu reduzieren und mit Unterstützung des Virtuellen Assistenten die Usability für die Nutzer optimal zu gestalten, ist die Anzahl der eingehenden E-Mails im Verhältnis zum Kundenbestandswachstum ein bedeutender KPI, der zur Beurteilung der Leistungs-fähigkeit des Virtuellen Assistenten herangezogen wird. In diesem Zusammenhang ist jede eingehende E-Mail ein Indiz dafür, dass ein Kunde sein Anliegen, trotz Unterstützung des Virtuellen Assistenten und der integrierten KI-basierten Fähigkeiten, auf der Website (noch) nicht selbstständig lösen konnte. Um aber auch in diesem Fall die laut Geschäfts-modell geforderte Kundenzentrierung sowie eine hohe Kundenzufriedenheit sicherzu-stellen, wurde eine Abteilung mit Versicherungsexperten geschaffen, die über digitale Kontaktkanäle (z. B. E-Mail) gestellte Kundenanliegen bearbeiten. Dabei werden Kunden-anfragen oftmals sogar in Realtime – aber immer digital – per E-Mail beantwortet.

Insgesamt wird mit dem Virtuellen Assistenten für Kunden und für die HUK24 eine Win-win-Situation etabliert. Während auf Seiten der HUK24 durch den digitalen, auto-matisierten Kundendialog Aufwände und damit Kosten reduziert werden, zeigt sich der unmittelbare Kundennutzen in geringeren Transaktionskosten und einer hohen Effizienz und Geschwindigkeit. So schaffen eine einfache Handhabung von Services, eine zeit- und ortsunabhängige Klärung von Anliegen, eine unmittelbare Antwort ohne Verzögerungen sowie kurze Wartezeiten auf Antwort-E-Mails (falls dennoch mal ein Anliegen nicht di-rekt und selbstständig auf der Website geklärt werden konnte) einen Mehrwert für Kun-den. Zusätzlich wird – und wie beschrieben entscheidend bei der HUK24 – der durch Automatisierung im Kundendialog erzielte Kostenvorteil direkt als Preisvorteil an Kun-den weitergegeben und damit ein weiterer komparativer Kundenmehrwert geschaffen.

Zusammenfassend stellt der Virtuelle Assistent das „Herzstück" des digitalen Dialog-managements und folglich einen bedeutenden Kundenkontaktkanal für die HUK24 dar, der zur Realisierung der Vision der „Persönlichen Versicherungsmaschine" dient. In den vergangenen Jahren konnten dabei durch den Einsatz des Virtuellen Assistenten die An-zahl an „E-Mails pro Website-Besucher" um mehr als 20 % reduziert werden. Damit lie-fert der KI-basierte Virtuelle Assistent einen wesentlichen Beitrag zur Realisierung von Kosteneinsparungen und lösungsorientierten Kundendialogen.

4.3.3 Kundenzufriedenheit in Realtime messen und kontinuierlich verbessern

Der Erfolg gibt der HUK24 und der Vision der „Persönlichen Versicherungsmaschine" absolut Recht. Mit dem Marketing-Leitmodell des „HUK24-Wachstumsdiamanten" wird der Kunde in den Mittelpunkt aller unternehmerischen Entscheidungen und des täglichen Handelns gestellt. Damit ist das Customer Relationship Management (CRM), verstanden als über die Kundenorientierung hinausgehende unternehmensweite Kunden-zentrierung zur ganzheitlichen und integrierten Steuerung von Kundenbeziehungen (vgl. Meffert, 2001) und damit auch von -dialogen, bei der HUK24 nicht nur auf der

Managementebene, sondern auch unmittelbar in der Unternehmensidentität und in den Unternehmenszielen verankert.

Vor diesem Hintergrund bestätigt sich der Erfolg des Geschäftsmodells und der strategischen Ausrichtung der HUK24 insbesondere auch in positiven Kundenurteilen. So bewerten die Kunden die HUK24 nicht nur auf Trustpilot[4], sondern auch in vielen für den deutschen Versicherungsmarkt repräsentativen Befragungen ausserordentlich positiv. Allein im Jahr 2022 erzielte die HUK24 aus Sicht von Kunden und Verbrauchern eine Vielzahl von Top-Platzierungen und -Ratingergebnissen unter deutschen Versicherungsunternehmen. Exemplarisch für diese erfreulichen Beurteilungen ist z. B. das Focus Money-Ranking der HUK24 auf Platz 2 beim Verbraucherorientierungs-Index in der Finanzdienstleistungsbranche und damit verbunden die Auszeichnung als Unternehmen mit hoher Kundenorientierung (vgl. o. V., 2023). Weitere Beispiele sind auch der 1. Platz der HUK24 unter allen deutschen Versicherern hinsichtlich der Weiterempfehlung von Kunden und die daraus resultierende Auszeichnung mit „höchster Weiterempfehlung" (vgl. Hefer, 2022) oder der 1. Platz der HUK24 unter deutschen Direktversicherern sowie der 2. Platz unter allen deutschen Versicherungen mit Blick auf die Kundenzufriedenheit (vgl. Wichert, 2022). Diese Rankings basieren auf für Deutschland repräsentative Untersuchungen, durchgeführt vom Deutschen Institut für Service-Qualität GmbH & Co KG (2022a, b).

Diese positiven Kundenbewertungen sind ein Ergebnis der starken Fokussierung der HUK24 auf die Zufriedenheit ihrer Kunden, aber auch ein Resultat des kontinuierlichen Bestrebens der HUK24, digitale Kundenbedürfnisse und -erwartungen (auch an digitale Interaktionen und das digitale Dialogmanagement) zu erfüllen und in allen unternehmerischen Entscheidungen zu berücksichtigen. Dazu wurde in der HUK24 ein Monitoring des Net Promotor Scores (NPS) und der Kundenzufriedenheit in Form einer standardisierten Kundenbefragung implementiert. Auf der Website an verschiedenen Messpunkten, wie bspw. im Kundenbereich, nach der Nutzung von verschiedenen Online-Services oder in der Folge eines per E-Mail geführten Servicekontakts, werden täglich Kunden zu ihrer Weiterempfehlungsbereitschaft, zu ihrer Gesamtzufriedenheit mit der HUK24 sowie zu ihrer Zufriedenheit mit der Nutzung von ausgewählten Services befragt. Die erzielten Ergebnisse werden dabei in einem Management-Dashboard transparent dargestellt, das in Realtime aktualisiert wird und damit tagesaktuelle Ergebnisse liefert.

Neben dem Monitoring des NPS und der Zufriedenheit dient die beschriebene Kundenbefragung aber auch dazu, einen kontinuierlichen Verbesserungsprozess zu initiieren, mit dem Ziel, anhand von direktem Kundenfeedback die Customer Experience zu optimieren. Neben der standardisierten NPS- und Zufriedenheitsabfrage werden deshalb auch offene Fragen eingesetzt, um die Ursachen für Unzufriedenheit, Möglichkeiten zur Schaffung von Kundenbegeisterung, aber auch sogenannte Customer Pain Points bei

---

[4]Trustpilot ist eine Online-Bewertungscommunity, die Unternehmen und Verbraucher zusammenbringt und Verbrauchern die Möglichkeit bietet, eine Bewertung von und Feedback zu Kauf- und Serviceerfahrungen mit Unternehmen abzugeben und mit anderen Personen zu teilen.

der Nutzung von Online-Services zu identifizieren. Die gewonnenen Ergebnisse werden ebenfalls systematisch und kontinuierlich ausgewertet und zur Ableitung von Massnahmen zur Verbesserung der Customer Experience und zur Steigerung der Kundenzufriedenheit herangezogen.

Darüber hinaus wird direktes Kundenfeedback auch zur Optimierung des Virtuellen Assistenten genutzt. Dabei werden Kunden nach geführten automatisierten Konversationen gebeten, zu beurteilen, ob die ausgespielten Antworten hilfreich waren und ihr Anliegen damit gelöst werden konnte. Die erzielten Ergebnisse werden von der KI im Sinne eines selbstlernenden Systems genutzt, um Kundenanliegen zukünftig noch besser zu verstehen und mit Blick auf das konkrete Kundenanliegen noch treffsicherer bedarfsgerechte Antworten zu geben und Lösungen vorzuschlagen.

Zusammenfassend fokussiert sich die HUK24 damit stark auf Kunden und deren Zufriedenheit und stellt diese in den Mittelpunkt des unternehmerischen Denkens und Handelns. Direktes Kundenfeedback wird genutzt, um Prozesse und Abläufe, Produkt- und Serviceleistungen, aber auch Kundendialoge und -interaktionen kontinuierlich zu verbessern und das Kundenerlebnis entsprechend den digitalen Kundenerwartungen zu optimieren.

4.4   Fazit

Die fortschreitende Digitalisierung und Nutzung von internetbasierten Technologien führen dazu, dass die digitalen Anforderungen von Kunden mit dynamischer Geschwindigkeit wachsen. Um diese digitalen Erwartungen, die Konsumenten auch an traditionelle Branchen und Anbieter stellen, zu erfüllen, ist die Digitalisierung der Versicherungswirtschaft bereits heute weit fortgeschritten. Eine persönliche Versicherungsmaschine, die vollautomatisiert, effizient und datengetrieben mit den Kunden interagiert und auf deren Bedürfnisse eingeht, muss daher keine Utopie bleiben.

Die HUK24, als reiner Online-Versicherer und mit über 20 Jahren digitaler Erfahrung, verfolgt diese Vision und stellt dafür schon heute den „Digitalen Kunden" in den Mittelpunkt ihres Geschäftsmodells, ihrer strategischen Ausrichtung und ihres täglichen Agierens. Zur Erreichung dieser Vision braucht es allerdings neue Rahmenbedingungen und eine konsequente Weiterentwicklung von Technologie und Organisation. Die HUK24 hat daher mit dem „Wachstumsdiamanten" ein Marketing-Leitmodell entwickelt, das die Vision der „Persönlichen Versicherungsmaschine" für alle unternehmensinternen Entscheidungs- und Hierarchieebenen transparent macht und ein Überführen der Vision in das tägliche Handeln ermöglicht. Des Weiteren wird auf www.huk24.de ein Virtueller Assistent in der digitalen Kundeninteraktion und im direkten Kundendialog eingesetzt. Dadurch wird bereits heute die Vision der „Persönlichen Versicherungsmaschine" für Kunden erlebbar. In diesem Zusammenhang belegen Kundenstudien schon jetzt eindrucksvoll, dass das digitale Geschäftsmodell und der digitale Kundendialog die Kundenbedürfnisse nicht nur erfüllen, sondern vielfach übertreffen.

Literatur

Abell, D. F. (1980). *Defining the business, The starting point of strategic planning* (1. Aufl.). Englewood Cliffs.

Andre, F. (2022). Diese Marken konnten 2022 besonders punkten. *Handelsblatt*, Ausgabe Oktober. https://www.handelsblatt.com/unternehmen/handel-konsumgueter/umfrage-diese-marken-konnten-2022-besonders-punkten/28763476.html. Zugegriffen: 20. Febr. 2023.

BearingPoint. (2022). *Pressemitteilung: Digitalisierung der Versicherungsbranche: Wie zufrieden sind die Versicherungsnehmer:Innen?*. https://www.presseportal.de/pm/68073/5417938. Zugegriffen: 20. Febr. 2023.

bevh. (2022). Bundesverband E-Commerce und Versandhandel Deutschland e. V., *Pressemitteilung: Umsätze im E-Commerce erneut über 100 Milliarden Euro*. https://www.bevh.org/presse/pressemitteilungen/details/umsaetze-im-e-commerce-mit-waren-und-dienstleistungen-erneut-ueber-100-milliarden-euro.html. Zugegriffen: 20. Febr. 2023.

Barth, K., Hartmann, M., & Schröder, H. (2015). *Betriebswirtschaftslehre des Handels* (7. Aufl.). Springer Gabler.

Deges, F. (2020). *Grundlagen des E-Commerce, Strategien, Modelle, Instrumente* (1. Aufl.). Springer Gabler.

Deutsches Institut für Service-Qualität GmbH & Co. KG. (2022a). *Jahresanalyse Kunden-Favoriten, Bereitschaft zur Weiterempfehlung im Fokus*. Dezember. https://disq.de/2022/20221215-Kunden-Favoriten.html. Zugegriffen: 31. Jan. 2023.

Deutsches Institut für Service-Qualität GmbH & Co. KG. (2022b). *Kundenbefragung Versicherer des Jahres, Zufriedenheit sehr hoch – Service ärgert am häufigsten*. September. https://disq.de/2022/20220919-Versicherer-des-Jahres.html. Zugegriffen: 31. Jan. 2023.

Ehrlich, O. (2011). *Determinanten der Kanalwahl im Multichannel-Kontext, Eine branchenübergreifende Untersuchung* (1. Aufl.). Springer Gabler.

GDV – Gesamtverband der Versicherer. (2022). *Pressemitteilung: Mehr Online-Abschlüsse von Versicherungsverträgen*. https://www.gdv.de/gdv/medien/medieninformationen/mehr-online-abschluesse-von-versicherungsvertraegen-85748. Zugegriffen: 20. Febr. 2023.

HDE. (2022). Handelsverband Deutschland. *Pressemitteilung: Online Monitor 2022*. https://einzelhandel.de/index.php?option=com_attachments&task=download&id=10659. Zugegriffen: 20. Febr. 2023.

Hefer, C. (2022). Welche Versicherer die Kunden am meisten weiterempfehlen. *Versicherungs-Journal.de*, Dezember. https://www.versicherungsjournal.de/vertrieb-und-marketing/welche-versicherer-die-kunden-am-meisten-weiterempfehlen-146720.php. Zugegriffen: 31. Jan. 2023.

HEUTE und MORGEN GmbH. (2022). *Pressemitteilung: Customer Journey in der Kfz-Versicherung: Wie wechselbereite Kunden gewonnen oder gehalten werden können*. https://heuteundmorgen.de/wp-content/uploads/2022/08/Pressemitteilung-Customer-Journey-Kfz-2022.pdf. Zugegriffen: 20. Febr. 2023.

Hutzschenreuter, T. (2000). *Electronic Competition, Branchendynamik durch Entrepreneurship im Internet*. Electronic Competition. Gabler. https://doi.org/10.1007/978-3-322-86930-2_7.

Ipsos. (2022). *Finanzmarktpanel Deutschland*. Gesamtjahr 2021. Verträge der Sparte Kraftfahrt-Haftpflicht.

Kirchgeorg, M., & Beyer, C. (2016). Herausforderungen der digitalen Transformation für die marktorientierte Unternehmensführung. In G. Heinemann, M. H. Gehrckens, & U. J. Wolters (Hrsg.), *Digitale Transformation oder digitale Disruption im Handel* (S. 399–422). Springer Gabler.

Kollmann, T. (2013). *Online-Marketing, Grundlagen der Absatzpolitik in der Net Economy* (2. Aufl.). Kohlhammer.

McKinsey & Company. (2022). *Versicherungstechnisches Brutto-Ergebnis deutscher Kfz-Direktversicherer in den Jahren 2017–21*. McKinsey-Versicherungsdatenbank für Deutschland, auf Basis der Geschäftsberichte bzw. SFCR-Berichte.

Meffert, H. (2001). *CRM in Deutschland. Absatzwirtschaft Online*. Juni. https://www.absatzwirtschaft.de/meffert-ueber-crm-in-deutschland-185534/. Zugegriffen: 1. März 2023.

o. V. (2023). Finanzdienstleister: Wer besonders verbraucherorientiert arbeitet. *Focus Money*, Ausgabe 2. https://www.focus-shop.de/amfile/file/download/file/10484/product/23003/. Zugegriffen: 20. Febr. 2023.

Schmidt-Kasparek, U. (2023). Digitalisierung im Vertrieb unerlässlich. *Versicherungsmagazin*. https://www.versicherungsmagazin.de/rubriken/branche/digitalisierung-im-vertrieb-unerlaesslich-3322102.html?utm_medium=email&utm_campaign=2023-02-13&utm_source=vmmnl. Zugegriffen: 9. Febr. 2023.

Schickling, T. (2022). Prämien steigen: Diese Kfz-Versicherungen sind noch gut und preiswert. *Focus Money*, Ausgabe 36. https://www.focus.de/finanzen/versicherungen/kfz-versicherung/focus-money-studie-kfz-tarife-diese-kfz-versicherungen-sind-noch-gut-und-guenstig_id_142893239.html. Zugegriffen: 20. Febr. 2023.

Schulte, A. (2022). Das sind die Marken mit dem besten Preis-Leistungs-Verhältnis. *Handelsblatt*, Ausgabe Februar. https://www.handelsblatt.com/unternehmen/handel-konsumgueter/umfrage-unter-verbrauchern-das-sind-die-marken-mit-dem-besten-preis-leistungs-verhaeltnis/28048970.html. Zugegriffen: 20. Febr. 2023.

Stuhldreier, U. (2022). Fünf Mythen der Digitalisierung in der Versicherung. *Versicherungsmonitor*. https://versicherungsmonitor.de/2022/01/11/fuenf-mythen-der-digitalisierung-in-der-versicherung/. Zugegriffen: 31. Jan. 2023.

Stuhldreier, U. (2021). Die persönliche Versicherungsmaschine – Wettlauf gegen die Tech-Giganten. *Versicherungsmonitor*. https://versicherungsmonitor.de/2021/01/07/die-persoenliche-versicherungsmaschine/. Zugegriffen: 31. Jan. 2023.

V.E.R.S. Leipzig GmbH. (2022). *Pressemitteilung: Branchenmonitore 2016–2021, Kraftfahrtversicherung*. https://vers-leipzig.de/wp-content/uploads/Expose_Branchenmonitore_2021.-pdf. Zugegriffen: 31. Jan. 2023.

V.E.R.S. Leipzig GmbH. (2021). *Pressemitteilung: Branchenmonitore 2015–2020, Kraftfahrtversicherung*.

Wamser, C. (2001). *Strategisches Electronic Commerce, Wettbewerbsvorteile auf elektronischen Märkten* (1. Aufl.). Vahlen.

Wichert, B. (2022). Diese Versicherer haben die zufriedensten Kunden. *Versicherungs-Journal.de*, September. https://www.versicherungsjournal.de/markt-und-politik/diese-versicherer-haben-die-zufriedensten-kunden-145839.php. Zugegriffen: 31. Jan. 2023.

YouGov Deutschland GmbH. (2022a). *Ranking, Marken des Jahres 2022, Markenperformance-Tracker „BrandIndex"*, Oktober. https://business.yougov.com/de/produkt/brandindex/marke-des-jahres-2022. Zugegriffen: 31. Jan. 2023.

YouGov Deutschland GmbH. (2022b). *Preis-Leistungs-Ranking 2022*. Februar. https://business.yougov.com/de/produkt/brandindex/preis-leistungs-ranking-2022. Zugegriffen: 31. Jan. 2023.

Dr. rer. pol. Sebastian Pyka (Dipl.-Kfm., Univ.) ist Lead Marketing- & Vertriebsstrategie und Direct Report des Marketing- & Vertriebsvorstands der HUK24 AG sowie freiberuflicher Dozent für Marketing (insb. für CRM, Behavioral Economics und Marktforschung) an verschiedenen Universitäten und Hochschulen in Deutschland und der Schweiz.

Vor seiner Beschäftigung bei der HUK24 AG begleitete er diverse Führungspositionen in der Marketing- & Unternehmenskommunikation sowie im strategischen und analytischen CRM in der Finanzdienstleistungsbranche und war als Marketingwissenschaftler tätig. Sebastian Pyka promovierte am Lehrstuhl für Marketing & Handelsbetriebslehre der Technischen Universität Chemnitz im Bereich Vertriebsmanagement/CRM mit den Schwerpunkten Sales Performance Management und Positive Psychologie.

Dr. rer. pol. Uwe Stuhldreier (Dipl.-Kfm., Univ.) ist seit 2016 als Vorstandsmitglied bei der HUK24 AG verantwortlich für Vertrieb und Marketing. Die HUK24 AG ist der grösste Kfz-Direktversicherer in Deutschland. Uwe Stuhldreier war in verschiedenen Führungsfunktionen bei CosmosDirekt, MLP Finanzdienstleistungen AG und der Dresdner Bank tätig. Er hat im Fachgebiet des Marketings an der Universität Rostock promoviert und hält einen Abschluss als Diplom-Kaufmann der Universität Münster. Uwe Stuhldreier ist Mitglied der Jury für den Deutschen Marketing Preis, Keynote Speaker und Autor diverser Publikationen zur Digitalisierung der Versicherung und der Zukunft des Marketings. Sein Buch „Mehrstufige Marktsegmentierung im Bankmarketing" ist im Gabler Verlag erschienen.

Teil II
Kundendialoge im Marketing

KI und Kundendialoge – Darum ist der Faktor Mensch weiter wichtig

Claudia Bünte

Inhaltsverzeichnis

Schlüsselwörter

Künstliche Intelligenz · Digital Marketing · Kundendialog · Werbung ·
Digitale Ökosysteme · Digitale Wirtschaft · SaaS-Vollanbieter · KI-Serviceplattformen

---

C. Bünte (✉)
Kaiserscholle GmbH / SRH Berlin University of Applied Sciences, Berlin, Deutschland
E-Mail: cb@kaiserscholle.com

© Der/die Autor(en), exklusiv lizenziert an Springer Fachmedien Wiesbaden GmbH,
ein Teil von Springer Nature 2024
N. Hafner und S. Hundertmark (Hrsg.), *Kundendialog-Management*,
https://doi.org/10.1007/978-3-658-42851-8_5

5.1   Kundendialog ist wichtig und steckt in einem Dilemma

Es ist eine alte Marketingweisheit: Jede Interaktion mit KundInnen ist eine Chance für die Marke und den Verkauf. Leider hat diese Kundeninteraktion ein Handicap – richtig gut gemacht, ist sie teuer. Nicht gut gemacht, verprellt man sich zügig InteressentInnen und KundInnen. Und so investieren Unternehmen viel Geld und Personal für die Kundeninteraktion, um ein optimales Markenerlebnis zu schaffen. Der Faktor Mensch ist dabei eine kostbare und kostspielige Ressource: So liegen die Preise pro Telefonminute im günstigsten Fall bei rund 0,30 EUR pro Minute, können aber bis 2,00 EUR pro Minute betragen (primaProfi, 2023). Das sind hochgerechnet pro Telefonplatz 12.500 und 19.200 EUR pro Monat – für einen einzigen gemieteten Platz in einem Callcenter. Eigene Callcenter sind nicht günstiger. Kein Wunder, dass Unternehmen versuchen, Kosten zu sparen und Menschen nur dort einzusetzen, wo es nicht anders geht. Automatisierung und neuerdings Künstliche Intelligenz sind hier mögliche Tools, um Abhilfe zu schaffen. Während eine Interaktion mit menschlichen AgentInnen im Schnitt rund 8 US-$ kostet, sind einfache sogenannte Selfservice-Interaktionen mit einem Bot für rund 0,10 US-$ zu haben (Sprinklr.com, 2023). Selbst wenn hier sicherlich Äpfel mit Birnen verglichen werden, ist der Kostenunterschied deutlich.

Aber noch können nicht alle Interaktionen automatisiert werden, denn die Erfolgsquote von automatisierten Kundendialogen ist je nach Schwierigkeitsgrad unterschiedlich: Während einfache Fragen, die häufig gestellt werden, keine Herausforderung mehr darstellen, sind komplexere Kundenanliegen nach wie vor durch automatisierte Prozesse schwierig(er) zu erledigen.

5.2   Künstliche Intelligenz ist ein ernst zu nehmendes Tool geworden – in der Wirtschaft und im Marketing

KI ist in der Wirtschaft angekommen: Sieben der elf nach Marktkapitalisierung grössten Unternehmen haben ein auf Daten und KI basierendes Geschäftsmodell: Apple, Microsoft, Alphabet, Amazon, Nividia, Meta (Facebook) und Tencent (pwc, 2022, S. 17). Nvidia ist ein Zulieferer von Grafikprozessoren und Halbleitern.

Apple, Microsoft, Alphabet, Amazon und Meta generieren Umsatz nicht primär damit, etwas Physisches herzustellen, sondern mit dem systematischen Sammeln von UserInnen-Daten und deren Auswertung mittels KI. Diese Insights über die Bedürfnisse und Verhaltensmuster potenzieller KundInnen verkaufen sie dann an ihre Geschäftspartner. Deshalb wird allgemein gesagt, Daten seien «das Öl des 21. Jahrhunderts», eine Aussage, die dem Tesco-Manager Clive Humby 2006 zugeschrieben wird. Wenn Martech, also Marketingtechnologie, das Nutzen von Software auf Basis von Algorithmen ist, um Marketingaktivitäten zu optimieren, dann ist KI eine nächste Ausbaustufe dieser Martech. KI basiert auch auf Algorithmen, aber KI lernt, verbessert also den eigenen

Algorithmus. Eine Martech-Software, die von KI unterstützt wird, wird also im Laufe der Nutzung immer besser.

KI entwickelt sich dabei in bisher nicht gekannter Geschwindigkeit zu einem wichtigen Wirtschaftsfaktor: Das McKinsey Global Institute (MGI) (McKinsey & Company, 2018) prognostizierte im Jahr 2018 global bis 2030 einen durchschnittlichen Anstieg des Bruttoinlandsproduktes (BIP) um 1,2 Prozentpunkte pro Jahr allein durch KI – ein beeindruckender Einfluss einer einzigen Technologie auf das BIP. Zum Vergleich: Die Dampfmaschine brachte es seinerzeit auf 0,3, Industrieroboter auf 0,4 und Informations- und Kommunikationstechnologien auf 0,6 Prozentpunkte. Durch Corona ist die Akzeptanz digitaler Angebote noch gestiegen; es ist damit zu rechnen, dass sich KI ggf. sogar noch schneller durchsetzt, als von McKinsey 2018 angenommen.

Und das Potenzial von KI ist klar erkannt: 50 % aller Unternehmen weltweit wenden KI in wenigstens einer ihrer Business-Units an (Chui et al., 2022, S. 3). KI ist auch im Marketing angekommen: Das zeigt die neuste Studie „KI im Marketing" von 2023: 90 % der Marketing-ManagerInnen und WerberInnen in D-A-CH sagen, KI sei wichtig für Unternehmen, 92 % attestieren KI eine hohe Wichtigkeit im Marketing. Fast zwei Drittel nutzen KI, mit steigender Tendenz (Bünte, Künstliche Intelligenz – Die Zukunft des Marketings, 2023).

40,6 % der Marketing-ManagerInnen gaben an, dass sie KI im Marketing einsetzen; das sind über 53 % und signifikant mehr als noch vor fünf Jahren (siehe Abb. 5.1). KI ist also gekommen, um zu bleiben (Bünte, so geht Digital Marketing, Wiesbaden 2023, S. 198 ff.).

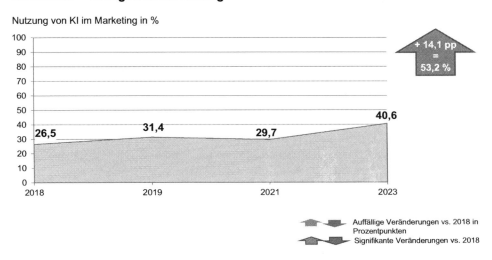

Marketing-ManagerInnen setzen KI 53,2 % häufiger ein als vor fünf Jahren – ein signifikanter Anstieg

Nutzung von KI im Marketing in %

Abb. 5.1 Einsatz von KI im Marketing in D-A-CH 2023

Marketing-ManagerInnen sehen viele Vorteile von KI im Dialog mit KundInnen

Top-3-Box (Skala 5, 6, 7 in %)

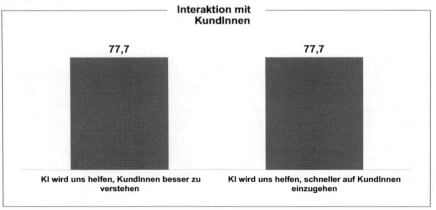

Abb. 5.2 Vorteile von KI im Marketing: Kundendialog

Besonders schätzen sie die Vorteile von KI in der Interaktion mit KundInnen: 77,7 % sind jeweils überzeugt, KI helfe dabei, KundInnen besser zu verstehen und schneller auf Kundenwünsche einzugehen (siehe Abb. 5.2) (Bünte, Studie: Künstliche Intelligenz – die Zukunft des Marketings, 2023, S. 17).

Überdies sehen sie Vorteile im Bereich «Return on Investment»: Neben einer Verein-fachung des Arbeitens und der Abnahme von Routineaufgaben sehen 83 % einen Vorteil von KI im Bereich des effektiveren und effizienteren Arbeitens (siehe Abb. 5.3) (Bünte, Studie: Künstliche Intelligenz – die Zukunft des Marketings, 2023, S. 14). Es lohnt also, sich KI als Werkzeug zur Optimierung des Kundendialogs anzusehen.

5.3   KI kann für den Kundendialog bereits erfolgreich eingesetzt werden

Für Callcenter gibt es z. B. KI-Tools, die erkennen, in welcher Stimmung die anrufende Person ist, und die Callcenter-AgentInnen Hinweise geben, wie man mit dieser Person am besten umgeht. Die tatsächliche Kundeninteraktion wird also von Mensch zu Mensch durchgeführt, die KI assistiert im Hintergrund. Anbieter sind z. B. Jabra Engage AI, Co-gito oder xdroid. Twilio und Sprinkle wiederum bieten ein breites Spektrum an Leistun-gen rund um den Kundendialog, bei Sprinkle sind darunter Live-Chats, Conversational AI und Bots oder Analysetools zum Auswerten der Interaktionen der AgentInnen im

Marketing-ManagerInnen sehen aber auch große Vorteile für ihre internen Prozesse und die Performance-Steigerung

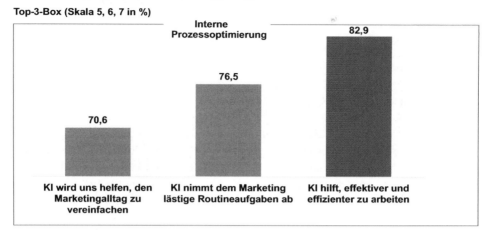

Top-3-Box (Skala 5, 6, 7 in %)

Abb. 5.3 Vorteile von KI im Marketing: ROI

Callcenter, um nur einige zu nennen (sprinkle, 2023). Im Bereich der Chatbots kann man KI einsetzen, um Standardfragen von KundInnen abzufangen und so die persönlichen Kommunikationskanäle für die wichtigeren Herausforderungen der KundInnen freizuhalten. Diese Chatbots sind inzwischen auf allen Kommunikationskanälen integrierbar – nicht nur auf der eigenen Website, sondern auch in eigenen Apps, in Messenger-Apps wie Facebook, WhatsApp, Microsoft Teams, Skype, Slack, Telegram, Kik, Viber, in digitaler Werbung und in Voice-Assistenten wie Amazon Alexa oder Google Home (Hundertmark, 2021).

Neben Text-Bots gibt es bereits gut funktionierende Avatare, z. B. Lailo. Lailo kann Fragen beantworten, Dialoge führen, ist mehrsprachig und bietet im Hintergrund Analysewerkzeuge (Lailo, 2023). Auch hier ist die Idee, dass der Avatar, genau wie Chatbots, den sogenannten First-Level-Support übernimmt, also erste grundsätzliche Fragen abfängt, damit der menschliche Kundensupport mehr Zeit für intensivere Interaktionen hat. Tawny.ai und Affectiva wiederum analysieren in Videos die Emotionen des Gegenübers. Ist die Person glücklich, neutral, wütend, fröhlich? Beide Unternehmen nutzen die Technologie aktuell zwar u. a. noch zur Optimierung von Werbung, es ist aber absehbar, dass dieser Ansatz zeitnah auch eingesetzt werden kann, um im Kundendialog zu unterstützen; Dadurch würden die Sprachanalysen um Microexpressionsanalysen des Gesichts erweitert werden.

5.4   Der Aufbau von eigenen Dialogsystemen mit KI ist teuer – gerade für kleine und mittelständische Unternehmen

Der Aufbau und Betrieb von KI-gestützten Lösungen im Kundendialog ist aber nicht unbedingt günstig oder einfach umzusetzen. Zu den Kosten für den Aufbau der KI kommen die laufenden Betreuungskosten durch das eigene Personal. Um die notwendigen ProgrammiererInnen in diesem Bereich herrscht der viel zitierte «War of Talents». Kleine Unternehmen haben weniger Chancen, diese Fachkräfte für sich zu gewinnen.

Und selbst wenn ein Unternehmen vorgefertigte sogenannte Software-as-a-Service-Angebote (SaaS) nutzt, sind die Kosten erheblich, wenn auch günstiger als sämtliche Interaktionen über MitarbeiterInnen abzuwickeln. Die hohen Kosten kommen dadurch zustande, dass KundInnen immer anspruchsvoller werden und inzwischen erwarten, ein Unternehmen über unterschiedlichste Kanäle und 24/7 (24 h an sieben Tagen die Woche) zu erreichen (zendesk, 2023). War es bis vor ein paar Jahren ausreichend, ein Callcenter von montags bis freitags zwischen 8 und 19 Uhr vorzuhalten sowie Grundinformationen über die eigene Internetseite zu veröffentlichen, gibt es heute eine Vielzahl an Kanälen, die KundInnen nutzen wollen: Online, Callcenter, WhatsApp, SMS, Chatbot, Live-Chat, E-Mails … um nur einige zu nennen. Es ist absehbar, dass die Anzahl an Kanälen eher zunehmen wird. Will ein mittelständisches Unternehmen diese Kanäle alle bedienen, ist sehr schnell viel Budget, Strategie und geschultes Personal nötig. Das, was das Unternehmen sparen kann, wenn es Teile des Kundendialogs automatisiert, muss es reinvestieren, um mehr Kanäle vorzuhalten und den wachsenden KundInnenansprüchen gerecht zu werden. Denn nicht mitzumachen ist auch keine Lösung (mehr). In der erwähnten Studie geben fast 77 % der Marketing-ManagerInnen, die KI im Marketing nutzen, an, der Einsatz von KI sei wenigstens ein Hebel für den Erfolg des Unternehmens. Für 14,5 % ist es sogar DER Hebel für den Erfolg ihres Unternehmens (Bünte, Studie: Künstliche Intelligenz – die Zukunft des Marketings, 2023, S. 40) (siehe Abb. 5.4).

5.5   Die Lösung liegt in zwei Bereichen: in Plattform-Ökosystemen und bei SaaS-Vollanbietern

Sogenannte Plattform-Ökosysteme und SaaS-Vollanbieter werden die Lösung für die Nutzung von KI für diejenigen Firmen sein, die keine eigenen Kundendialoglösungen entwickeln wollen oder können.

5.5.1   Plattform-Ökosysteme

Der Begriff «Plattform-Ökosystem» ist noch nicht vollständig klar definiert. Es gibt Plattform-Ökonomie, Plattform-Ökosysteme, digitale Ökosysteme, KI-Serviceplattform-

Auch im Marketing zeigt sich eine wahrgenommene Wichtigkeit für den Erfolg: 77 % geben an, dass KI mindestens EIN Faktor für den Erfolg sei

Angaben in %, n = 69, Ergebnisse zeigen daher Tendenzen

Der Einsatz von KI im Marketing ...

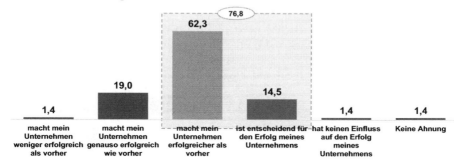

Abb. 5.4 Der Einfluss von KI im Marketing auf den Erfolg des Unternehmens

Angebote und vieles mehr – eine ausgezeichnete Übersicht und Diskussion zu diesem Thema findet sich bei Hofmann (Geske et al., 2021). Für diesen Artikel wird auf die Definition von Naab et al. (2020) zurückgegriffen:

> «In einem Digitalen Ökosystem kooperieren Unternehmen und Menschen, die zwar unabhängig sind, sich von der Teilnahme aber einen gegenseitigen Vorteil versprechen. Ein Digitales Ökosystem hat in seinem Zentrum eine digitale Plattform, die diese Kooperation besonders gut unterstützt … Während es sich bei einem Digitalen Ökosystem um einen ganz konkreten Verbund von Unternehmen, Menschen und IT-Systemen handelt, ist Plattformökonomie ein grundsätzliches wirtschaftliches Prinzip, so ähnlich wie z. B. Kapitalismus. Ein Digitales Ökosystem kann mit der Intention aufgebaut werden, nach den Prinzipien der Plattformökonomie zu funktionieren. Das heisst dann, dass es in einem solchen Digitalen Ökosystem um klare ökonomische Interessen geht und typischerweise mehrseitige Märkte gibt, in denen die Teilnehmer ihre Transaktionen über die Digitale Plattform abwickeln. Es gibt aber auch Digitale Ökosysteme, die nicht der Plattformökonomie zuzuordnen sind, sondern andere Ziele verfolgen, zum Beispiel Wikipedia.»

Ein digitales Ökosystem ist immer auch eine Plattform. Auf dieser Plattform ist fast immer eine KI die Analyseform für das System. Das liegt an der grossen Datenmenge, die es zu verarbeiten gilt. Insofern kann man zusammenfassend von KI-basierten digitalen Plattform-Ökosystemen sprechen. Der Marktplatz von Amazon fällt z. B. in diese Kategorie. KI-Serviceplattformen wiederum sind dann die Angebote, die Plattformanbieter ihren MarktteilnehmerInnen als sogenannten Software-as-a-Service (SaaS) rund um einen bestimmten Service herum anbieten, etwa die Amazon Cloud.

Plattform-Ökosysteme sind vielversprechend, weil sie allen drei Akteuren Vorteile verschaffen:

1. AnbieterInnen der Plattform (z. B. Alibaba, Amazon oder WeChat) generieren Umsatz und Gewinn durch Aufnahme von PartnerInnen: Während die Fortune-500-Unternehmen im Schnitt rund 20 Jahre benötigten, um eine Bewertung von einer Milliarde Dollar zu erreichen, benötigen Plattform-Ökosysteme im Schnitt nur fünf Jahre (Morvan et al., 2016).

2. Die Marken, die Plattformen nutzen, um zu verkaufen (wie z. B. Nivea oder Covestro oder auch weniger bekannte Marken), generieren bessere Insights über die Bedürfnisse und das Verhalten ihrer Kundengruppen; kleinere Marken erhalten darüber hinaus Zugang zu neuen Kundengruppen und PartnerInnen, die sie allein nicht in diesem Umfang erreichen könnten.

3. Die EndnutzerInnen erleben eine bessere Customer Journey dadurch, dass sie nicht nur eine spezifische Aktion durchführen können, wie etwa klassische Einzelanwendungsapplikationen es ermöglichen (Google Search, Instagram, YouTube), sondern dass ein breiteres Spektrum an Bedürfnissen in EINER einzigen Anwendung durch die Plattform befriedigt werden kann. WeChat z. B. bietet neben einer Chatfunktion insgesamt über eine Million sogenannter Miniprogramme an, mit deren Hilfe UserInnen ihren digitalen Alltag organisieren können. Anwendungen sind das Bezahlen von Gebühren, etwa Falschparktickets oder das Erledigen der Steuererklärung; zudem kann man ein Visum beantragen und Arzttermine vereinbaren (Bünte, Die chinesische KI-Revolution. Konsumverhalten, Marketing und Handel: Wie China mit Künstlicher Intelligenz die Wirtschaftswelt verändert, 2020). Des Weiteren können die Angebote besser auf ihre individuellen Bedürfnisse zugeschnitten werden. Dadurch kaufen diese NutzerInnen hier mehr, und es werden mehr Daten generiert, die durch eine KI analysiert werden können. Die Erkenntnisse daraus können allen PartnerInnen zur Verfügung gestellt werden, die daraus besser zugeschnittene Sortiments- und Preisangebote entwickeln können. Ein Optimierungskreislauf beginnt. Man könnte sagen, dass die Daten das Benzin eines Ökosystems sind und KI der Motor ist, um es anzutreiben.

Dabei könnten die Plattformanbieter zu Gatekeepern für andere Unternehmen werden, ähnlich wie seinerzeit Google für die Online-Suche von Unternehmen und Amazon für den Verkauf. Dabei gilt nach wie vor: Wer hier nicht präsent ist, verliert substanziell an Sichtbarkeit und Umsatz. Digitale Ökosysteme könnten dieselbe Wirkung haben.

Facebook, Amazon, Google, Apple und Co. erweitern ihre Angebote massiv in Richtung Plattform-Ökosysteme: Apple z. B. trat bereits 2014 mit Apple Pay in den Finanzsektor ein, Google kaufte 2019 Looker, ein Unternehmen für Cloud Computing und Big Data (Cohan, 2019), Amazon bietet schon seit langer Zeit Cloud-Services an – eine von über 40 Leistungen von Tochtergesellschaften neben Amazons traditionellem Kerngeschäft, dem Versandhandel (Talin, 2021). Und Microsoft finanziert u. a. auch OpenAI, das neben Dall-e auch ChatGPT entwickelt. Diese Entwicklung ist kein USA-Phänomen. Der Blick nach China zeigt eine ähnliche Dynamik bei z. B. Tencent, Alibaba und Bytedance.

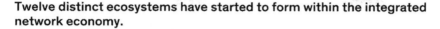

Twelve distinct ecosystems have started to form within the integrated network economy.

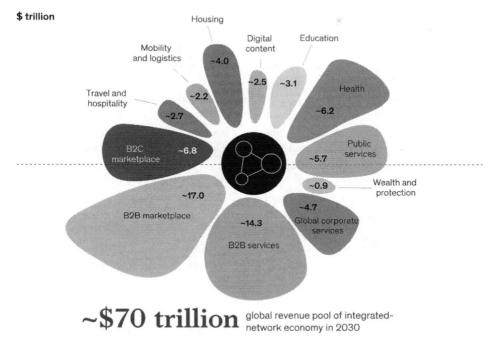

$ trillion

Housing

Mobility and logistics

Digital content

Education

~4.0

~2.5   ~3.1

Travel and hospitality

~2.2

Health

~2.7

~6.2

B2C marketplace   ~6.8

Public services

~5.7

~17.0

~0.9

Wealth and protection

B2B marketplace

~4.7

~14.3   Global corporate services

B2B services

~$70 trillion global revenue pool of integrated-network economy in 2030

Abb. 5.5 Die Entwicklung von digitalen Ökosystemen bis 2030

Digitale Ökosysteme werden bis 2030 viele Industrien beeinflussen. McKinsey prognostizierte, dass bis 2030 weltweit über 70 Billionen US-$ über digitale Ökosysteme umgesetzt werden (Hariharan Joshi et al., 2021) (siehe Abb. 5.5); das sind 25 % des weltweiten Verkaufs 2025. Der Anteil von B-to-C beträgt 26 %, der von B-to-B 45 %, der im Bereich Public Service (Gesundheit, Education etc.) 29 % (Quelle: eigene Analyse auf Basis der Zahlen in Abb. 5.5) und geht damit über viele Branchen hinweg (Hariharan Joshi et al., 2021).

Diese Entwicklung sehen auch Unternehmen: BCG befragte dazu 91 deutsche Unternehmen (Bhatnagar et al., 2021). Ein Viertel der Unternehmen gab an, dass digitale Ökosysteme innerhalb von drei Jahren mehr als 60 % des Umsatzes in ihrer Branche ausmachen werden, und etwa 30 % der Unternehmen erwarteten, dass sich digitale Ökosysteme in dieser Zeit um mindestens 25 % auf den Jahresgewinn auswirken werden. «Unabhängig davon, ob Ihr Unternehmen gross oder klein ist, wird der Aufbau oder der Beitritt zu einem oder mehreren digitalen Ökosystemen in praktisch jeder Branche schnell von einer optionalen zu einer zwingenden Notwendigkeit» (Bhatnagar et al., 2021).

Digitale Plattform-Ökosysteme basieren immer auf Daten, die mithilfe von Software, die in der Regel KI-unterstützt ist, analysiert wird. Es sind also Algorithmen, die auf Basis der Daten, welche die PlattformteilnehmerInnen zur Verfügung stellen, lernen. Das Ergebnis der Analyse ist abhängig vom Ziel der Plattform. Das digitale Ökosystem von Amazon hat bspw. zum Ziel, VerkäuferIn und KäuferIn zusammenzubringen – zum genau richtigen Zeitpunkt mit dem genau richtigen Angebot zum passenden Preis. Das Ökosystem von PinAn, die weltweit größte Versicherung, liefert dagegen «Matches» im Bereich der Gesundheitsvorsorge für DienstleisterInnen und BürgerInnen in China. Es ist naheliegend, dass diese Plattform-Ökosysteme auch Vorreiter bei der Entwicklung und Nutzung von Kundendialogsystemen sind – nicht ohne Grund ist Microsoft an OpenAI beteiligt, der Entwicklungsfirma von ChatGPT. Über APIs, also Schnittstellen, werden diese Plattformen ihren PlattformteilnehmerInnen diese Kundendialogsysteme zur Verfügung stellen, wenn es dem Ziel der Plattform dient – so wie es heute bereits z. B. Amazon tut, wenn es seinen Händlern eine Interaktionsmöglichkeit mit seinen KundInnen ermöglicht. Es ist also absehbar, dass die Plattform-Ökonomie in den nächsten Jahren rasch wächst und mit ihr die Investitionen der Plattformen in die Kundeninteraktion. Daraus ergeben sich neue und praktikable Tools zur Kundeninteraktion für die PlattformteilnehmerInnen. Damit einher geht aber auch, dass die Kundeninteraktionsdaten beim Plattformbetreiber verbleiben und nicht, wie sonst, im alleinigen «Besitz» der beiden Dialogparteien liegen. Ein mittelständisches Unternehmen, das also bspw. über Amazon oder Alibaba verkauft, erhält zwar gegen eine Gebühr in Zukunft wie heute schon den Zugang zur neusten KI-gestützten, anwendungsfreundlichen Kundeninteraktionslösung, bezahlt dies aber nicht nur mit Geld, sondern auch mit dem Verlust der Exklusivität der Kundendaten. Bei einer eigenen, teureren Lösung würden die Daten im Unternehmen verbleiben.

5.5.2   Software-as-a-Service-Vollanbieter

Im Bereich der SaaS-AnbieterInnen zeichnet sich ab, dass die entwickelnden Unternehmen von der Entwicklung von Einzellösungen auf Basis von KI weg hin zu Angeboten gehen, die die Herausforderungen der KlientInnen insgesamt lösen. Und so konsolidieren sie entweder ihre einzelnen Angebote in eine gemeinsame Lösung, oder sie kaufen SaaS-Firmen hinzu, um zu VollanbieterInnen zu werden. Im Bereich der CRM-Herausforderungen von Firmen (Kundendialog ist ein Teil des CRM-Managements) bieten Firmen wie Hubspot, Zoho, Pipedrive, Salesforce, Zendesk, Helpdesk und viele weitere inzwischen ein breites Spektrum an Anbindungen und Lösungen rund um den Kundendialog. Der Vorteil für kleine und mittelständische Firmen ist, genau wie bei den Plattform-Ökosystemen, dass die dahinter eingebundenen KI-Algorithmen nicht selbst programmiert werden müssen, sondern dazugekauft werden können – auch hier teilweise um den Preis der Aufgabe der eigenen Daten. Daher lohnt es sich, vor dem Unterschreiben eines SaaS-Vertrags genau zu prüfen, wie man die eigenen Daten noch nutzen darf.

5.5.3   Die Halbwertszeit der einzelnen Anwendungen ist aber nur kurz

Und hier liegt die eigentliche Herausforderung für Unternehmen in den 2020er-Jahren: Während dieser Text entsteht, entwickeln sich die Fähigkeiten von KI mit exponentieller Geschwindigkeit weiter, und die Kundenansprüche ändern sich und wachsen. Eine KI-Anwendung, die heute gut funktioniert, kann morgen veraltet sein. Eine neue KI-Anwendung wie ChatGPT ist plötzlich marktreif und tritt einen weltweiten Siegeszug an. Es ist also nicht die Frage, ob Anwendungen, die Sie heute nutzen, demnächst überholt sein werden, sondern eher, wann – und von welcher KI-Lösung sie wiederum in Zukunft überholt werden.

5.6   Der Faktor Mensch wird entscheidend – vom Machen zum Managen

Gleichzeitig muss dieser Wandel von Menschen gemanagt werden. Das heisst, es wird in Zukunft für Unternehmen weniger die technische Machbarkeit sein, die bislang eine «natürliche» Grenze gesetzt hat. Vielmehr sind es die Fähigkeiten der eigenen MitarbeiterInnen, die eine Schlüsselrolle übernehmen. Sie müssen flexibel auf neue technische Lösungen und KundInnenwünsche eingehen können. Wir haben kein Technikproblem, wir haben ein menschliches Problem. Oder positiver formuliert: Wer in ein paar Jahren die Nase vorne haben will bei der Königsdisziplin im Marketing – einem wertschöpfenden Kundendialog –, der darf nicht (nur) auf Technik setzen, sondern zwingend (auch) auf gute Mitarbeitende, und zwar nicht, indem sie selbst mit KundInnen interagieren, sondern indem sie regelmässig aus den vorhandenen Möglichkeiten die richtigen Tools wählen und überprüfen, wie die Kundenzufriedenheit sich entwickelt. UnternehmenslenkerInnen müssen es also schaffen, MacherInnen im Kundendialog zu ManagerInnen des Kundendialogs zu entwickeln.

Diese Herausforderung wird auch von den Marketing-ManagerInnen erkannt. Es gibt offenbar noch viel zu tun im Bereich Training: In der 2023er-Studie zu KI im Marketing attestieren sich fast 55 % ein nur unterdurchschnittliches bis durchschnittliches Wissen zu KI (siehe Abb. 5.6) (Bünte, Studie: Künstliche Intelligenz – die Zukunft des Marketings, 2023, S. 44). Rund 77 % der Befragten sind Führungskräfte; auch hier ist also die Selbsteinschätzung nicht besser.

Und so ist die KI-Ausbildung für über 60 % der Befragten auch eine Herausforderung für ihr Unternehmen (siehe Abb. 5.7) (Bünte, Studie: Künstliche Intelligenz – die Zukunft des Marketings, 2023, S. 8).

Nach eigener Einschätzung ist das Wissen der Befragten zu KI nur gering – es muss also noch viel trainiert werden

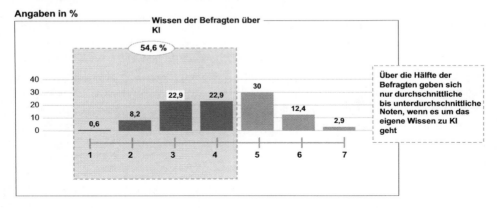

Abb. 5.6 Wissen über KI unter Marketing-ManagerInnen in D-A-CH 2023

Über 60 % der Befragten sehen in der KI-Ausbildung der MarketingmitarbeiterInnen eine Herausforderung

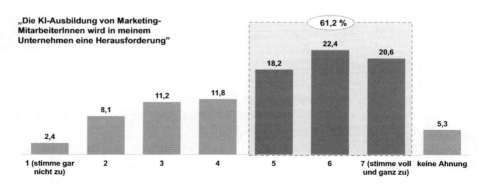

Abb. 5.7 Herausforderungen im Marketing der Zukunft

5.7   Tipps: So setzen Sie den Faktor Mensch erfolgreich ein, um Ihren Kundendialog auf die nächste (KI-)Stufe zu heben

Da sich die technische Entwicklung wie beschrieben ständig weiterentwickelt, ist es nicht sinnvoll, Tipps für die gerade passende oder angesagte Technik oder die passenden AnbieterInnen zu geben. Vielmehr ist es wichtig, dass Sie einen Personalstamm und eine Organisationsstruktur schaffen, die Sie in die Lage versetzt, agil auf neue Herausforderungen und technische Lösungen einzugehen. Und so kann es gehen:

- Sorgen Sie dafür, dass Sie je nach Grösse Ihres Unternehmens mindestens einen Verantwortlichen oder eine Verantwortliche für den gesamten Kundendialog haben.
- Schreiben Sie dieser Person ins Pflichtenheft, eine langfristige Kundendialogstrategie zu entwickeln und zu verfolgen. Nutzen Sie diese Strategie als Grundlage für Ihre Jahresgespräche mit dieser Person.
- Zu dieser Strategie gehört zwingend ein Innovationsmonitoring, z. B. den Markt systematisch alle drei Monate nach neuen Tools zu durchsuchen und regelmässig Kundenzufriedenheitsmessungen durchzuführen.
- Dazu passend sollte diese Person eine Roadmap für das eigene Management des Kundendialogs erstellen: Was soll bis wann wie in welchem Kanal umgesetzt werden, wie wird Erfolg gemessen, wer entscheidet, wer bezahlt?
- Es ist essenziell, dass diese Stelle ein Budget erhält, mit dem neue Tools ausprobiert werden können. Eine Verteilung kann z. B. so aussehen, wie es ein globales Unternehmen im Bereich FMCG macht: 70 % des Budgets wird für Kanäle ausgegeben, die stabil sind, genutzt werden und positive Interaktionserfahrungen mit KundInnen liefern. 20 % des Budgets geht in Kanäle, die ausprobiert wurden, aber noch verbessert werden können. Bei diesen Tools weiss man, dass man sie langfristig einsetzen will, muss aber den Umgang noch weiter lernen und verbessern. 10 % sind «freies Budget» zum Ausprobieren. Hier werden Innovationen getestet, von denen man nicht zu Beginn weiss, was sie bringen. Es kann sein, dass sie nicht funktionieren und dann wieder abgeschaltet werden. Wichtig ist, dass dieses Budget nicht am Erfolg gemessen wird; auch ein «Misserfolg» ist hier eine Leistung, denn nur so kann sichergestellt werden, dass die Verantwortlichen mutig genug sind, weiter neue Anwendungen auszuprobieren, und sich Ihr Unternehmen weiterentwickelt.
- Die verantwortliche Person muss Zugang zu den TopentscheiderInnen im Marketing und im Management haben. Kundendialog muss Teil der Kern-KPIs in Ihrem Unternehmen sein.
- Nehmen Sie Geld in die Hand für Schulungen rund um KI-Anwendungen, und seien Sie selbst ein Vorbild, was das Nutzen von neuen Anwendungen angeht.

Literatur

Bhatnagar, A., Modi, S., Powers, B., von Szczepanski, K., & Tang, T. (29. Januar 2021). *BCG's Digital Ecosystem Accelerator Kick-Starts Platform Strategies.* https://t1p.de/3oupb. Zugegriffen: 20. Juni 2022.

Bünte, C. (2020). *Die chinesische KI-Revolution. Konsumverhalten, Marketing und Handel: Wie China mit Künstlicher Intelligenz die Wirtschaftswelt verändert.* Springer Gabler.

Bünte, C. (April 2023). *Künstliche Intelligenz – Die Zukunft des Marketings.* unveröffentlicht. https://t1p.de/jfao. Zugegriffen: 6. Aug. 2022.

Bünte, C. (April 2023). *Studie: Künstliche Intelligenz – die Zukunft des Marketings.* https://t1p.de/teyed. Zugegriffen: 2. Mai 2023.

Bünte, C. (2023). *So geht Digital Marketing. Tools, Tipps und Trends für die Praxis.* Wiesbaden, 2023, S. 198 ff.

Chui, M., Hall, B., Singla, A., Sukharevsky, A., & Mayhew, H. (6. Dezember 2022). *The state of AI in 2022.* https://t1p.de/ygz3d. Zugegriffen: 3. Febr. 2023.

Cohan, P. (7. Juni 2019). *4 reasons google bought looker.* https://t1p.de/v0nk7. Zugegriffen: 6. Aug. 2022.

Geske, F., Hofmann, P., Lämmermann, L., Schlatt, V., & Nils, U. (June 2021). https://t1p.de/0jok9. Abgerufen am 6. April 2022 von Gateways to Artificial Intelligence: Developing a Taxonomy for AI Service Platforms.

Hariharan Joshi, N., Khan, H., & Rab, I. (21. Juli 2021). *A design-led approach to embracing an ecosystem strategy.* https://t1p.de/p393c. Zugegriffen: 3. Febr. 2023.

Hundertmark, S. (2021). *Digitale Freunde – Wie Unternehmen Chatbots erfolgreich einsetzen können.* Wiley.

Lailo. (18. Februar 2023). *Lailo – Smart Character.* https://www.lailo.ai/. Zugegriffen: 18. Febr. 2023.

McKinsey & Company. (5. September 2018). *Künstliche Intelligenz: Größeres Potential als die Dampfmaschine.* https://t1p.de/zfr5i. Zugegriffen: 20. Aug. 2020.

Morvan, L., Hintermann, F., & Vazirani, M. (2016). *Five ways to win with digital platforms.* https://t1p.de/2oxnq. Zugegriffen: 26. Juni 2022.

Naab et al. (2020). *Digitale Ökosysteme und Plattformökonomie – Wie positioniere ich mein Unternehmen und wie gelingt der Start?* Fraunhofer IESE 2023. https://t1p.de/9ut1l. Abgerufen am 14. Dez. 2023

primaProfi. (20. Februar 2023). *Callcenter – die Kosten und Preise.* https://t1p.de/n0nad. Zugegriffen: 20. Febr. 2023.

pwc. (Mai 2023). *Global Top 100 companies – by market capitalisation.* https://t1p.de/mgeul. Zugegriffen: 14. Dez. 2023.

sprinkle. (20. Februar 2023). Produktmenü: https://t1p.de/2i2xm. Zugegriffen: 20. Febr. 2023.

Sprinklr.com. (20. Februar 2023). *Mit Conversational AI und Bots, die 91 % weniger kosten als menschliche Mitarbeiter, können Sie die Tickets von Kunden schneller lösen.* https://t1p.de/v7e77. Zugegriffen: 20. Febr. 2023.

Talin, B. (21. Oktober 2021). *Was ist ein digitales Ökosystem? – Das profitabelste Geschäftsmodell verstehen.* https://t1p.de/1a4si. Zugegriffen: 20. Juni 2022.

zendesk. (2023). *zendesk-cx-trends-2023.* https://t1p.de/m2fk6. Zugegriffen: 1. März 2023.

Prof. Dr. Claudia Bünte ist ausgewiesene KI-Expertin und Unternehmensberaterin. Sie verantwortete internationale Positionen bei weltweit führenden Unternehmen, u. a. für Klienten bei McKinsey und als leitende Managerin bei Volkswagen und Coca-Cola. Sie führt die Marketingberatung Kaiserscholle GmbH, lehrt Digital Marketing an internationalen Hochschulen und forscht zu Künstlicher Intelligenz in der Wirtschaft. Ihre fünf Bücher befassen sich mit der Rolle von KI in Wirtschaft und Marketing. Sie ist ausserdem Sachverständige für Marketing, Markenbewertung und Wirtschaftskommunikation.

Kundendialog-Management in Zeiten der Marketing-Automation

6

Ralf T. Kreutzer

Inhaltsverzeichnis

Schlüsselwörter

Marketing-Automation · One-to-one-Kundendialog · Conversion Funnel

Das Kapitel basiert in Teilen auf «Kreutzer R.T. Kundendialog online und offline 2021 Springer Gabler».

R. T. Kreutzer (✉)
HWR Berlin, Berlin, Deutschland
E-Mail: kreutzer.r@t-online.de

© Der/die Autor(en), exklusiv lizenziert an Springer Fachmedien Wiesbaden GmbH,
ein Teil von Springer Nature 2024
N. Hafner und S. Hundertmark (Hrsg.), *Kundendialog-Management,*
https://doi.org/10.1007/978-3-658-42851-8_6

6.1 Kennzeichnung und Ziele des Kundendialogmanagements und der Marketing-Automation

6.1.1 Management des Kundendialogs

Heute entscheiden vor allem die tragfähigen Beziehungen zwischen einem Unternehmen und seinen Interessenten und Kunden über dessen Wohl und Wehe. Viele Anbieter von Produkten und Dienstleistungen verfügen meist nicht über die grösste Auswahl und häufig auch nicht über die attraktivsten Preise. Auch bei der Leistung selbst können nicht alle Unternehmen für sich beanspruchen, die Besten zu sein – schliesslich ist an der Spitze der Leistungspyramide immer nur Platz für wenige! Folglich fällt es Unternehmen immer schwerer, sich allein durch die jeweiligen Kernleistungen zu differenzieren. Deshalb müssen viele Unternehmen im Wettbewerb auf eine Differenzierung durch Service setzen.

Einen überragenden Service gilt es zunächst im unternehmerischen Innenverhältnis zu erreichen. Möglichst reibungsarm laufende interne Prozesse bei Beschaffung, Neuproduktentwicklung, Produktion, Marketing/Vertrieb und Controlling etc. liefern schliesslich erst die Voraussetzung dafür, dass im unternehmerischen Aussenverhältnis – und hier insbesondere im Hinblick auf die Interessenten und Kunden – ein überragender Service erzielt werden kann. Eine gute Performance im Aussenverhältnis strahlt auch auf (potenzielle) Mitarbeiter (Stichwort Employer Branding), auf (potenzielle)

Abb. 6.1 Unendliche Customer Journey. (Quelle: Eigene Abbildung)

Kooperationspartner sowie auf (potenzielle) Shareholder ab, die finanzielle Mittel für die Unternehmensentwicklung bereitstellen.

Ein wichtiger Servicebaustein stellt hierbei der Kundendialog dar. Dieser kann face-to-face, aber auch über verschiedene Dialogmedien erfolgen. Im direkten Austausch zwischen Interessenten und Kunden einerseits und dem Unternehmen andererseits entscheidet sich, ob es gelingt, die Interessenten zu Kunden zu entwickeln und Kunden in eine unendliche Customer Journey einzubinden (vgl. Abb. 6.1; vgl. auch Felten, 2018).

Diese Customer Journey – gleichsam der Weg des Kunden zum Unternehmen – beginnt mit einem Bedürfnis, das als Trigger die Journey startet (vgl. Abb. 6.1). Dann gilt es, das Bedürfnis im Hinblick auf Marken und mögliche Bezugsquellen zum Bedarf zu konkretisieren. Jetzt startet der On- und/oder Offline-Suchprozess, der durch verschiedene Dialogangebote unterstützt werden kann. Bei der Auswahl von Alternativen kommt Bewertungen sowie Tests eine grosse Bedeutung zu. Schliesslich erfolgt die Kaufentscheidung, und der Kunde erhält die erworbene Leistung. Jetzt setzt die Nutzung ein, in der ein Kunde Erfahrung mit dem Anbieter, dem Produkt bzw. der Dienstleistung und ggf. weiteren Services gewinnt.

Je nach Erfahrung wird auch der Kundenservice genutzt. Zusätzlich können eigene Erfahrungen mit Dritten geteilt werden. Gegebenenfalls werden im Bekanntenkreis auch selbst Empfehlungen ausgesprochen. Folgekäufe und/oder die Entsorgung können sich anschliessen. Entweder beendet jetzt ein Kunde die Beziehung zum jeweiligen Unternehmen, oder ein neuer (automatisierter) Trigger des Anbieters lässt die Customer Journey von vorne beginnen (vgl. vertiefend Kreutzer, 2021a).

Abb. 6.2 Customer Journey – von Online und Offline zu Noline. (Quelle: Eigene Abbildung)

Bei der Ausgestaltung des Kundendialogs innerhalb der unendlichen Customer Journey ist auf ein möglichst gutes Zusammenspiel aller Dialogmassnahmen zu achten. Welche Aufgaben damit verbunden sind, zeigt der Blick auf eine typische Customer Journey in Abb. 6.2. Hier wird sichtbar, welche On- und Offline-Touchpoints die Kunden heute nutzen. Die dort gezeigten Touchpoints (im Sinne von Berührungspunkten zwischen Unternehmen und Interessenten/Kunden) stellen allerdings nur eine Auswahl der Möglichkeiten dar.

Abb. 6.2 zeigt, dass die Grenze zwischen Online und Offline für Interessenten und Kunden immer mehr an Bedeutung verliert. Schliesslich wechseln diese bei Bedarf – auch mobil – kontinuierlich zwischen den verschiedenen Welten hin und her. Deswegen ist es heute besser, von Noline zu sprechen. Vor dem Hintergrund dieser Entwicklung ist der Kundendialog – aber nicht nur dieser – «Noline» zu denken, zu entwickeln und zu implementieren. Kampagnen sind so zu erarbeiten, dass Diskrepanzen zwischen dem Online- und dem Offline-Auftritt vermieden werden. Hierdurch können Synergieeffekte genutzt werden, die durch eine Kanal- und Device-übergreifende Kommunikation entstehen.

Gleichzeitig gilt es, den Kundendialog wertschöpfend zu gestalten. Die Herausforderung laut: wertorientiertes Kundenmanagement. Hierbei kommt dem Kundenwert – bspw. in Gestalt des Customer Lifetime Value – eine grosse Bedeutung zu (vgl. zu entsprechenden Konzepten Kreutzer, 2021a, S. 28–43). Orientiert sich der Kundendialog am Kundenwert, kann Folgendes erreicht werden:

- Fokussierung der Kundenakquisition
  Durch eine leistungsstarke (automatisierte) Kundenwertermittlung werden auch in Zukunft primär solche Kunden gewonnen, die hohe Deckungsbeiträge für das Unternehmen erwirtschaften. Die Gewinnung von marginalen – im Sinne von grenzwertigen – Kunden, bei denen Gewinn- bzw. Verlusterzielung nahe beieinander liegen, wird vermieden. Ausserdem werden verstärkt solche Kommunikationskanäle, Angebote zur Neukundengewinnung und/oder spezifische Anreizmechanismen eingesetzt, durch die bereits in der Vergangenheit besonders werthaltige Kunden gewonnen wurden.
- Professionalisierung der Kundenentwicklung
  Durch eine leistungsstarke (automatisierte) Kundenwertermittlung können gezielt More-, Cross- und Up-Sell-Potenziale erkannt und damit auch ausgeschöpft werden. Hierfür werden bspw. Mailings, E-Mails, Push-Nachrichten oder Retargeting-Ansätze – u. U. automatisiert – auf solche Kunden ausgerichtet, die einen hohen Mehrumsatz versprechen.
- Gezielte Kundenrückgewinnung
  Bei einer Berücksichtigung des Kundenwertes können durch Mailings, E-Mails oder Push-Nachrichten gezielt besonders potenzialhaltige Kunden zurückgewonnen werden, d.h. solche Kunden, die dem Unternehmen in der Vergangenheit bereits viel Freude bereitet haben. Ausserdem können für die Rückgewinnung die besonders

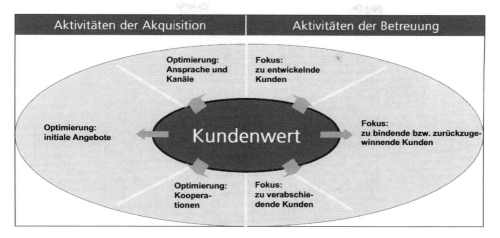

Abb. 6.3 Fokussierter Kundendialog – basierend auf dem Kundenwert. (Quelle: Eigene Abbildung)

erfolgversprechenden Kommunikationskanäle, Angebote und/oder Anreizmechanismen eingesetzt werden, die sich in der Vergangenheit zur Rückgewinnung von Kunden besonders bewährt haben.

Diese wertschöpfenden Massnahmen sind in Abb. 6.3 zusammengefasst. Diese weisen insgesamt ein hohes Automatisierungspotenzial auf.

6.1.2 Marketing-Automation

Mit Marketing-Automation wird die automatisierte Auslösung von wiederkehrenden Marketingaktivitäten bezeichnet. Viele dieser Aktivitäten entfallen auf den Kundendialog, wie Abb. 6.4 zeigt. In der Awareness-Phase können – automatisiert – Website-Besucher im Nachgang angesprochen und so die Kommunikationsdaten datenschutzrechtlich korrekt erfasst wurden. In der Phase der Lead-Gewinnung kann – etwa im Nachgang zu einem Angebot – ein nettes Nachfassen erfolgen. In der Phase des Lead Nurturing können – wiederum automatisiert – relevante angebotsbegleitende Informationen bereitgestellt werden (Stichwort Content-Marketing; vgl. vertiefend Kilian & Kreutzer, 2022, S. 153–181; Hilker, 2019). Auch viele Dialogschritte in der Kaufphase können automatisiert werden, bspw. die Bestellbestätigung. Im Anschluss an einen Kauf gilt es in der Bindungs- und Entwicklungsphase, vielfältige weitere More-, Cross- und Up-Sell-Anstösse zu vermitteln, um die unendliche Customer Journey zu erreichen. Zusätzlich können Kunden in der Advocate-Phase dazu motiviert werden, positiv über die Erlebnisse mit dem eigenen Unternehmen zu berichten. Im Anschluss an jede Phase

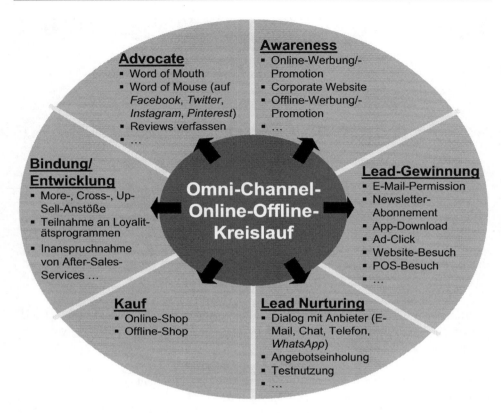

Abb. 6.4 Online-Offline-Kreislauf eines Omni-Channel-Ansatzes. (Quelle: Eigene Abbildung)

können – wiederum automatisiert – Reports erstellt werden, um die Erfolgsträchtigkeit verschiedener Massnahmen zu dokumentieren.

Das Ziel der Marketing-Automation besteht in der Steigerung der Effizienz von Marketingprozessen sowie in der Steigerung der Effektivität der Marketingmassnahmen. Im Kern geht es hierbei meistens um Kommunikationsanstösse, die systemseitig (d. h. ohne weitere menschliche Eingriffe) aufgrund des Vorliegens bestimmter Trigger (Auslösefaktoren) erfolgen. Hierdurch kann es gelingen, Marketingprozesse zu beschleunigen und zu vereinfachen, indem eine Vielzahl von manuellen Aufgaben automatisiert wird. Hierdurch können Zeit und weitere Ressourcen für andere Marketingaufgaben eingespart werden.

Ein weiteres wichtiges Ziel der Marketing-Automation ist es, den Kunden eine personalisierte Kundenerfahrung zu bieten. Indem individuelle Botschaften und Angebote präsentiert werden, erhöht sich die Relevanz für die Empfänger. Dies kann die Konversion von potenziellen Kunden in zahlende Kunden erhöhen und auch die Kundenbindung verbessern.

Durch den Einsatz der Marketing-Automation können vor allem Prozesse des Kundendialogs effizienter und effektiver gestaltet werden (vgl. vertiefend Hannig, 2017, 2020; Schwarz, 2017). Deshalb ist es wichtig, dass Marketing-Automation nicht als Handlungsfeld neben einem CRM-System positioniert wird. Die Einsatzbereiche der Marketing-Automation stellen vielmehr ein Herzstück des CRM-Konzepts dar! Schliesslich können Interessenten und Kunden durch automatisierte Prozesse über den gesamten Kundenlebenszyklus hinweg begleitet werden. Eine konsistente, nahtlose und relevante Kommunikation kann dazu beitragen, dass potenzielle Kunden – automatisiert – durch die verschiedenen Phasen des Kaufentscheidungsprozesses geführt werden. Auf diese Weise kann CRM zumindest partiell zu Programmatic CRM werden.

In Summe soll die Marketing-Automatisierung bei der Erreichung des oft angestrebten Ziels unterstützen:

▶   Die richtigen Inhalte sollen zur richtigen Zeit den richtigen Empfängern über den richtigen Kanal zugänglich gemacht werden.

6.2   Einführung und Anwendungsbereiche der Marketing-Automation zur Unterstützung des Kundendialogs

6.2.1   Einführung der Marketing-Automation

Die Einführung einer Marketing-Automation kann in folgenden Schritten durchgeführt werden:

Definition der Ziele einer Marketing-Automation
Vor der Einführung der Marketing-Automation sind die relevanten quantitativen und qualitativen Marketingziele zu definieren, die durch eine Automatisierung – besser als zuvor – erreicht werden sollen. Dies beinhaltet oft die Verbesserung der Effizienz und Effektivität des Marketings generell, besonders aber des Kundendialogs. In dieser Stufe erfolgt auch die Festlegung des Budgets, das zur Zielerreichung eingesetzt werden soll (inkl. Amortisationsrechnung).

Datensammlung und -analyse
Um eine erfolgreiche Marketing-Automation umzusetzen, müssen die Daten des Unternehmens analysiert werden. So kann ermittelt werden, welche Arten von Aktivitäten bisher bereits die besten Ergebnisse geliefert haben. Hierauf setzt die Marketing-Automatisierung auf. Ausserdem ist zu ermitteln, welche Daten – aus Datenschutzgründen – überhaupt für die Automatisierung der Prozesse genutzt werden können.

Erstellung eines initialen Anforderungsrasters zur Auswahl einer Marketing-Automation-Plattform

Bei der Erstellung des Anforderungsrasters für eine Automation-Plattform sollte ein agiler Prozess angewendet werden. Zunächst sind die Kernfunktionalitäten zu formulieren. Im Zuge der Einführung und des Einsatzes können kontinuierlich weitere Aufgabenfelder definiert werden (vgl. grundlegend zum agilen Management Kreutzer, 2021b, S. 494–499).

Auswahl der Marketing-Automation-Plattform

Es gibt eine Vielzahl von Marketing-Automation-Plattformen, die für verschiedene Bedürfnisse und Budgets ausgelegt sind. Bei der Auswahl der passenden Plattform sind die angestrebten Marketingziele heranzuziehen. Zusätzlich sind folgende Auswahlkriterien zu berücksichtigen:

- TCO/Total Cost-of-Ownership, inkl. Lizenz-/Wartungsgebühren, Schulungsaufwand, Kosten für eine Individualisierung/Weiterentwicklung
- Skalierbarkeit der Software
- Flexibilität der Software
- Seriosität des Anbieters
- Sicherstellung von Datenschutzerfordernissen

Unverzichtbar ist, dass die späteren Nutzer der Software in den Auswahlprozess intensiv eingebunden werden, um deren eine hohe Akzeptanz für die Automatisierungsplattform zu erreichen.

Schulung und Training

Es ist unverzichtbar, dass das Personal, das mit der Marketing-Automation arbeiten wird, umfassend geschult und trainiert wird. Nur so können eine hohe Motivation der eingebundenen Mitarbeiter sowie ein zielorientierter Einsatz erreicht werden.

Implementierung und Integration in die Marketinganwendungen

Die Marketing-Automation-Plattform ist in die bestehenden Marketinganwendungen zu integrieren. Hier ist vor allem an das CRM-System sowie an E-Mail-Marketing-Tools zu denken. Ausserdem sind möglicherweise vorhandene Daten- und Prozesssilos zu überwinden, um einen Noline-Prozess erfolgreich umzusetzen.

Initiales Testen und Anpassen

Nach der Implementierung ist die Marketing-Automation zunächst initial zu testen. Hierdurch soll sichergestellt werden, dass sie ordnungsgemäss funktioniert und zur Erreichung der definierten Ziele beiträgt. Basierend auf den gewonnenen Erkenntnissen können Anpassungen vorgenommen werden. Hierfür ist es hilfreich, den Einsatz anhand verschiedener Use Cases zu überprüfen. Hierzu gehören die folgenden Schritte:

- Analyse der Datengrundlagen
- Identifikation relevanter Trigger für automatisierte Anstösse
- Entwicklung von Templates für die Formulare, Landing Pages, Newsletter etc.
- Entwicklung der für die Kommunikation relevanten Inhalte
- Einsatz der Trigger für die Kommunikation
- Analyse der Ergebnisse

Laufende Überwachung und Optimierung

Nach der Einführung von Marketing-Automation muss die Performance kontinuierlich überwacht und optimiert werden. Das «Testen, Testen, Testen» ist in allen laufenden Prozessen einzusetzen. Nur so wird sichergestellt, dass kontinuierlich dazugelernt wird. Hierbei geht es um die Weiterentwicklung der initialen Use Cases sowie die Entwicklung weiterer Einsatzfelder. Durch ein Marketing-Controlling ist zu prüfen, in welchem Ausmass die definierten Ziele erreicht worden sind und ob das bereitgestellte Budget effektiv eingesetzt wurde.

Diese Schritte tragen dazu bei, Marketing-Automation erfolgreich im Unternehmen einzuführen.

6.2.2 Kernprozesse der Marketing-Automation

Die Kernprozesse der Marketing-Automation zeigt Abb. 6.5. Die Voraussetzung für eine Automatisierung sind verschiedene Datenquellen. Neben selbst erhobenen Kundendaten (First Party Data) zählen hierzu auch Daten Dritter, die bspw. als Second und Third Party Data zur Adressanreicherung dienen. Dies können z. B. Daten zur Kaufkraft sein oder Informationen, die auf Konzepten der mikrogeografischen Segmentierung basieren (vgl.

Abb. 6.5 Kernprozesse der Marketing-Automation. (Quelle: Eigene Abbildung)

vertiefend Kreutzer, 2021a, S. 101–117). Zusätzlich werden Angebotsdaten benötigt, um zu definieren, welche Produkte und/oder Dienstleistungen besonders promotet werden sollen. Erkenntnisse aus früheren Aktionen tragen zur laufenden Optimierung bei. Bei ausgefeilten Konzepten der Marketing-Automation können weitere Kontextdaten einfliessen. Hierbei ist etwa an Informationen über das Wetter oder über aktuell laufende Wettbewerberaktivitäten zu denken.

Wer schon einmal einen Flug online gebucht hat, ist durch die folgenden E-Mail-Anstösse bereits in den «Genuss» der Marketing-Automation gekommen:

- Eingang der Buchungsbestätigung der Fluggesellschaft
- Aufforderung wenige Tage/Wochen vor dem Flug, ggf. auf eine höhere Buchungsklasse zu wechseln und/oder am Zielort Hotel, Mietwagen oder Ähnliches zu buchen
- Hinweis auf den anstehenden Online-Check-in
- Informationen über einen Gate-Wechsel, eine Verzögerung des Abflugs etc.
- Zufriedenheitsbefragung nach dem Flug

Im Kern geht es bei Marketing-Automation um die Einrichtung automatisierter Workflows für Marketingaufgaben. Hierdurch wird es möglich, Massnahmen automatisiert und damit ohne weitere menschliche Intervention einzusetzen. Nachfolgend wird eine Auswahl möglicher Trigger präsentiert, die im Rahmen dieser automatisierten Workflows den Zeitpunkt für einen Anstoss definieren können:

- Einlösung/Nicht-Einlösung eines Coupons
- Website-Besucher ohne gewünschte Konversion
- Warenkorbabbrecher
- Erst-/Folgekauf
- Kauf über 500 €
- Zwei Monate nach letztem Kauf als Anstoss für More-, Cross-, Up-Sell
- Retournierverhalten (über 50 % der Ware wurde retourniert)
- Buchung eines Seminars
- Letzte Buchung eines Seminars vor mehr als 6 und weniger als 12 Monaten oder vor mehr als 12 und weniger als 24 Monaten
- Seminarbeginn in zwei Wochen oder am nächsten Tag
- Seminarteilnahme vor zwei Tagen
- Messebesuch
- Abonnement eines Newsletters
- Nicht-Öffnung eines Newsletters
- Nicht-Klicken in einem Newsletter
- Abgabe einer positiven oder einer negativen Bewertung
- Nicht-Abgabe einer Bewertung trotz Aufforderung
- Zahlungsverzug
- Erfolgreiche erste oder fünfte Freundschaftswerbung

- Geburtstage innerhalb von KW 9
- 10 Tage vor Ostern, Pfingsten, Muttertag, Vatertag, Weihnachten
- …

Bei diesen Triggern wird sichtbar, dass diese zum einen auf dem konkreten Tun oder Nicht-Tun einer Person aufsetzen können (bspw. Coupon-Einlösung ja/nein). Zum anderen können die Trigger auch personenunabhängig definiert werden (bspw. im Hinblick auf Ostern, Pfingsten). Orientiert an diesen Triggern werden – automatisiert – Massnahmen ausgelöst, die auf einer Kombination der nachfolgenden Kriterien basieren:

- Einzelpersonen oder Interessenten- und Kundengruppen (gebildet aufgrund bestimmter Verhaltensmuster)
  Neue bzw. langjährige Newsletter-Abonnenten, Erstkäufer, Wiederholungskäufer, Seminarbesucher, Messebesucher, Freundschaftswerber, Warenkorbabbrecher, Oft-Retournierer, Schlechtzahler, Coupon-Einlöser, Coupon-Verweigerer, Positiv- oder Negativ-Bewerter, Influencer
- Angebote/Inhalte
  Welcome-Gutschein, Hinweis auf ein anstehendes Seminar, Treuevorteil, Cross- oder Up-Sell-Anstoss, Einladung zur Freundschaftswerbung, Bestätigung der Bestellung, Ankündigung der Lieferung, Befragung zur Kundenzufriedenheit, Belohnung für eine positive Bewertung, Gutschrift, Kulanzregelung
- Kommunikationskanäle
  Mailing, E-Mail, Newsletter (on-/offline), Telefonat, Push-Nachricht, Besuch, Fax, Magazin, Katalog, Flyer, Nachricht per Instant Messenger, Post in den sozialen Medien
- Vorliegende Permissions
  Telefon-Opt-in, E-Mail-Opt-in, Opt-in für Geo-Lokalisierung, Opt-in für Push-Nachrichten

Um die durch die vielfältigsten Kombinationen entstehende Komplexität im Kundendialog zu meistern, bedarf es zwingend einer Marketing-Automation. Diese wird softwareseitig durch eine Automation-Plattform unterstützt, um die unterschiedlichsten Kampagnen zentral anzulegen, anzustossen und auszuwerten. Eine Automatisierungssoftware ermöglicht es den Anwendern, kanalübergreifende 1:1-Customer Journeys zu entwickeln, die jedem Kunden individuelle und damit idealerweise auch relevante Ergebnisse präsentiert.

Die Grundlage der Marketing-Automation ist eine Software, die – basierend auf einer CRM-Datenbank – ausgelöst durch die definierten Trigger unterschiedliche Anstösse oder Anstossketten auslösen kann. Hier wird auch von Decision Engines gesprochen, weil diese eigenständig, d. h. basierend auf im Vorfeld definierten Merkmalen, Entscheidungen treffen und damit Anstösse auslösen. Werden solche Entscheidungen in

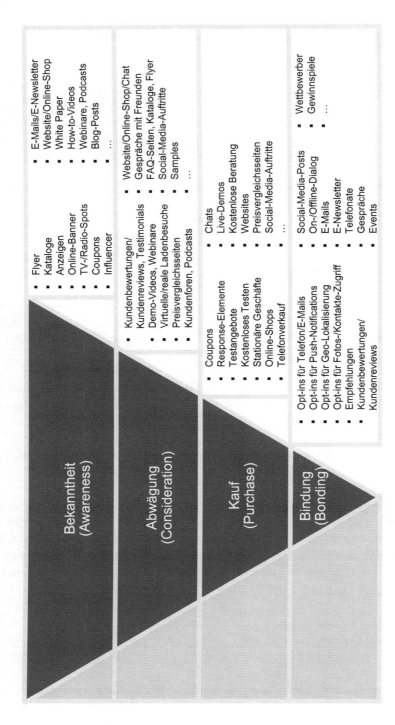

Abb. 6.6 Conversion Funnel. (Quelle: Eigene Abbildung)

Echtzeit getroffen, etwa auf der Basis des Verhaltens auf der eigenen Website oder im eigenen Online-Shop, spricht man von Realtime Decision Engines.

Welche Herausforderungen eine Marketing-Automation zu meistern hat, zeigt ein Blick auf den Conversion Funnel in Abb. 6.6. Dieser bringt zum Ausdruck, wie sich eine Person über verschiedene Stufen (Konversionen) vom Interessenten zum Stammkunden und ggf. zum Empfehler entwickeln kann. Aufgrund der unterschiedlichsten Touchpoints wird deutlich, wie komplex 1:1-Anstossketten werden können, die individualisiert auf die einzelne Person ausgerichtet werden.

Zum Leistungsspektrum einer Marketing-Automation-Software gehört in jedem Fall auch ein umfassendes Controlling-Modul. Nur dann können die Ergebnisse der einzelnen Kommunikationsmassnahmen auch kundenindividuell ausgewertet werden.

6.2.3   Tools einer Marketing-Automation-Plattform

Bei einer grossen Anzahl an zu betreuenden Interessenten und Kunden ermöglicht oft erst eine Marketing-Automation-Software eine individuelle Ansprache, ohne dass der Zeit- und Kostenaufwand exponentiell ansteigt. Nachfolgend werden einige besonders wichtige Workflows näher beleuchtet, die durch Marketing-Automation-Tools unterstützt werden können (vgl. vertiefend Kreutzer, 2021a, S. 139–141).

Lead-Generierung und Lead Nurturing
Die Lead-Generierung, d. h. die systematische Gewinnung von Kaufinteressenten, stellt einen klassischen Anwendungsfall für die Marketing-Automation dar. Durch die Integration von Calls-to-Action in Anzeigen, Bannern, Flyern oder auf Landing Pages sowie durch die Ausgabe von Coupons und das Angebot von Kontaktformularen werden potenzielle Käufer zu unterschiedlichen Handlungen motiviert.

Werden die offline oder online zur Verfügung gestellten Adress- und Profildaten ausgewertet, können automatisiert die gewünschten Informationen bereitgestellt werden. Durch verschiedene Anstossketten wird anschliessend versucht, den Lead (im Sinne eines Kaufinteressenten) systematisch zum Käufer zu entwickeln. Hierfür werden Anstossketten mit unterschiedlichen Inhalten im Vorfeld definiert. Es wird von Lead Nurturing («nurturing» steht für Pflegen bzw. Aufziehen) gesprochen, weil nicht jeder Interessent sofort zum Käufer wird. Diesen Prozess gilt es durch unterschiedliche Anstösse zu begleiten – so lange, bis der Interessent kauft oder nicht mehr am Angebot interessiert ist. Ein solches Vorgehen ist wichtig, weil durchschnittlich nur 20 % der Leads schon beim Erstkontakt kaufwillig sind. Deshalb besteht für jedes Unternehmen die Herausforderung darin, die Leads so lange zu «bearbeiten», bis sie zum Kauf bereit sind. Wenn das gelingt, können durch Lead Nurturing oft 50 % mehr Käufe erreicht und gleichzeitig die Akquisitionskosten pro Lead um bis zu 33 % gesenkt werden (vgl. Marketo, 2020).

Die im Zuge dieser Aktivitäten gewonnenen Aktions- und Reaktionsdaten sind kontinuierlich in der CRM-Datenbank zu speichern, um besonders erfolgreiche

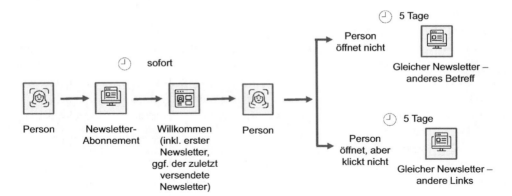

Abb. 6.7 Einsatz der Marketing-Automation bei einem Newsletter-Abonnement. (Quelle: Eigene Abbildung)

Conversion-Pfade zu ermitteln. Diese können dann zum jeweils gültigen Standard definiert werden, bis noch überzeugendere Konzepte erarbeitet werden.

In Abb. 6.7 wird gezeigt, wie der Prozess des Newsletter-Abonnements durch die Marketing-Automation unterstützt werden kann. Unverzichtbar ist zunächst, dass eine sofortige Bestätigung der Anmeldung des Newsletter-Abonnements erfolgt. Ausserdem sollte der letzte Newsletter beigefügt werden. Sonst muss der neue Abonnent bei einem vierwöchigen Versand im schlechtesten Fall vier Wochen auf den ersten Newsletter warten. Bei einer so langen Wartezeit hat der Abonnent ggf. schon vergessen, dass er den Newsletter abonniert hat – und bestellt diesen gleich wieder ab.

In Abb. 6.7 ist auch zu sehen, dass der gleiche Newsletter – nur mit einer anderen Betreffzeile versehen – nochmals versandt werden kann, wenn der Empfänger diesen nicht geöffnet hat. Dies ist möglich, weil der Empfänger die Inhalte ja noch nicht kennt. Personen, die den Newsletter geöffnet, aber nicht geklickt haben, können die gleichen Inhalte mit einer anderen Betreffzeile und mit stärker aktivierenden Calls-to-Action erhalten. Schliesslich haben sie die Inhalte der Landing Pages hinter den Klicks noch nicht gesehen. Folglich können diese unverändert bleiben.

In Abb. 6.8 ist der Prozess einer Webinar-Einladung (Stufe 1) zu sehen, der eine höhere Komplexität aufweist. Hier sieht der automatisierte Prozess ein einmaliges Nachfassen vor, wenn eine angeschriebene Person sich nicht zum Webinar anmeldet.

Abb. 6.9 zeigt die nächsten Schritte bei den Personen, die sich zum Webinar angemeldet haben. Hier sieht man den kontinuierlichen Dialog, um den Webinar-Termin nicht zu versäumen. Trotz intensiver Kommunikation werden nicht alle angemeldeten Teilnehmer am Webinar teilnehmen.

Für die Teilnehmer am Webinar sind die in Abb. 6.10 aufgezeigten Schritte vorgesehen. Hier wird auch deutlich, dass das Verhalten der Nutzer in Form des nachfolgend beschriebenen Lead-Scorings berücksichtigt wird.

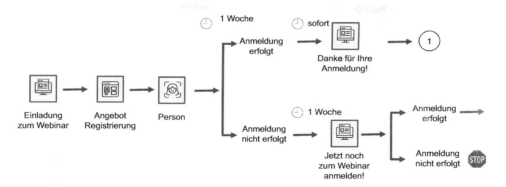

Abb. 6.8 Einsatz der Marketing-Automation bei einer Webinar-Einladung – Stufe 1. (Quelle: Eigene Abbildung)

Abb. 6.9 Einsatz der Marketing-Automation bei einer Webinar-Einladung – Stufe 2. (Quelle: Eigene Abbildung)

Anhand dieser Beispiele wird deutlich, dass ein manuelles Nachhalten einer so komplexen Dialogkette – zumindest bei etwas grösseren Unternehmen – nicht zu leisten ist. Wer so intensiv und individualisiert kommunizieren möchten, muss auf eine Marketing-Automation setzen.

Lead- und Kundensegmentierung

Die gewonnenen Leads werden kontinuierlich in der CRM-Datenbank erfasst. Hier können automatisierte Segmentierungsprozesse laufen, die relevante Gruppen von Leads bilden. Diese Gruppen können bspw. in Abhängigkeit des Gewinnungsweges (online oder offline) oder orientiert an den heruntergeladenen oder angeklickten Inhalten gebildet werden. Es können auch alle Leads, die innerhalb einer Woche erstmalig einen Newsletter abonniert haben, zu einer Gruppe zusammengeführt werden.

Durch die Workflows der Marketing-Automation wird auch die Kundensegmentierung unterstützt. So können bspw. die Top-Kunden, die Warenkorbabbrecher, Intensiv-

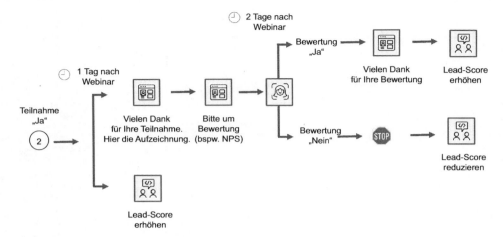

Abb. 6.10 Einsatz der Marketing-Automation bei einer Webinar-Einladung – Stufe 3. (Quelle: Eigene Abbildung)

Retournierer von Waren oder auch Schlechtzahler ebenfalls zu einheitlich zu bearbeitenden Gruppen zusammengeführt werden, um diese in Abhängigkeit des bisher gezeigten Verhaltens differenziert zu bearbeiten.

Lead- und Kunden-Scoring

Um noch genauer zu wissen, welche Leads (etwa aufgrund des Umsatzpotenzials) von besonderer Bedeutung sind und deshalb mit der höchsten Aufmerksamkeit betreut werden sollten, kann ein Lead-Scoring eingesetzt werden. So können gewonnene Leads nach ihrem Fortschritt im Kaufprozess klassifiziert und mit Punktwerten belegt werden. Beim Lead-Scoring können auch die Daten von erfolgreich und nicht erfolgreich umgewandelten Leads analysiert werden, um die Leads mit der höchsten Abschlusswahrscheinlichkeit und/oder den höchsten zu erwartenden Kundenwerten zu ermitteln. Die gleichzeitige Betrachtung dieser beiden Werte ist von Bedeutung, damit keine Leads mit einer hohen Abschlusswahrscheinlichkeit angesprochen werden, bei denen ein nur geringer oder sogar ein negativer Kundenwert zu erwarten ist (vgl. Abb. 6.11).

Die Grundlage dieses Vorgehens sind Scoring-Konzepte. Hierbei wird jede relevante Handlung bzw. jedes relevante Merkmal eines Leads mit Punkten versehen. Die erreichte Punktzahl dient als Trigger für bestimmte Anstossketten. So sind die Leads Schritt für Schritt weiter zu qualifizieren, bis sie schliesslich zum Käufer werden – oder aufgrund fehlender Reaktionen aus der weiteren Ansprache ausgeschlossen werden. Wenn sehr grosse Datenmengen zu analysieren sind, kommen auch Systeme der Künstlichen Intelligenz zum Einsatz (vgl. vertiefend Kreutzer & Sirrenberg, 2019, S. 156–179). Schliesslich geht es auch beim Lead-Scoring im Kern um die Erkennung von Mustern – hier also

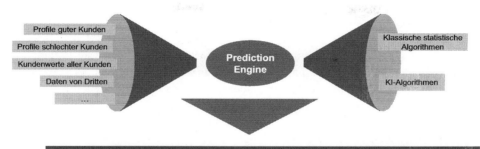

Zielkunde	Abschlusswahrscheinlichkeit	Erwarteter Kundenwert
A	80%	450 €
B	64%	500 €
…	…	…

Abb. 6.11 Konzept des Lead-Scorings. (Quelle: Eigene Abbildung)

von Leads, die eine hohe Abschlusswahrscheinlichkeit und idealerweise einen hohen Kundenwert erwarten lassen. In diesem Fall handelt es sich um eine Anwendung von Predictive Analytics, weil Aussagen über das zukünftige Verkaufsverhalten getätigt werden.

Die Vorteile eines solchen Vorgehens sind sehr überzeugend. Schliesslich werden Akquisitionsmassnahmen – sei es per Mailing, E-Mail, Banner, Retargeting und/oder den Aussendienst nur dann angestossen, wenn nicht nur eine hohe Abschlusswahrscheinlichkeit, sondern auch ein hoher Kundenwert zu erwarten ist. So wird ein zielorientierter Mitteleinsatz für die Akquisition gefördert.

Für das Kunden-Scoring können verschiedene Kundenwertmodelle eingesetzt werden. In Abhängigkeit der jeweils ermittelten Kundenwerte können wiederum – automatisiert – unterschiedliche Anstösse erfolgen. Diese können More-, Cross- oder Up-Sell-Ziele anstreben, zur Freundschaftswerbung auffordern oder darum bitten, Bewertungen der Leistungen auf den verschiedensten Rating-Plattformen auszusprechen.

6.2.4 Leitideen der Marketing-Automation

Mit der Marketing-Automatisierung steht den Unternehmen ein mächtiges Werkzeug zur Verfügung, das die Effizienz und Effektivität des Kundendialogs nachhaltig unterstützen kann. Um diese Potenziale möglichst auszuschöpfen, haben sich einige Leitideen der Marketing-Automation bewährt (vgl. Kreutzer, 2021a, S. 141–144):

Sofortige Reaktionen auf Interessensbekundungen

- Wenn sich Website-Besucher für einen Newsletter anmelden, wenn sie Premiuminhalte herunterladen oder sich online bereits einen ersten Überblick über die Dienstleistungen oder Produkte eines Unternehmens verschafft haben, sollte unmittelbar ein Lead Nurturing starten. Das Gleiche gilt, wenn ein Interesse über eingehende Response-Karten, die Einlösung von Informationscoupons oder über eine Kontaktaufnahme im Customer Service Center erfolgt.
- Hier gilt es in jedem Fall, sehr schnell personalisierte Willkommens-E-Mails oder -Mailings zu versenden, die das weitere Interesse an den Angeboten unterstützen. Schnelligkeit ist hier – in den Augen der Leads – gleichzeitig ein Indikator für die Professionalität des Unternehmens. Wenn der Interessent drei Wochen auf den angeforderten Newsletter warten muss, ist sein Interesse für das Unternehmen u. U. schon wieder abgekühlt.

Persönliche und individualisierte Reaktionen auf Interessensbekundungen

- Viele Unternehmen schaffen es heute noch nicht, selbst bei einer Newsletter-Anmeldung mit Abfrage des Vor- und Zunamens eine korrekte Personalisierung mit der Anrede «Liebe Frau Paschen» zu generieren. Viel zu oft heisst es dann noch, «Liebe Interessentin, lieber Interessent» – und schon sind wertvolle Vertrauenspunkte verspielt. Manche Unternehmen geben sich bei der Newsletter-Anmeldung mit der Nennung der E-Mail-Adresse zufrieden, weil jede weitere Frage einen Filter darstellt, der Nutzer vom Abonnement abschrecken kann. Das ist richtig. Allerdings stellt sich die Frage, wie dann ein wertschätzender Dialog stattfinden soll, wenn noch man nicht einmal weiss, ob man mit einem Mann oder einer Frau kommuniziert.
- Ein Indikator für die Wertschätzung der Kunden durch ein Unternehmen ist das erreichte Ausmass der Individualität der bereitgestellten Inhalte, die sich gerade auch am Geschlecht der Zielperson orientieren kann. Hier ist etwa an Angebote von Büchern, Schuhen, Bekleidung und Kosmetik oder Fitnessangebote etc. zu denken. Wer auf eine spezifische Anfrage eine lieblose Zusammenstellung von Textbausteinen erhält, wird von diesem Unternehmen wenig begeistert und kaum gewillt sein, den Kontakt zu vertiefen.

Dauerhafter, wertstiftender Dialog mit den Kunden

- Um die Zufriedenheit der Kunden auch langfristig zu sichern, sollten Unternehmen – abhängig von den konkreten Angeboten – in einen regelmässigen Dialog mit den Kunden eintreten. Unverzichtbar ist es bei diesem Dialog, dass nicht immer aus der Senderperspektive berichtet und vorrangig versucht wird, zusätzliche Käufe auszulösen. Lernt ein Kunde, dass hinter jedem Anstoss allein das Ziel eines weiteren Verkaufs steht, klingt sein Interesse an einer solchen Kommunikation u. U. schnell ab.

- Deshalb kann es – als Inhalt der definierten Anstossketten – sehr wichtig sein, zu gekauften Produkten (seien es Schuhe, Rasenmäher oder Werkzeugmaschinen) bspw. Pflege- bzw. Wartungsempfehlungen auszusprechen. Bei Dienstleistungen können auch immer wieder Hinweise gegeben werden, welche (bisher ggf. nicht genutzten, aber bereits bezahlten) Facetten eines Service ein Kunde noch nicht genutzt hat. Auch kann darüber berichtet werden, welcher Influencer bzw. welches bekannte Unternehmen sich ebenfalls für diese Produkte und Dienstleistungen entschieden hat. Dann kommt es zu einer Betreuung, bei der es nicht nur immer heisst: «Kauf, Kauf, Kauf!»
- Natürlich kann man in automatisierten und personalisierten Follow-up-Mails und -Mailings immer wieder auch (ähnliche) Produkte und Dienstleistungen empfehlen oder über Neuigkeiten informieren. Werden hier Möglichkeiten zur Kontaktaufnahme angeboten, die über das reine Bestellen hinausgehen, kann ein wertschöpfender Dialog mit den Kunden gestartet werden. Dieser kann auch durch die Einbindung der sozialen Medien gelingen.

Personalisierung und Individualisierung setzen eine hohen Datenqualität voraus

- Die Prozesse der Marketing-Automation können nur so gut laufen, wie es die zugrunde liegende Datenqualität erlaubt. Die persönliche Ansprache mit Vor- und Nachnamen sowie der Bezug zu bisher getätigten Käufen oder zu mitgeteilten Interessen gelingt nur mit sehr aktuellen Daten. Sonst merken die Empfänger sehr schnell, dass es mit der Datenqualität nicht weit her ist. Hier kommt der sogenannte GIGO-Effekt zum Tragen: Garbage in – garbage out! Sprich: Wer mit schlechten Daten arbeitet, wird keine überzeugenden Dialogerfolge erzielen.
- Vor diesem Hintergrund ist ein hohes Augenmerk auf die Aktualisierung von Informationen zu legen. Die Kontaktdaten sowie die ebenfalls ermittelten Profildaten sind regelmässig auf ihre Aktualität zu überprüfen. Dies kann bspw. einmal pro Quartal oder einmal pro Halbjahr stattfinden.

Kontinuierliche Weiterentwicklung der automatisierten Prozesse

- Eine nie endende Aufgabenstellung besteht darin, die definierten Workflows kontinuierlich im Hinblick auf die erzielten Ergebnisse zu überprüfen und ggf. weiterzuentwickeln. Weder die Interessenten und die Kunden noch die Wettbewerber stehen still – und auch nicht das eigene Unternehmen. Deshalb sollten regelmässige A/B-Tests durchgeführt werden, um Workflows stetig zu optimieren.
- Hierfür ist es unverzichtbar, dass relevante KPIs zur Erfolgsmessung eingesetzt werden. Dazu zählen verschiedene Conversionsraten, bspw. für Downloads, E-Mail-Abonnements, Angebotsanforderungen und Käufe. Je umfassender ein entsprechendes Dashboard ist, mit dem die verschiedenen Anstossketten gemessen werden, desto mehr kann aus Kampagnen gelernt werden. Bei vielen

Online-Massnahmen können die Erfolge oder Misserfolge der Massnahmen sogar in Echtzeit erfasst und analysiert werden.

Konsolidierung der eingesetzten Tools

- Eine besondere Herausforderung besteht darin, die für die Kundenkommunikation eingesetzten Tools zu konsolidieren. Die Einrichtung von Marketing-Automation zwingt zur Entwicklung durchgängiger Prozesse über verschiedene On- und Offline-Kanäle hinweg, weil sonst keine integrierte und in sich stimmige Noline-Kommunikation erreicht werden kann. Ideal ist es deshalb, wenn die Marketing-Automation bereits in das CRM-Tool integriert ist, damit nicht zu viele Schnittstellen zu verwalten sind.
- Hier gilt: Voraussetzung einer leistungsstarken Kommunikation ist nicht nur eine Konsolidierung der eingesetzten Tools, sondern auch eine gute Zusammenarbeit von Marketing und Verkauf/Vertrieb. Nach wie vor bestehen in vielen Unternehmen noch Konflikte zwischen diesen beiden Bereichen. Hier müssen die Vorgesetzten – ggf. durch die Definition einheitlicher Ziele für Marketing und Verkauf/Vertrieb – dafür sorgen, dass die zu oft festzustellende Sprachlosigkeit zwischen den Bereichen überwunden wird.

Einsparung von Personalkosten

- Durch eine Marketing-Automatisierung können – nach erfolgreicher Implementierung – auch Personalkosten für Standardprozesse einspart werden. Ein leistungsfähiges Automatisierungs-Tool kann – von wenigen Personen gesteuert – hoch individualisierte Anstossketten für eine grosse Zahl von Interessenten und Kunden verwalten und einsetzen.

Mit der Entscheidung für die Marketing-Automation kann ein Quantensprung in der Qualität des Kundendialogs erreicht werden. Wichtig ist allerdings, dass die eingebundenen Mitarbeiter, die verfügbaren Daten sowie die unternehmensinternen Prozesse diesen Quantensprung möglich machen. Dazu gehört neben der notwendigen Software vor allem auch das richtige Mindset!

Eines ist besonders zu berücksichtigen: Beim Einsatz der Marketing-Automation handelt es sich um einen Prozess und nicht um ein Projekt, das – einmal eingeführt – unverändert weiterläuft. Es ist vielmehr kontinuierlich zu prüfen, ob die definierten Ziele erreicht worden sind und wo ggf. noch Optimierungsbedarf besteht. So kann die Marketing-Automation Schritt für Schritt für weitere Anwendungsfälle eingesetzt werden.

6.3   Welche Trends zeichnen sich bei der Marketing-Automation ab?

Die Marketing-Automation wird sich in Zukunft an den folgenden Trends ausrichten müssen:

- Künstliche Intelligenz wird in den Prozess der Marketing-Automatisierung immer stärkeren Einzug halten. Gerade die Künstliche Intelligenz erlaubt es, Daten und Verhaltensmuster von Kunden schnell und genau zu analysieren und darauf basierend individuelle Dialogkonzepte zu entwickeln und konkrete Massnahmen vorzuschlagen.
- Die Möglichkeit – wie auch die Notwendigkeit – einer Personalisierung auf individueller Ebene wird zunehmen. Wenn immer mehr Unternehmen innerhalb einer Customer Journey auf personalisierte Erfahrungen setzen, wird eine undifferenzierte Massenkommunikation kaum mehr Erfolge erzielen. Dies bedeutet, dass Unternehmen in der Lage sein müssen, Kundendaten zu sammeln, zu analysieren und zu nutzen, um ebenfalls personalisierte Botschaften zu senden.
- Eine grosse Herausforderung stellt das Omni-Channel-Management dar. In Zukunft wird es für Unternehmen immer wichtiger sein, eine Marketing-Automation über alle Kanäle hinweg zu integrieren. Dies schliesst Mailings, E-Mails, die sozialen Medien sowie die auf Websites präsentierten Inhalte ein. Unternehmen sind aufgefordert, eine nahtlose Customer Experience zu bieten und sicherzustellen, dass ihre Botschaften überall gleichzeitig und konsistent präsentiert werden – orientiert am Noline-Prinzip.
- In Zukunft werden Unternehmen in der Lage sein müssen, eine Automatisierung von End-to-End-Prozessen zu erreichen. Hierzu sind alle in Abb. 6.4 aufgezeigten Prozesse zu unterstützen. Dies wird es Unternehmen ermöglichen, ihre Marketingressourcen effektiver und effizienter einzusetzen.
- Da Datenschutz und Datensicherheit immer wichtiger werden, müssen die eingesetzten Automatisierungs-Tools sicherstellen, dass Kundendaten geschützt und regelkonform eingesetzt werden. Unternehmen haben hierbei zu gewährleisten, dass alle Datenschutzvorschriften eingehalten werden und ein Missbrauch von Kundendaten verhindert wird.

Literatur

Felten, C. (2018). Im Zeitalter des Customer-Experience-Wettbewerbs. https://www.muuuh.de/hub/consulting/im-zeitalter-des-customer-experience-wettbewerbs. Zugegriffen: 14. Dez. 2023.

Hannig, U. (Hrsg.). (2017). *Marketing und Sales-Automation, Grundlagen – Tools – Umsetzung, Alles, was Sie wissen müssen*. Springer Gabler.

Hannig, U. (2020). Marketing-Automation – Automatisch mehr Markterfolg. In M. Stumpf (Hrsg.), *Die 10 wichtigsten Zukunftsthemen im Marketing* (2. Aufl., S. 207–229). Haufe.

Hilker, C. (2017). *Content Marketing in der Praxis, Ein Leitfaden – Strategie, Konzepte und Praxisbeispiele für B2B- und B2C-Unternehmen*. Springer Gabler.

Kreutzer, R. (2021a). *Kundendialog online und offline – Das große 1 × 1 der Kundenakquisition, Kundenbindung und Kundenrückgewinnung.* Springer Gabler

Kreutzer, R. (2021b). *Toolbox für Digital Business – Leadership, Geschäftsmodelle, Technologien und Change-Management für das digitale Zeitalter.* Springer Gabler

Kreutzer, R., & Sirrenberg, M. (2019). *Künstliche Intelligenz verstehen, Grundlagen – Use-Cases – unternehmenseigene KI-Journey.* Springer Gabler.

Marketo. (2020). Der Definitive Leitfaden zur Marketing Automation. https://de.marketo.com/definitive-guides/marketing-automation/. Zugegriffen: 14. Dez. 2023.

Schwarz, T. (Hrsg.). (2017). *Personalisierte Dialoge, Mehr Umsatz mit Marketing-Automation.* Waghäusel.

Prof. Ralf T. Kreutzer ist Professor für Marketing an der Hochschule für Wirtschaft und Recht in Berlin. Er ist ein vielgefragter Keynote Speaker und auch als Trainer, Coach und Consultant aktiv.

Mit Datenkompetenz zur Datenstrategie

7

Sarah Seyr

Inhaltsverzeichnis

Schlüsselwörter

Datenkompetenz · Datenstrategie · Marketing Analytics · Data Mining · Deskriptive Statistik

---

7.1   Die Ausgangs- oder Datenlage zur Datenkompetenz

Wirtschaft wird zunehmend zur Wissenschaft. In der Wissenschaft befassen wir uns ausführlich mit Daten und Datenkompetenz (Ludwig & Thiemann, 2020), und auch praktische Rollen verlangen zunehmend ein Verständnis von Daten. Insbesondere im Marketing

---

S. Seyr (✉)
HSLU Hochschule Luzern, Luzern, Schweiz
E-Mail: sarah.seyr@hslu.ch

hat sich eine datengetriebene Herangehensweise durchgesetzt. Marketingfachleute weltweit sind sich einig: Über 80 % geben an, dass Daten für den Einsatz ihrer Werbe- und Marketingmassnahmen wichtig sind. Über 90 % glauben sogar, dass Daten immer wichtiger werden (Braverman, 2015). Ergebnisse einer Studie in der Schweiz bestätigen dies: 83 % der befragten Marketingfachkräfte erachten Datenkompetenz als sehr wichtig oder zwingend notwendig (Seyr & Stalder, 2022).

Wir hatten noch nie so viele Daten wie jetzt, und die Datenmenge steigt stetig. Wir haben zunehmende Datenmengen aus Dialogen, zunehmendes End-to-End-Tracking von Marketing über Sales bis hin zu Service und Support. Entsprechend steigen die Anforderungen an Datenkompetenz. Wie steht es um diese Kompetenz?

Während Datenkompetenz als Fähigkeit der höchste Stellenwert im Marketing zugeschrieben wird, findet sich die eigene Datenkompetenz auf dem vorletzten Platz einer Liste mit Schlüsselfähigkeiten (Seyr & Stalder, 2022). Die Hälfte der Marketingfachkräfte schätzt, dass ihre persönliche Datenkompetenz maximal durchschnittlich ist. Daten lesen geht, analysieren auch. Jedoch fehlt es an Wissen, die Daten in den richtigen Kontext zu setzen. Dabei geht es doch im datengetriebenen Marketing genau um den Kontext. Hierfür werden die entsprechenden Datenanalyse-Skills benötigt, und genau da sehen über 50 % der Befragten die grösste Herausforderung (Seyr & Stalder, 2022).

7.2 Datenkompetenz für Kund:innen-Datenstrategie

Die aktuell von Wikipedia aufgegriffene Definition von Ridsdale et al. (2015) bezeichnet Datenkompetenz bzw. Data Literacy als «die im 21. Jahrhundert notwendige Fähigkeit, Daten auf kritische Art und Weise zu sammeln, zu managen, zu bewerten und anzuwenden» (Wikipedia, 2023).

ChatGPT antwortet auf die Frage «Was umfasst Datenkompetenz?» so:

«Datenkompetenz, auch als Datenliteracy [...] bezeichnet, bezieht sich auf das Verständnis von Daten und deren Fähigkeit, sie effektiv zu nutzen, zu interpretieren und zu kommunizieren. Es umfasst eine Reihe von Fähigkeiten, einschliesslich:

Datenverständnis: Verstehen, welche Art von Daten verfügbar sind, wie sie gesammelt werden und wie sie interpretiert werden können.

Datenanalyse: Die Fähigkeit, Daten zu analysieren und zu interpretieren, um Schlussfolgerungen und Erkenntnisse zu gewinnen.

Datenvisualisierung: Die Fähigkeit, Daten in anschaulicher Form darzustellen, z. B. durch Diagramme, Tabellen und Grafiken.

Datenmanagement: Die Fähigkeit, Daten effektiv zu organisieren, zu speichern und zu verwalten, um sicherzustellen, dass sie verfügbar, zugänglich und sicher sind.

Datenschutz und -sicherheit: Verständnis der Datenschutzbestimmungen und -gesetze sowie der Schutzmassnahmen, um sicherzustellen, dass Daten sicher aufbewahrt werden.

Datenkommunikation: Die Fähigkeit, Daten klar und präzise zu kommunizieren und zu präsentieren, sowohl schriftlich als auch mündlich, um sicherzustellen, dass die Informationen von anderen verstanden werden.

Insgesamt umfasst Datenkompetenz das Verständnis von Daten und deren effektiver Nutzung, um bessere Entscheidungen zu treffen, Erkenntnisse zu gewinnen und Geschäftsergebnisse zu verbessern» (OpenAI, 2023).

Die beiden Definitionen lassen Datenkompetenz als umfassende Kompetenz inklusive konzeptioneller und kritischer Fähigkeit erkennen. Für eine Datenstrategie im Kontext von Kundendialog verschaffen uns einen Überblick über die zentralen Fähigkeiten. Wie jede Strategie geht es auch bei einer Datenstrategie um die Beantwortung der W-Fragen. Uns interessiert insbesondere:

Was messe ich wie bzw. wann und wo messe ich? Wie werte ich aus? Und natürlich: Wozu das Ganze?

Der Fokus liegt auf den grundlegenden Skills im Umgang mit Daten im Marketing, Sales und Service/Support – konkret um die Fähigkeiten, eine Strategie zu erstellen inklusive Datenerhebung, Datenanalyse und schliesslich zur Interpretation der Daten. Darüber hinaus sind auch der Umgang mit der Technologie sowie rechtliche und ethische Aspekte bei der Erhebung, Speicherung und Auswertung der Daten zu beachten, jedoch nicht Teil dieses Artikels.

7.3   Verständnis von KI als Grundlage einer Datenstrategie

Bevor wir uns den Daten bzw. deren Erhebung zuwenden, sollten wir eine durchdachte Strategie erarbeiten. Welche Rolle spielt KI dabei? Gerade im Bereich von Big Data wird KI eingesetzt, um Muster in Daten zu erkennen, die wir vielleicht niemals vermutet hätten. Also was müssen wir denn noch machen? Mit einem grundlegenden Verständnis von KI sind wir besser in der Lage, eine Datenstrategie zu entwickeln. Wenn wir wissen, welche Art von Aussagen wir treffen wollen, können wir auch die Art der Daten sowie deren Erhebung und Analyse bestimmen.

Tab. 7.1 stellt den Reifegrad von Künstlicher Intelligenz (Pardoe, 2016; Raisch & Krakowski, 2021) den Analysemethoden im Marketing gegenüber. Der Reifegrad von KI reicht von Analytics, der Auswertung von deskriptiven Daten über Automation, der Mustererkennung über Augmentation mit Handlungsempfehlungen bis hin zu Adaptation für Entscheidungen in Echtzeit (Beer, 2017; Roy et al., 2022).

Descriptive Analytics kann auf einem niedrigeren KI-Reifegrad eingeordnet werden. Predictive Analytics erfordert Algorithmen und Modelle, um Vorhersagen und Empfehlungen zu generieren. Diese Formen der Analytics können auf einem mittleren KI-Reifegrad eingeordnet werden. Prescriptive Analytics kann auf einem höheren KI-Reifegrad eingeordnet werden. Und wenn die Ergebnisse der Analytics-Modelle und -Algorithmen automatisch in die Geschäftsprozesse und -entscheidungen integriert werden, so ist dies eine sehr hohe Form der Künstlichen Intelligenz.

Tab. 7.1 Marketing-Analytics-Methoden entlang des Reifegrades von Künstlicher Intelligenz. (Quelle: angelehnt an Pardoe, 2016; Raisch & Krakowski, 2021)

Reifegrad von Künstlicher Intelligenz	Marketing Analytics
Analytics	Descriptive Analytics: Diese Form von Analytics nutzt historische Daten, um vergangene Ereignisse und Trends zu verstehen und zu beschreiben, was in der Vergangenheit passiert ist
Automation	Predictive Analytics: Diese Form von Analytics nutzt Daten, um Vorhersagen über zukünftige Ereignisse und Trends zu treffen. Hierbei werden verschiedene statistische Modelle und Algorithmen verwendet, um Muster in den Daten zu identifizieren
Augmentation	Prescriptive Analytics: Diese Form von Analytics nutzt Daten und Analyseergebnisse, um Entscheidungen zu treffen und Handlungsempfehlungen zu geben. Hierbei werden verschiedene Szenarien durchgespielt und die Auswirkungen auf das Unternehmen analysiert, um eine optimale Entscheidung zu treffen
Adaption	Real-time Analytics: Diese Form von Analytics nutzt Echtzeitdaten, um Entscheidungen in Echtzeit zu treffen. Hierbei werden Algorithmen und Modelle verwendet, um Echtzeitdaten zu analysieren und Handlungsempfehlungen in Echtzeit zu geben

7.4   Datenarten und Datenerhebung

Im Marketing, Sales und Service interessieren uns insbesondere transaktionale, non-transaktionale und Online-Daten (Saura, 2021):

- Transaktionale Daten sind dabei Informationen zu Bestellungen, Verkäufen, Rechnungen, Quittungen, Sendungen, Zahlungen, Versicherungen, Abonnements usw.
- Non-transaktionale Daten sind dabei demografische, psychografische, verhaltensbezogene, Lifestyle-Daten usw.
- Online-Daten sind bspw. benutzergenerierter Inhalt, sogenannter User Generated Content, E-Mails, Fotos, Tweets, Likes, Shares, Websites, Websuchen, Videos, Online-Käufe, Musik (Saura, 2021).

Transaktionale Daten sind am einfachsten zu sammeln. Schliesslich entstehen sie durch eine Transaktion zwischen Kunden und Unternehmen und sind somit in der Regel schon automatisch in Systemen erfasst. Strategisch wichtige Transaktionen, die den Übergang von einer Phase zur nächsten in der Kundenbeziehung markieren, werden als «Conversions» bezeichnet. Diese Conversions brauchen wir, um unsere Business-Ziele zu erreichen. Sie sagen in der Regel noch wenig über den Kontakt aus.

Die Erhebung von non-transaktionalen Daten ist in der Regel komplexer. Grundsätzlich haben wir zwei Möglichkeiten, um non-transaktionale Daten zu erhalten:

durch Beobachtung oder durch Befragung. Beobachtung meint im digitalen Kontext das Tracking von Verhalten. Befragungen können Kundenbefragungen und Feedbacks im klassischen Sinn sein. Darüber hinaus gibt es zunehmend personalisierte Befragungs-methoden mithilfe von Online-Formularen, Chat- oder Voicebots und dynamischen Con-tent-Elementen. Auch die Analyse von transaktionalen Daten kann wiederum Kunden-verhalten und -präferenzen erkennen lassen. Dies geschieht bspw. dann, wenn Muster im Kaufverhalten auf die Persönlichkeit oder Interessen des Käufers schliessen lassen.

Online-Daten können wertvolle Daten liefern, sofern diese von den Online-Portalen freigegeben werden. Search- und Social-Media-Portale stellen die Daten in der Regel nicht in Rohform, sondern schon in aggregierter Form zur Verfügung (Graef, 2015). Damit sind die Daten für weitere Analysen nur begrenzt einsetzbar und können nicht automatisch ausserhalb der jeweiligen Online-Anwendung mit dem Kontakt verknüpft werden.

Die Kombination all dieser Daten rund um einen Kontakt nennt sich Profiling (Jais-wal et al., 2021). Wir sammeln zunehmend Daten über Kontakte und können uns so ein besseres Bild machen. Auf Basis der zunehmenden Datengrundlage führen Analysen zu genaueren Ergebnissen.

7.5   Datenauswertung: Ergebnisse erhalten

Mit statistischen Methoden zur Datenanalyse werden aus Daten Ergebnisse berechnet. Data Mining (Provost & Fawcett, 2013) bezeichnet das Entdecken von Mustern in gros-sen Datenmengen. Tab. 7.2 beschreibt die wichtigsten Hauptmodelle in Data Mining: Klassifikation, Regression, Ähnlichkeitsmatching, Clustering, Co-Occurrence Grouping, Profiling und Link Prediction (Provost & Fawcett, 2013).

Neben den Data-Mining-Modellen werden auch einfachere und grundlegendere statistische Analysen im Marketing eingesetzt. Dazu zählen deskriptive Statistiken, Korrelationsanalysen und Zeitreihenanalysen (Puhani, 2020).

Deskriptive Statistik wird dabei verwendet, um Daten zu beschreiben und mit Kenn-zahlen wie Mittelwert, Median, Standardabweichung und Prozentzahlen zusammenzu-fassen. Korrelationsanalysen zeigen die Beziehung (jedoch nicht die Kausalität) zwi-schen zwei Variablen auf, z. B. ob es eine Beziehung zwischen den Verkaufszahlen und den Marketingausgaben gibt. Zeitreihenanalysen werden verwendet, um die Ver-änderungen im Laufe der Zeit zu untersuchen, um bspw. Trends und saisonale Muster zu erkennen (Puhani, 2020).

Die Data-Mining-Modelle und die statistischen Analysen erzeugen nicht nur Er-gebnisse, sondern auch Einschätzungen zur Güte der Auswertung. Dazu wird die Per-formance des Modells bzw. die Aufklärung der Varianz durch die Analyse ausgewiesen. Aussagen zur Güte sind also Aussagen darüber, wie klar Muster oder Zusammenhänge in den Daten zu erkennen sind.

Tab. 7.2 Hauptmodelle im Data Mining nach Provost und Fawcett (2013)

Modell	Liefert Antwort auf die Frage
Klassifikation	Welches Individuum einer Population gehört welcher von mehreren Klassen an? (z. B. welchen Segmenten)
Regression	Wie wird eine bestimmte Variable (z. B. das Nutzungsverhalten) bei einem Individuum ausgeprägt sein?
Ähnlichkeitsmatching	Welche Individuen sind sich in bestimmten Variablen ähnlich? (z. B. im Interesse an einem Produkt)
Clustering	Welche Individuen sind sich ähnlich? (z. B. im Lifestyle)
Co-Occurrence Grouping	Welche Ereignisse finden häufig gemeinsam statt? (z. B. der Kauf von bestimmten Produkten)
Profiling	Welches sind die typischen Verhaltensweisen von Individuen, Gruppen oder Populationen? (z. B. typisches Kaufverhalten vs. potenzieller Betrugsfall)
Link Prediction	Welche Verbindung besteht zwischen Ereignissen, und welche Verbindung könnte noch bestehen? (z. B. Verbindungsvorschlag bei gemeinsamen Kontakten)
Causal Modeling	Was ist der Unterschied in einer spezifischen Situation (z. B. Anzahl Käufe), wenn ein Ereignis (z. B. Werbung) stattfindet oder nicht?

Die Darstellung der Ergebnisse ist eine wichtige Aufgabe im Marketing, Sales und Service. In der Regel bieten Tools Dashboard und Reports mit aktuellen Analysen, um die Performance der Marketingmassnahmen sichtbar zu machen, Massnahmen abzuleiten und zu optimieren (Aivie, 2023). Datenkompetenz bedeutet, Dashboard und Reports nicht nur lesen, sondern gestalten zu können.

7.6   Interpretation: Erkenntnisse ableiten

Ergebnisse aus Analysen stellen an sich noch keine Erkenntnisse dar. Dafür müssen Ergebnisse im Kontext betrachtet werden. Praktische Beispiele im Konkreten zu den verschiedenen Formen von Marketing Analytics und ihrer Einordnung entlang des KI-Reifegrades (Pardoe, 2016) sind:

1. Descriptive Analytics: die Analyse von Verkaufsdaten eines Einzelhändlers. Hierbei können historische Daten ausgewertet werden, um Trends in Bezug auf Verkaufszahlen, beliebte Produkte und Verkaufszeiten zu identifizieren. Die Ergebnisse dieser Analyse können dann genutzt werden, um zukünftige Entscheidungen bezüglich Produktplatzierung, Werbeaktionen und Personalplanung zu treffen.
2. Predictive Analytics: Vorhersage des Kundenverhaltens eines Online-Händlers. Hierbei können verschiedene statistische Modelle und Algorithmen genutzt werden, um

Vorhersagen über zukünftige Kaufentscheidungen und Kundenpräferenzen zu treffen. Die Ergebnisse dieser Analyse können dann genutzt werden, um personalisierte
Werbeaktionen und Angebote zu erstellen und die Kundenbindung zu verbessern.

3. Prescriptive Analytics: Analyse der Effektivität von Marketingkampagnen eines
   Unternehmens. Hierbei können verschiedene Szenarien durchgespielt und die Auswirkungen auf das Unternehmen analysiert werden, um eine optimale Entscheidung
   zu treffen. Die Ergebnisse dieser Analyse können dann genutzt werden, um zukünftige Marketingkampagnen zu optimieren und die Effektivität zu verbessern.

4. Real-time Analytics: Analyse des Kundenverhaltens auf einer E-Commerce-Website.
   Hierbei können Echtzeitdaten genutzt werden, um Entscheidungen in Echtzeit zu treffen. Wenn ein Kunde bspw. Produkte in seinen Warenkorb legt und dann die Website
   verlässt, können Echtzeitanalysen genutzt werden, um dem Kunden personalisierte
   Angebote zu senden und ihn zur Rückkehr auf die Website zu animieren.

Neben der inhaltlichen Interpretation im Kontext empfiehlt sich auch eine kritische Reflexion des gesamten Vorgehens. In der Forschung ist es üblich, die Grenzen der Methodik aufzuzeigen. Im Umgang mit Daten ist es überall erforderlich. Gerade die kritische
Art und Weise, wie Daten angewendet werden, ist schliesslich ein Hauptmerkmal von
Datenkompetenz (Wikipedia, 2023).

7.7   Good Enough Data – ein Mindset für die Unternehmenspraxis

Daten sind das mittlerweile nicht mehr ganz so neue Gold. Datenkompetenz wird daher
zunehmend wichtiger in allen Unternehmensbereichen, insbesondere im Marketing,
Sales und Service. Eine durchgängige Experience ist ohne die Fähigkeiten, mit Daten
aus verschiedenen Quellen umzugehen, undenkbar geworden.

Daten bilden zunehmend die Entscheidungsgrundlage und KI ist immer mehr in der
Lage Entscheidungen selbstständig zu treffen – wenn wir sie lassen. Die wichtigste Aufgabe eines Unternehmens ist es schliesslich, Entscheidungen zu treffen. Demgegenüber
steht das grösste Problem, das wir im Marketing mit Daten haben: Die Qualität wird
häufig bemängelt. In der Forschung wird der Datenqualität zu recht der höchste Standard
abverlangt (Ludwig & Thiemann, 2020). In der Praxis gibt es aktuell noch Lücken bei
der Datenlage der meisten Unternehmen (Eichsteller & Seitz, 2020).

Was die Quantität und Durchgängigkeit der Datenlage betrifft, so treffen wir in der
Praxis häufig Näherungswerte an – und diese können ausreichen. Denn wenn wir (mit
mehr oder weniger Hilfe von KI) schon eine Entscheidung aufgrund der Datenlage treffen können, hat ihre Datenstrategie den grundlegenden Sinn und Zweck erfüllt.

Was die Qualität der Daten und Analysen betrifft, können keine Abstriche gemacht
werden. Wenn irgendwelche Daten mit irgendwelchen Methoden analysiert werden,
nur weil wir es können, weil es das Marketing- oder CRM-Tool gerade im Reporting

anbietet, ist das keine gute Idee. Denn nicht alles, was man mit KI und Algorithmen oder einfach nur Statistik berechnen kann, bringt wirklich eine Aussage mit Mehrwert für das Unternehmen. Daten werden um der Daten willen gesammelt, Analysen werden der Analyse wegen gemacht. Und wenn zunehmend komplexe Analysen auf Basis von zunehmend grossen Datenmengen erfolgen, deren Aussage mit etwas gesundem Menschenverstand auch hätte getroffen werden können, dann produzieren wir zunehmend Verschwendung.

Die benötigte Rechenleistung nimmt stetig zu und damit auch der Energieverbrauch, und wir müssen uns zunehmend die Frage stellen, welchen Mehrwert das Vorgehen stiftet. Daher empfiehlt sich ein Mindset, das den Wert von Daten und Analysen kritisch betrachtet. Mit dem Fokus auf Good Enough Data kann das gelingen. Der Begriff Good Enough Data fasst das Diskutierte zusammen: Datenqualität ja, Datenmenge nach Bedarf. Good steht dabei für die gute Datenqualität, Enough dafür, dass Daten nachhaltiger erhoben und Analysemethoden gezielter eingesetzt werden sollten.

Literatur

Aivie. (2023). Marketing reporting. https://aivie.ch/en/marketing-reporting/. Zugegriffen: 27. Febr. 2023.

Beer, D. (2017). The data analytics industry and the promises of real-time knowing: Perpetuating and deploying a rationality of speed. *Journal of Cultural Economy, 10*(1), 21–33. https://doi.org/10.1080/17530350.2016.1230771.

Braverman, S. (2015). Global review of data-driven marketing and advertising. *Journal of Direct, Data and Digital Marketing Practice, 16*(3), 181–183. https://doi.org/10.1057/dddmp.2015.7.

Datenkompetenz. (13. Januar 2023). Wikipedia. https://de.wikipedia.org/wiki/Datenkompetenz.

Eichsteller, H., & Seitz, J. (2020). Künstliche Intelligenz im Marketing. In Dialogmarketing Perspektiven 2019/2020: Tagungsband 14. Wissenschaftlicher interdisziplinärer Kongress für Dialogmarketing (S. 21–33). Springer Fachmedien. https://doi.org/10.1007/978-3-658-29456-4_2.

Graef, I. (2015). Market definition and market power in data: The case of online platforms. *World Competition, 38,* 473–505.

Jaiswal, D., Kaushal, V., Singh, P. K., & Biswas, A. (2021). Green market segmentation and consumer profiling: A cluster approach to an emerging consumer market. *Benchmarking: An International Journal, 28*(3), 792–812. https://doi.org/10.1108/BIJ-05-2020-0247.

Ludwig, T., & Thiemann, H. (2020). Datenkompetenz – Data literacy. *Informatik Spektrum, 43*(6), 436–439. https://doi.org/10.1007/s00287-020-01320-0.

OpenAI. (o. J.). ChatGPT (Feb 13). https://chat.openai.com/chat. Zugegriffen: 26. Febr. 2023.

Pardoe, A. (3. Juni 2016). The Four A's Pyramid Framework for Artificial Intelligence and Machine Learning. Analytics, Augmentation, Automation and Adaptation. Andy Pardoe. https://pardoe.ai/blog/the-four-as-pyramid-framework/.

Provost, R., & Fawcett, T. (2013). *Data Science for Business.* O'Reilly.

Puhani, J. (2020). Statistik (13. Aufl.). Springer Gabler. https://doi.org/10.1007/978-3-658-28955-3.

Raisch, S., & Krakowski, S. (2021). Artificial intelligence and management: The automation–augmentation paradox. *Academy of Management Review, 46*(1), 192–210. https://doi.org/10.5465/amr.2018.0072.

Ridsdale, C., Rothwell, J., Smit, M., Bliemel, M., Irvine, D., Kelley, D., Matwin, S., Wuetherick, B., & Ali-Hassan, H. (2015). Strategies and best practices for data literacy education knowledge synthesis report. https://doi.org/10.13140/RG.2.1.1922.5044..

Roy, D., Srivastava, R., Jat, M., & Karaca, M. S. (2022). A complete overview of analytics techniques: Descriptive, predictive, and prescriptive. In P. M. Jeyanthi, T. Choudhury, D. Hack-Polay, T. P. Singh, & S. Abujar (Hrsg.), *Decision intelligence analytics and the implementation of strategic business management* (S. 15–30). Springer International Publishing. https://doi.org/10.1007/978-3-030-82763-2_2.

Saura, J. R. (2021). Using data sciences in digital marketing: Framework, methods, and performance metrics. *Journal of Innovation & Knowledge, 6*(2), 92–102. https://doi.org/10.1016/j.jik.2020.08.001.

Seyr, S., & Stalder, U. (2022). Datenkompetenz für Content Success. Der offizielle Blog des Instituts für Kommunikation und Marketing IKM. https://hub.hslu.ch/ikm/2022/10/07/datenkompetenz-fuer-content-success/. Zugegriffen: 27. Febr. 2023.

Sarah Seyr, Dr. sc. (ETH), ist Dozentin für Customer Experience und Human Machine Interaction an der Hochschule Luzern. Sie ist Co-Präsidentin der DAIIA – der Data & AI Innovation Alliance, einer gemeinnützigen Organisation, die sich für die Förderung von ethischer und verantwortungsvoller Nutzung von Daten und künstlicher Intelligenz einsetzt. Zuvor war sie als Programm-Managerin bei Swisscom für die Entwicklung der Best Experience Strategie im B2C-Bereich verantwortlich. Zudem hat sie als Mitgründerin von Aivie die Markteinführung der Marketing-Automation-Lösung umgesetzt. Sarah Seyr arbeitet und forscht seit 15 Jahren zu Innovation und Wertschöpfung an der Schnittstelle zwischen Mensch und Technologie. Sie gibt ihr Wissen als Kursleiterin bei LinkedIn Learning weiter und hat verschiedene Praxis- und Fachartikel veröffentlicht. Als Mitglied im Advisory Board von Startups und Beraterin für Customer Experience (CX) und User Experience (UX) unterstützt sie Unternehmen bei der Produktentwicklung und dem Go-to-Market (G2M) mit kundenzentrierten Lösungen an der Schnittstelle Mensch und künstlicher Intelligenz.

Dialoge, die verkaufen: Mit Conversational Automation zur Kundenbindung

8

„Kunden sind Menschen, also behandeln wir sie als solche." (unbekannt)

Dominic Bolliger und Severin Lienhard

Inhaltsverzeichnis

> **Schlüsselwörter**
>
> Consumer Promotion Chatbot · Conversational Marketing · Virtueller Verkaufsassistent · Guided Selling · Auswahlhelfer eCommerce

8.1   Einleitung

Marken und Unternehmen suchen verstärkt den direkten Kundenkontakt. Dies wird aktuell unter dem Stichwort Direct-to-Consumer (D2C) zusammengefasst. Mit dem Begriff D2C wird meist der reine direkte Verkauf von Marken an Endkunden verbunden. Beispielsweise

D. Bolliger (✉)
DiALOGiFY AG, Zug, Schweiz
E-Mail: dominic@dialogify.io

S. Lienhard
Wallisellen, Schweiz
E-Mail: severin.lienhard@bluewin.ch

123

N. Hafner und S. Hundertmark (Hrsg.), *Kundendialog-Management*,
https://doi.org/10.1007/978-3-658-42851-8_8

vertreibt Lindt & Sprüngli seine Produkte über stationäre Geschäfte und Online-Shops, die den direkten Draht zum Endkunden ermöglichen.

Doch auch abgesehen vom reinen Verkauf sehen sich Marketers mit interessanten Opportunitäten im Zusammenhang mit D2C konfrontiert. Denn es ermöglicht nebst dem Verkauf das Eintreten in einen Dialog mit dem Endkunden. Gerade für Unternehmen, die den Grossteil ihres Umsatzes über Intermediäre wie Coop oder Migros generieren, ist ein direkter Dialog mit dem Endkunden eine spannende Opportunität. So konnte z. B. Emmi Caffé Latte über QR-Codes auf den Getränkebechern in einen Dialog mit den Endkunden eintreten und einen eigenen wertvollen Datensatz von Kundenprofilen aufbauen (Härtlein et al., 2021).

Im folgenden Kapitel soll daher anhand des Trends von D2C-Strategien konkret aufgezeigt werden, wie Kundendialoge automatisiert stattfinden können. Daher wird in einem ersten Kapitel auf das Thema «Neue Ära im Marketing» eingegangen und wie Kundendialoge dort eine Rolle spielen. Anschliessend folgt die Rolle von Kundendialogen. Dabei wird das Thema «Kundendialoge» in Kombination mit D2C-Strategien vertieft. Es wird ergänzt durch ein aktuelles Praxisbeispiel aus der Getränkeindustrie, gefolgt von einer Vertiefung in das Thema «Erfolgsfaktoren des Dialogmarketings». Dieses wird bereichert durch ein aktuelles Praxisbeispiel von Birkenstock. Abgeschlossen wird das Kapitel mit einer Zusammenstellung der zentralen Learnings für das Management von Kundendialogen.

8.2   Die neue Ära im Marketing – Technologie für die Menschheit

Technologie für die Menschheit ist die Zukunft des Marketings! Die menschliche Erfahrung wird verbessert, anstatt sie zu ersetzen.

Dabei wird das Phänomen wie folgt zusammengefasst:

> «Marketing 5.0 setzt auf Technologien, die menschliches Verhalten erkennen und nachahmen – in Form von Chatbots, künstlicher Intelligenz oder Virtual Reality. Die Digitalisierung bietet Marketingfachleuten viele Möglichkeiten, ihr Metier völlig neu zu denken.» (Kotler, 2022)

Allerdings argumentiert Kotler, dass das Marketing ethische und nachhaltige Aspekte stark mit einbeziehen sollte. Gerade im Zeitalter des Marketings 5.0 müssen zentrale Themen unserer Zeit wie das Bedürfnis nach Nachhaltigkeit auf verschiedenen Ebenen einbezogen werden. Die Kreierung von Mehrwerten für die Gesellschaft und Umwelt ist ein zentrales Team. Das bedeutet, dass Marketing 5.0 nicht nur darauf ausgerichtet sein darf, den Umsatz des Unternehmens zu maximieren, sondern auch darauf, die Gesellschaft positiv zu beeinflussen. Marketingfachleute müssen daher auf eine Balance zwischen Technologie und Ethik achten.

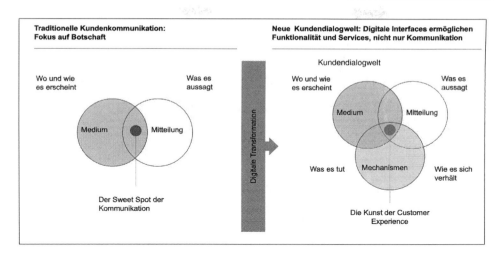

Abb. 8.1 Kundendialoge in der neuen Marketingära. (Quelle: In Anlehnung an Brinker, 2016)

Marketing 5.0 bietet viele Vorteile. Die Digitalisierung eröffnet neue Möglichkeiten, um auf die Bedürfnisse der Kunden einzugehen. Die Nutzung von Big Data und Künstlicher Intelligenz kann dazu beitragen, personalisierte Angebote zu erstellen und das Einkaufserlebnis zu verbessern. Die Verwendung von Virtual Reality ermöglicht es den Kunden, Produkte und Dienstleistungen in einer realistischen Umgebung zu erleben und zu testen.

Neue Technologien ermöglichen es, die Kundenwahrnehmung und damit den Menschen immer mehr ins Zentrum zu rücken. So geht es nebst Kommunikation (Botschaft und Inhalt) hin zu personalisierten und damit relevanten Inhalten, zur richtigen Zeit im gewünschten Kanal. Daher sind Kundendialoge eine zentrale Komponente in dieser neuen Ära (Abb. 8.1).

8.3   Direkter Kundendialog als Teil einer D2C-Strategie: eine Einordnung

Teil dieser neuen Ära im Marketing bildet, wie erwähnt, der direkte Kundendialog, befähigt durch den Einsatz neuester Technologien. Die generelle Kommunikation zwischen Organisationen resp. in diesem Kontext Unternehmen und Kunden hat sich in den letzten Jahren weiter verändert. Die Kunden erwarten und haben sich – je länger, desto mehr – an eine persönliche und direkte Kommunikation gewöhnt. Diese ist abgestimmt auf die individuellen Bedürfnisse und Erwartungen. Dies sollte in dem vom Kunden gewünschten Kanal stattfinden. Conversational Marketing ist dabei ein Ansatz, der es Unternehmen ermöglicht, diese Erwartungen zu erfüllen und interaktive Dialoge mit ihren Kunden zu führen. In diesem Absatz werden die Vorteile und Möglichkeiten des

Conversational-Marketing-Automation-Systems vorgestellt, um den Aufbau digitaler, interaktiver Kundenbeziehungen zu fördern. Doch als Einstieg soll ein aktuelles Praxisbeispiel die Möglichkeiten in der konkreten Umsetzung illustrieren.

8.3.1 Rivella: Dialog Consumer Promotion für die Marke FOCUSWATER

Die Konkurrenz im Bereich Fast Moving Consumer Goods (FMCG) ist gross, und Unternehmen stehen vor der Herausforderung, ihre Markenbotschaft effektiv zu kommunizieren und ihr Produkt von anderen abzuheben. Eine effektive Methode, um dies zu erreichen, ist Conversational Marketing. Es ist eine Möglichkeit, auf spielerische Weise Feedback von Kunden zu sammeln, zukünftige Kommunikation zu personalisieren und ein inspirierendes und emotionales Markenerlebnis zu schaffen. Ein gutes Beispiel dafür ist die Dialog Consumer Promotion von Focus Water Rivella (Abb. 8.2).

8.3.1.1 Ausgangslage

Focus Water Rivella ist eine Schweizer Getränkemarke, die sich auf funktionelle Getränke spezialisiert hat. Um ihre Marke FOCUSWATER zu bewerben und das Engagement der Kunden zu erhöhen, entschied sich das Unternehmen für den Einsatz eines Chatbots namens «Chat mit Pat». Der virtuelle Bot wurde entwickelt, um ein Gewinnspiel zu führen und dabei wertvolles Kundenfeedback und persönliche Informationen zu sammeln.

Abb. 8.2 Erklärung des Produkts FOCUSWATER und Aufbau des Chat-Dialogs. (Quelle: Dialogify, 2023)

8.3.1.2 Ansatz

Die Verantwortlichen von Focus Water Rivella wussten, dass es wichtig war, alle relevanten Kontaktpunkte zu bespielen, um das Engagement der Kunden zu erhöhen. Daher wurden sowohl physische Touchpoints wie das Produkt (QR-Code auf dem Deckel mit kurzem Trigger «Scan & win») am Verkaufspunkt im Retail-Handel genutzt als auch Plakate sowie digitale Touchpoints wie Google Ads, Social-Media-Kampagnen und die Website verlinkt (Abb. 8.3).

Sobald ein Kunde den Dialog gestartet hatte, wurde er in der Folge via E-Mail zur nächsten Dialogsequenz eingeladen. Im Laufe des interaktiven Dialogs sammelte der «virtuelle Pat» wertvolle Kundenfeedbacks und persönliche Informationen, die für zukünftige Marketingmassnahmen von Vorteil sind. Durch die direkte Integration mit dem Customer-Relationship-Management-System (CRM) konnten diese Informationen effektiv genutzt werden.

8.3.1.3 Ergebnis

Der Einsatz von Conversational Marketing und des virtuellen Bots «Chat mit Pat» war ein grosser Erfolg für FOCUSWATER von Rivella. Während des Einsatzes stieg der Umsatz im Online-Shop um satte 4,5 Mal. Weiter hat das Team Marketing Opt-in-Ziele verfolgt. Diese konnten um das 1,5-Fache übertroffen werden. Die dritte zentrale Kennzahl was die Feedback-Rate, die 6-mal höher ausfiel, als in der Planung erwartet. Alles in allem war es eine sehr gelungene Aktivität, weil mit dem Direct-to-Consumer(D2C)-Ansatz Profile von echten Konsumenten generiert wurden, die weiter mit relevanten Inhalten bespielt werden konnten.

Durch den Einsatz von Conversational Marketing konnte FOCUSWATER nicht nur das Engagement der Kunden erhöhen, sondern auch wertvolle Informationen sammeln, die für zukünftige Marketingmassnahmen genutzt werden können. Der Einsatz von Dialogsystemen wie Chatbots oder Sprachassistenten bietet eine Möglichkeit, ein personalisiertes Kundenerlebnis zu schaffen und die Kundenbindung zu erhöhen. Unternehmen können

Abb. 8.3 Ausschnitt aus dem Focus-Water-Chat-Dialog. (Quelle: Dialogify, 2023)

auf spielerische Weise Feedback sammeln, das Kaufverhalten ihrer Kunden analysieren und personalisierte Angebote erstellen. Die Verwendung von Conversational Marketing ist somit eine effektive Möglichkeit, um sich von der Konkurrenz abzuheben und langfristige Kundenbeziehungen aufzubauen.

Das Beispiel von FOCUSWATER zeigt auch, wie wichtig es ist, alle relevanten Kontaktpunkte zu bespielen. Die Verknüpfung von physischen und digitalen Touchpoints sowie die direkte Integration mit dem CRM tragen dazu bei, dass das Kundenerlebnis nahtlos und konsistent ist. Die Transparenz bei der Verwendung von Kundenfeedback und persönlichen Informationen ist ebenfalls entscheidend, um das Vertrauen der Kunden zu gewinnen.

Ein weiterer Vorteil von Conversational Marketing ist die Möglichkeit, Kosten zu senken. Durch die Automatisierung von Interaktionen können Unternehmen die Arbeit ihrer Mitarbeiter reduzieren und gleichzeitig die Qualität des Kundenerlebnisses verbessern. Chatbots können auf einfache Fragen antworten, wiederkehrende Aufgaben erledigen und Informationen liefern, ohne dass ein Mitarbeiter manuell eingreifen muss. Dadurch können Unternehmen Zeit und Ressourcen sparen, die in die Verbesserung des Kundenerlebnisses und die Entwicklung neuer Marketingmassnahmen investiert werden können.

8.3.1.4 Fazit aus diesem Praxisbeispiel

Conversational Marketing im Einsatz von Promotionen ist eine wirksame Methode, um immersive Markenerlebnisse für FMCG-Marken zu schaffen und eine langfristige Kundenbindung aufzubauen.

Unternehmen können durch den Einsatz von Dialogsystemen wie Chatbots oder Sprachassistenten wertvolles Kundenfeedback und persönliche Informationen sammeln, das Kaufverhalten ihrer Kunden analysieren und personalisierte Angebote erstellen. Die Verwendung von Conversational Marketing ist somit eine effektive Möglichkeit, um sich von der Konkurrenz abzuheben und langfristige Kundenbeziehungen aufzubauen. Unternehmen sollten jedoch sicherstellen, dass alle relevanten Kontaktpunkte bespielt werden, die Transparenz bei der Verwendung von Kundenfeedback und persönlichen Informationen gewährleistet ist und Datenschutzbestimmungen eingehalten werden. Durch die Verwendung von Conversational Marketing können Unternehmen nicht nur das Engagement der Kunden erhöhen, sondern auch Kosten senken und ihre Markenbotschaft effektiv kommunizieren.

Die Grundidee aus einer theoretischen Sicht des Dialogmarketings folgt der Logik, dass sowohl der Aufwand des Kunden als auch der des eigenen Unternehmens durch direkten Dialog zwischen den Parteien minimiert werden kann. Gleichzeitig sollen die Loyalität und die Mund-zu-Mundpropaganda verbessert werden. Dialogmarketing ist folglich ein «strukturiertes Programm der kontinuierlichen, wechselseitigen Kommunikation» (Steinmetz, 1997). Während vor Jahrzehnten die genutzten Medien andere waren, steht heute Dialogmarketing über mobile Endgeräte im Zentrum.

Aktuelle Entwicklungen und Trends des Marketings fliessen dabei direkt in das Dialogmarketing ein. Der Trend hin zu Personalisierung ist dabei als äusserst zentral zu bewerten. Die Kunden erwarten dabei Nachrichten von Unternehmen, die für sie relevant sind. Genauso fokussieren Unternehmen verstärkt auf die sogenannten Micro Moments. Dies sind Momente, die innerhalb der Customer Journey herausstechen und damit äusserst wichtig sind, z. B., wenn es sich um den Kaufabschluss handelt.

In der Aufbereitung des Dialogs spielt zudem der Trend hin zum Engagement, also Gamifikation, Umfragen und Quizzes, zunehmend eine Rolle. Diese werden in Dialoge mit den Kunden eingebaut. Aus Unternehmenssicht werden «dem Kunden zuhören» und «Einblicke sammeln» ebenfalls immer wichtiger. Genauso integrieren Unternehmen das Thema Dialogmarketing verstärkt in die ganzen Multichannel- resp. Omnichannel-Strategien. Ebenfalls wird es ein elementarer Bestandteil von Customer-Experience-Konzepten.

Das eingangs erwähnte Beispiel von QR-Codes auf Kaffeebechern illustriert sehr gut, wie es gelingt, einen Dialog zu triggern, User-Profile und Marketing-Opt-ins zu sammeln, User zu engagieren, Feedback und Insights zu generieren und sogar die Reichweite zu multiplizieren. So hat bspw. Emmis Botschafterin für Caffé Latte, Wendy Holdener, die User zu einem Selfie aufgefordert: Dank Virtual Reality konnten sich die User zusammen mit Wendy fotografieren und dies über die sozialen Medien teilen.

Die Autoren beleuchten das Thema im Kontext von D2C-Strategien. D2C-Strategien haben in den letzten Jahren eine grosse Aufmerksamkeit von verschiedenen Konsumgüterherstellern erhalten. Angeführt vom berühmten Beispiel Nike, das den D2C-Anteil am Umsatz markant steigerte und im Jahr 2022 ca. 42 % des Gesamtumsatzes ausmachte (Quelle: Statista.com), haben viele weitere Unternehmen D2C-Strategien aufgebaut.

Viele Unternehmen haben einen D2C-Anteil im hohen zweistelligen Bereich jedoch nicht zum Ziel bzw. erreichen einen solchen nie. Gerade für FMCG-Unternehmen bleibt es häufig eine Umsatzquelle unter vielen. Speziell im Food-Bereich läuft der Grossteil weiterhin über Retailer. Jedoch ist unabhängig vom D2C-Anteil am Umsatz ein direkter Kundendialog, anstelle des direkten Verkaufs oder zusätzlich zu diesem, eine passende strategische Option für die Unternehmen. Denn ein Beweggrund für D2C- Strategien ist, Kundendaten zu sammeln und so auch unabhängiger von Google, Meta & Co. zu werden. Dies ist über automatisch gesteuertes Dialogmarketing sehr gut möglich, auch wenn kein Verkauf stattfindet.

In der Schweiz sehen wir deutlich eine Korrelation zwischen Marken, die im aktiven Dialog mit ihrer Community stehen, und der eigentlichen Markenbeliebtheit. So schaffen es auch Marken mit relativ geringem Marketingbudget in die Top-Ränge (Quelle: «Brand of the Year» von Promarca Schweiz).

8.3.2   Der Erfolg vom Dialogmarketing liegt im Detail: Kombination der Touchpoints am Beispiel Birkenstock

Um sich im Detail mit dem Erfolg von Dialogmarketing entlang relevanter Touchpoints widmen zu können, ist es aus Sicht der Autoren hilfreich, einige Grundlagen der Konversation zu verstehen: Conversation-Theorie, Conversation Design, Laswell-Modell und Permission Marketing.

Aus konzeptioneller Sicht liegt dem Thema des Dialogs resp. der Konversation die Conversation-Theorie zugrunde. Diese stammt von Gordon Pask (Pangaro, 2017). Dieses komplexe Konstrukt kann in einfachen Worten wie folgt beschrieben werden. Grundsätzlich wird angenommen, dass ein Gespräch beginnt, indem ein Teilnehmer irgendeine Art von Ziel verfolgt. Beim Verfolgen dieses Ziels sind folgende Komponenten relevant (Pangaro, 2017):

A) Kontext: Die Situation bildet den Rahmen
B) Sprache: Sie bildet das Medium der Übermittlung
C) Austausch: ein Hin- und Hergehen von Informationen
D) Einverständnis: geteiltes Verständnis von Kontexten
E) Aktion: bspw. das Abschliessen von Verträgen

Um in das Thema einzusteigen, eignet sich wiederum ein Praxisbeispiel in Form einer virtuellen Beraterin für das Unternehmen Birkenstock (Abb. 8.4).

Die Welt des Online-Handels ist geprägt von einer nahezu unendlichen Auswahl an Produkten. Auf der einen Seite bieten diese Vielfalt und Freiheit für den Konsumenten, auf der anderen Seite kann sie aber auch Überforderung und Unsicherheit hervorrufen. Dieses Phänomen wird als «Paradox of Choice» bezeichnet. Der Kunde hat so viele Möglichkeiten zur Verfügung, dass er sich nicht entscheiden kann und im schlimmsten Fall das Kaufinteresse verliert.

Abb. 8.4 Ausschnitt aus dem Birkenstock-Chat-Dialog. (Quelle: Dialogify, 2023)

Hinzu kommt, dass laut aktuellen Studien die durchschnittliche Conversion-Rate von Webshops weltweit bei nur etwa 2 % liegt. Dies bedeutet, dass nur zwei von hundert Besuchern tatsächlich einen Kauf tätigen. Um diesem Problem entgegenzuwirken, setzen immer mehr Unternehmen auf Personalisierung und Verhaltensanalysen oder sogenannte virtuelle Beraterinnen im Rahmen des «Conversational Commerce». Ein Beispiel dafür ist die Einführung eines virtuellen Produktexperten bei der Marke Birkenstock, wie im folgenden Text beschrieben wird.

8.3.2.1 Ausgangslage

Conversational Commerce, also der Einsatz von virtuellen Beraterinnen im Online-Handel, hat in den letzten Jahren an Bedeutung gewonnen. Immer mehr Marken erkennen die Notwendigkeit, ihren Kunden personalisierte Beratung und Fachwissen anzubieten, um den E-Commerce-Umsatz zu steigern. Die Verwendung von virtuellen Produktberaterinnen hat den Vorteil, dass sie mit den Kunden in Kontakt treten, ihre Bedürfnisse kennenlernen und wertvolle First-Party-Daten generieren können, die den Umsatz steigern.

8.3.2.2 Ansatz

Birkenstock ist eines der jüngsten Beispiele für eine Marke, die diesen Trend erkannt und einen virtuellen Produktexperten eingeführt hat. Der virtuelle Produktexperte von Birkenstock ist eine digitale Einkaufsberaterin, die rund um die Uhr verfügbar ist. Ähnlich wie fachkundige Mitarbeiter in einem physischen Geschäft bietet die virtuelle Beraterin auch online personalisierte Empfehlungen und Erklärungen, um den Kunden Vertrauen in ihre Einkäufe und in sich selbst zu geben. Der virtuelle Produktexperte von Birkenstock ist ein Beispiel für eine erfolgreiche Implementierung von virtuellen Produktberatern. Diese digitale Beraterin bietet potenziellen Kunden Informationen und Empfehlungen zu den verschiedenen Birkenstock-Produkten, indem sie einen automatisierten Dialog führt. Die Kunden können ihre Fragen eingeben und erhalten personalisierte Antworten, die ihnen helfen, die für sie besten Produkte zu finden.

8.3.2.3 Ergebnis

Die Verwendung von virtuellen Produktberatern hat sich für Birkenstock ausgezahlt. Sumit Jain, Head of Digital bei Birkenstock Indien, berichtet von einer starken Verbesserung der Konversionsraten und der Sessionqualität durch das Dialogerlebnis in der digitalen Customer Journey.

Warenkorbabbrüche wurden reduziert, und mehr als 20 % der Besucher, die mit dem virtuellen Berater interagiert haben, baten darum, die Produktempfehlung per E-Mail zu erhalten. Virtuelle Produktberater bieten auch eine Möglichkeit für Marken, First-Party-Daten zu sammeln, die helfen, ihre Produktangebote und Marketingstrategien zu verbessern. Durch die Interaktionen mit den Kunden lernen die Berater die Bedürfnisse und Vorlieben der Kunden kennen und können diese Informationen verwenden, um ihr Angebot und ihre Marketingstrategien anzupassen.

8.3.2.4 Fazit aus diesem Praxisbeispiel

Virtuelle Produktberater stellen eine wertvolle Lösung für Online-Marken dar, die ihren E-Commerce-Umsatz steigern möchten. Sie bieten Kunden ein authentisches und personalisiertes Kauferlebnis, helfen bei der Auswahl von Produkten und reduzieren Warenkorbabbrüche. Marken, die virtuelle Produktberater einsetzen, haben einen Wettbewerbsvorteil gegenüber Marken, die dies nicht tun, und können sich durch ihre erfolgreiche Nutzung einen Namen als Marktführer in ihrer Branche machen. Virtuelle Produktberater bieten auch eine Möglichkeit für Marken, First-Party-Daten zu sammeln, um ihre Produktangebote und Marketingstrategien zu verbessern. In einer Zeit, in der der Online-Handel nicht mehr wegzudenken ist und nicht an Relevanz verliert, können virtuelle Produktberater einen Unterschied machen. Beispielsweise kann es ein Gestaltungselement darstellen, das einen erfolglosen Online-Shop von einem erfolgreichen unterscheidet. Unternehmen, die in diesem Bereich weiterhin erfolgreich sein möchten, sollten sich mit dieser Technologie vertraut machen und sie in ihre E-Commerce-Strategien integrieren.

Neben den eigentlichen Komponenten des Dialogs ist das Konversationsdesign zentral für Kundendialog-Marketing in der neuen Marketingära. Es bezieht sich auf die Gestaltung von Gesprächen zwischen einem menschlichen Nutzer und einem Computerprogramm oder einer Künstlichen Intelligenz (Abb. 8.5). Um eine erfolgreiche Konversation zu gestalten, sollten die folgenden Aspekte berücksichtigt werden (Pangaro, 2009):

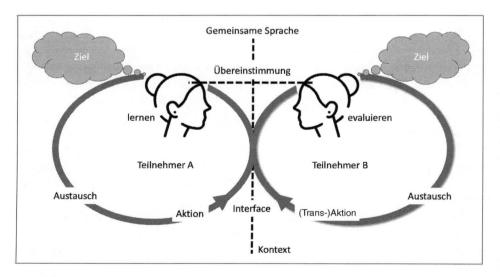

Abb. 8.5 Konversationsdesign. (In Anlehnung an Pangaro, 2009)

- *Kontext:* Es ist wichtig, dass das Gespräch den Kontext des Benutzers und dessen Anliegen berücksichtigt. Hierbei sollte berücksichtigt werden, wer der Benutzer ist, was er möchte und in welchem Kontext er sich befindet.
- *Sprache:* Die Sprache des Gesprächs sollte klar und verständlich sein, damit der Benutzer die Fragen und Antworten verstehen kann. Zudem sollten kulturelle Unterschiede und Nuancen in der Sprache berücksichtigt werden, um eine erfolgreiche Konversation zu ermöglichen.
- *Austausch:* Die Konversation sollte aus einem abwechselnden Austausch von Fragen und Antworten bestehen, um einen fliessenden Dialog zu ermöglichen. Hierbei sollte der Nutzer in den Fokus gestellt und aktiv in das Gespräch einbezogen werden.
- *Übereinstimmung:* Die Konversation sollte auf eine einvernehmliche Lösung oder ein gemeinsames Verständnis des Problems oder Anliegens des Benutzers hinarbeiten. Hierbei ist es wichtig, dem Benutzer zuzuhören und ihn bei der Lösung seines Problems zu unterstützen.
- *Transaktion:* In einigen Fällen kann die Konversation dazu führen, dass eine Transaktion stattfindet, wie z. B. der Kauf eines Produkts oder die Buchung einer Dienstleistung. Hierbei sollte die Konversation auf die Erfüllung des Zwecks ausgerichtet sein.

Durch die Beachtung all dieser Aspekte kann eine erfolgreiche Konversation entstehen und somit zu einer Steigerung der Gesamtinteraktion zwischen Benutzer und Programm beitragen. Dieses Zusammenspiel aller Aspekte führt zu einem erfolgreichen Gespräch, das eine hohe Conversational Traction gewährleistet.

In eine ähnliche Richtung geht das bekannte Lasswell-Modell aus dem Jahr 1948. Es widmet sich der Frage: Wer sagt was in welchem Kanal zu wem mit welchem EFFEKT? (Arens, 2021). Dabei bezieht sich das Wer auf den Kommunikator, der eine Botschaft übergibt. Das nachfolgende Was bezieht sich auf den konkreten Inhalt der Botschaft. Der Kanal ist der Ort, der die Botschaft überträgt. Das Wem widmet sich konträr dem Wer, dem Rezipienten der Botschaft. Beim Effekt geht es um die Frage der Wirksamkeit einer Botschaft. Dieses einfache Modell hilft, komplexe Dialoge zu strukturieren.

Es ist wichtig, diese Grundlagen zu verstehen, wenn es um das Thema erfolgreiche Dialoge bzw. das Management der einzelnen Touchpoints geht. Sie helfen bei der Planung, Durchführung oder auch Analyse im Nachgang von Dialogmarketing-Initiativen.

Die Autoren plädieren insbesondere im Dialogmarketing für eine hohe Relevanz der Botschaften im Eins-zu-Eins für den Kunden. Der Absender «Unternehmen» soll sich daher entsprechend vertieft fragen, welche Botschaft wie beim Rezipienten bzw. Kunden ankommen soll. Dies gilt unabhängig davon, wie und wo entlang der Customer Journey (3 Phasen: Vorkauf-, Kauf-, Nachkaufphase; Lemon und Verhoef 2016) Dialogmarketing eingesetzt wird. Zudem kann die Idee des Permission Marketing hier ebenfalls helfen, die Touchpoints relevant für den Kunden zu gestalten. Denn wenn der Kunde einwilligt, wird die notwendige Relevanz in der Konsequenz auch vorhanden sein.

8.4   Schlusswort

Neue Technologien ermöglichen es Unternehmen, sich auf die Menschen zu fokussieren. In einer Welt, die von schnellen Fortschritten in der Technologie geprägt ist, müssen Unternehmen ihren Fokus auf die Bedürfnisse und Wünsche ihrer Kunden legen, um im Wettbewerb zu bestehen. Damit dies gelingt, braucht es skalierbare Dialoge. Dabei helfen neue Technologien wie Conversational Automation, um eine personalisierte und nahtlose Customer Journey zu schaffen und das Kundenengagement zu steigern.

Conversational Automation beschreibt die Automatisierung von Kundeninteraktionen mithilfe von Dialogsystemen wie Chatbots oder Sprachassistenten. Durch die Integration dieser Systeme in die Customer Journey können Unternehmen ein personalisiertes Kundenerlebnis schaffen, das die Bedürfnisse des Kunden in den Mittelpunkt stellt. Conversational Automation ermöglicht es Unternehmen, mit Kunden auf natürliche und effektive Weise zu interagieren, ohne dabei eine persönliche Note zu verlieren.

Um das Kundenerlebnis zu verbessern, ist es wichtig, Touchpoints aufeinander abzustimmen und Medienbrüche zu vermeiden. Dies bedeutet, dass Unternehmen alle Kanäle, die Kunden nutzen, wie z. B. E-Mail, Social Media oder die Website, miteinander verbinden müssen. Indem Kunden eine nahtlose Erfahrung geboten wird, erhöht sich die Wahrscheinlichkeit, dass sie zurückkehren und sich langfristige Kundenbeziehungen entwickeln.

Eine personalisierte Erfahrung wird jedoch erst dann erfolgreich sein, wenn sie relevant ist. Es ist von zentraler Bedeutung, dass Angebote und damit verbundene Marketingbotschaften auf die individuellen Bedürfnisse des jeweiligen Kunden zugeschnitten sind. Durch die Verwendung von Conversational Automation können Unternehmen das Kaufverhalten des Kunden analysieren, Fragen im Kontext stellen und personalisierte Angebote auf Basis dieser Daten erstellen. Indem Unternehmen die Relevanz ihrer Botschaften und Angebote sicherstellen, können sie das Vertrauen der Kunden gewinnen und letztendlich eine stärkere Kundenbindung schaffen.

Doch die Personalisierung birgt auch Herausforderungen. Es ist wichtig, transparent zu sein und dem Kunden zu zeigen, dass seine Daten geschützt und respektiert werden. Datenschutz ist ein wichtiger Aspekt, der bei der Implementierung von Conversational Automation berücksichtigt werden muss. Unternehmen müssen sicherstellen, dass sie die Zustimmung des Kunden einholen, bevor sie seine Daten verwenden, und dem Kunden die Möglichkeit geben, die Nutzung seiner Daten zu kontrollieren.

Durch die Verwendung von Conversational Automation können Unternehmen nicht nur die Kundenzufriedenheit steigern, sondern auch Kosten senken. Durch die Automatisierung von Interaktionen können Unternehmen die Arbeit ihrer Mitarbeiter reduzieren und gleichzeitig die Qualität der Kundenerfahrung verbessern.

Conversational Automation bietet Unternehmen eine Möglichkeit, individuelle Bedürfnisse besser zu erfüllen, um so eine langfristige Beziehung aufzubauen, die auf Vertrauen basiert, und so letztendlich ihren zukünftigen Erfolg sichern.

Literatur

Praxisbeispiele: In Zusammenarbeit mit Dialogify

Arens, M. (2021). Theorieansätze und Hypothesen in der Medienpädagogik: Die Lasswell-Formel. In: Sander, U., von Gross, F., Hugger, KU. (eds) *Handbuch Medienpädagogik*. Springer VS, Wiesbaden. https://doi.org/10.1007/978-3-658-25090-4_41-1

Brinker, S. (2016). What to expect in Martech. Aufgerufen auf https://chiefmartec.com/2016/10/open-letter-editor-adage-boring-martech/.

Härtlein, M., Mühlheim, P., Bolliger, D., & Lienhard, S. (2021). Lernen statt verkaufen durch D2C-Strategien mit Chat-Dialogen-Das Beispiel Emmi Caffè Latte. *Marketing Review St. Gallen, 38*(6), 38–45.

Lemon, K. N., & Verhoef, P. C. (2016). Understanding customer experience throughout the customer journey. *Journal of marketing, 80*(6), 69–96.

Pangaro, P. (2009). *Designing for conversation*. IDEO Cambridge. Presentation.

Pangaro, P. (2017). *Questions for conversation theory or conversation theory in one hour*. Kybernetes.

Steinmetz, A. (1997). The art of conversation: Dialogue Marketing and the business-to-business relationship. *PRISM-CAMBRIDGE MAssACHUSETTS-,* 67–79.

Dominic Bolliger ist Co-Founder und CEO von DiALOGiFY. Er bringt einen breiten Erfahrungsrucksack im internationalen Business Development mit, davon 10 Jahre bei Lindt & Sprüngli. Dominic beschäftigt sich seit Jahren intensiv mit digitalen Kundenbeziehungen und Conversational Automation. Als Weltbürger lebte er die letzten 16 Jahre in Dubai und Singapur. Seine Vision ist es, Tausende von Marken zu inspirieren und zu befähigen, auf eine bedeutungsvolle Weise mit ihren Kunden in Kontakt zu treten. Damit wird Millionen von Verbrauchern eine Stimme gegeben, und ihre Gesamterfahrungen werden verbessert. DiALOGiFY entwickelt, implementiert und automatisiert das beste Interaktionserlebnis an jedem Touchpoint.

Dr. Severin Lienhard hat an der Universität St. Gallen zu Direct-to-Consumer-Strategien geforscht und mit der Promotion abgeschlossen. Zudem war er in dieser Zeit Seminarleiter des CAS in Kommunikation und Management am Institut für Marketing und Customer Insight. Er kennt sich daher vertieft mit Vertriebs- und Kommunikationsthemen aus. Heute ist er als Unternehmensberater im Bereich Marketing, Sales und Pricing tätig und beschäftigt sich daher weiterhin vertieft mit Fragestellungen rund um Kundendialoge.

Teil III
Kundendialoge im Service

Contact Center als zentraler Kommunikationshub

9

Harald Henn

Inhaltsverzeichnis

Schlüsselwörter

Kundendialog · Dialogsteuerung · Contact Center · Call Center · Omnichannel · Controlling

---

9.1 Contact-Center-Historie und die weitere Entwicklung

9.1.1 Contact-Center-Historie

Warum gibt es überhaupt Contact Center, und was ist ihre ursprüngliche Aufgabe? Die Antwort auf diese Frage ist wichtig für das Verständnis der heutigen Contact Center und ihrer Entwicklung bzw. Rolle im Unternehmen. Ende der 90er Jahre fanden wir in

---

H. Henn (✉)
Marketing Resultant GmbH, Mainz, Deutschland
E-Mail: henn@marketing-resultant.de

N. Hafner und S. Hundertmark (Hrsg.), *Kundendialog-Management*,
https://doi.org/10.1007/978-3-658-42851-8_9

Deutschland eine Situation vor, in der die Erwartungen der Kunden und der Kunden-service der Unternehmen immer weiter auseinanderklafften. Kunden suchten zu-nehmend den Weg über das Telefon und trafen auf Unternehmen, die darauf nicht oder nur sehr schlecht vorbereitet waren. Eine Sachbearbeiter-Organisation, die nach inter-nen Effizienzgesichtspunkten (Gliederung nach Themen, Postleitzahlen, …) organisiert war, konnte den Anforderungen an eine schnelle Bearbeitung nicht gerecht werden. Die mangelnde Erreichbarkeit war das Hauptärgernis. Die Antwort darauf war das Contact Center. Eine zentrale Anlaufstelle – eine grosse Telefonzentrale sozusagen –, die für eine hohe Erreichbarkeit sorgte und einfache Anfragen beantworten konnte. Aus dieser Zeit stammt die nachfolgende Definition:

> «Call Center sind Organisationseinheiten, deren Aufgabe darin besteht, einen service-orientierten und effizienten telefonischen Dialog mit Kunden und Interessenten durch den Einsatz modernster Informations- und Telekommunikationstechnologien unter Wahrung von qualitativen und quantitativen Unternehmens- und Marketingzielen zu ermöglichen.» (Henn et al., 1998)

Wie man aus der Definition erkennt, sind die Call Center auf das Medium Telefon fokus-siert und sollen effizient agieren. Im Lauf der Entwicklung war die ursprüngliche Aus-richtung nicht länger ausreichend. Der eng gefasste Begriff Call Center ist für viele Men-schen verbunden mit der Vorstellung von Fliessbandarbeit einfacher, wiederkehrender Aufgaben am Telefon.

Im Lauf der Zeit kamen zum Telefon weitere Medien wie z. B. Fax und E-Mail hinzu, und die Bezeichnung Call Center wich dem heutigen Begriff Contact Center, den wir auch in diesem Beitrag verwenden. Die Entwicklung der von Kunden genutzten Kommunikationskanäle wie auch die angebotenen Services der Contact Center haben sich seit den Ursprüngen rasant entwickelt (Abb. 9.1).

Der Begriff Contact Center soll die geänderte Rolle im Unternehmen besser be-schreiben. Der starke Fokus auf das Telefon und die Effizienz haben Auswirkungen auf die Technologielandschaft, die Prozesse, die Auswahl, das Training der Mitarbeitenden und die Steuerungsinstrumente, die bis heute in vielen Contact Centern prägend sind.

9.1.2   Contact Center entwickeln sich zum Kommunikationshub

Sowohl die Positionierung im eigenen Unternehmen als auch die Erwartung der Kunden an Contact Center verändern sich rasant. Zum einen wird diese Entwicklung getrieben von Automatisierung und Digitalisierung, zum anderen durch die Erwartungshaltung der Kunden (Abb. 9.2). Unternehmen begreifen, dass die erste Anlaufstelle – das Contact Center – oft nicht nur der erste direkte Berührungspunkt eines Kunden mit dem Unter-nehmen ist. Ein exzellentes Kundenerlebnis an den vielen Kontaktpunkten in einem Con-tact Center ist unverzichtbar, um die Kundenbindung zu steigern.

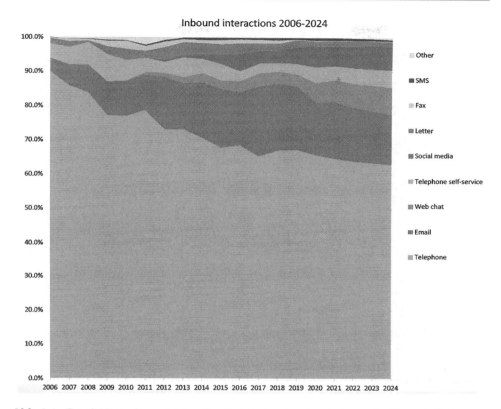

Abb. 9.1 Entwicklung der genutzten Kanäle bei eingehenden Anfragen im Contact Center von 2006 bis 2023 auf europäischer Basis inkl. der Prognose für 2024. (Quelle: CONTACTBABEL, The European Contact Centre Decision-Makers' Guide, S. 58)

Traditionelle Contact Center entwickeln sich demzufolge zu einem zentralen Kommunikationshub. Was versteht man unter einem Kommunikationshub?

▶ Ein **Kommunikationshub** ist die zentrale Organisationseinheit eines Unternehmens, in der die eingehende Kommunikation über alle Touchpoints, Geräte und Technologien hinweg für den Grossteil der Kundenanliegen – Marketing, Vertrieb, Customer Service – klassifiziert, fallabschliessend bearbeitet oder an eine definierte Stelle im Unternehmen geroutet wird. Mit dieser Struktur lassen sich die übergeordneten Ziele aus der Customer Experience- oder der Customer-Service-Strategie erfüllen.

Dabei stehen die Effizienzziele und die Einordnung als Cost Center immer noch bei vielen Unternehmen im Vordergrund (Trend-Studie Contact Center Menschen, Maschinen & Prozesse, 2022/2023). Die Potenziale, die sich aus einer guten Customer Experience ergeben, beginnen sich erst allmählich zu entwickeln. Nach dem Schock durch die

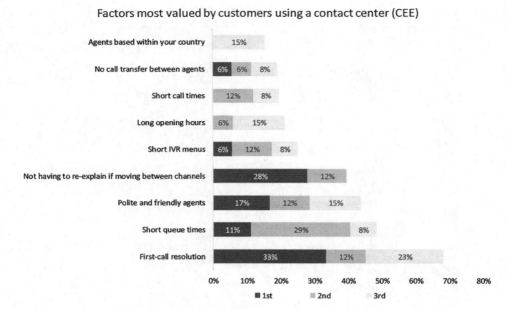

Factors most valued by customers using a contact center (CEE)

Abb. 9.2 Was Kunden beim Kontakt mit einem Contact Center am meisten schätzen. Daten für Central und Eastern Europe (CEE). (Quelle: CONTACTBABEL: The European Contact Centre Decision-Makers' Guide, S. 80)

Pandemie findet eine Neubewertung der Organisationsstruktur der Contact Center statt. Arbeiten von zu Hause oder in virtuellen Strukturen sind aktuelle Herausforderungen der Verantwortlichen. Der Fachkräftemangel und die Verlagerung der Kommunikation auf neue und zusätzliche Touchpoints erzwingen neben der organisatorischen Anpassung auch die Implementierung einer veränderten Technologielandschaft. Dies gilt insbesondere bezüglich hoher Anforderungen der Kundschaft im Rahmen einer gesteigerten Erwartung an Customer Experience.

«Customer Experience ist im Management angekommen» lautet die Überschrift aus der Zusammenfassung der Studie «CEX Trendradars 2022». Und weiter: «In der Pandemie haben viele Unternehmen bittere Lektionen gelernt: Schlechte Kundenerlebnisse, fragmentierte und inkonsistente Customer Journeys führen zu Kundenabwanderung» (CEX Trendradar – Jahresreport, 2022). Der Customer Service hat also gerade in Krisenzeiten eine herausragende Bedeutung für die Position der Unternehmen am Markt. Kunden suchen nach Orientierung und Halt. Sicherheit und Vertrauen in der Kundenbeziehung sind der Klebstoff für Loyalität.

Der zweite Aspekt, den Contact Center im Dialog mit Kunden beherrschen müssen, heisst Personalisierung. Kunden erwarten eine personalisierte Ansprache, ein Eingehen auf ihre individuelle Situation, den Kontext, aus dem sie agieren. Etwa 90 % der Kunden finden personalisiertes Marketing sehr oder eher ansprechend, so die Ergebnisse der

Studie «NTT 2021 Global Customer Experience Benchmarking Report» (NTT, 2021). Kunden kaufen eher bei Unternehmen, die ihnen relevante Angebote und Empfehlungen machen.

Eigen- und Fremdwahrnehmung können beim Thema Personalisierung jedoch voneinander abweichen. Unternehmen und Kunden können sehr unterschiedliche Vorstellungen davon haben, was Personalisierung bedeutet. «Kunden sagen nämlich, dass es bei Personalisierung nicht darum geht, wie gut das Unternehmen sie kennt, sondern darum, wie gut es ihnen zuhört und wie effizient und effektiv es auf ihre Bedürfnisse eingeht», so die Studie. Zuhören und Empathie bei den Dialogen, die im Contact Center abgewickelt werden, bieten demzufolge ein grosses Potenzial für profitable und dauerhafte Kundenbeziehungen.

Exzellent konzipiert und umgesetzt – durch eine Kombination aus Technologie, Prozessen und Menschen –, ist dies der Stellhebel, in dem Unternehmen die Loyalität ihrer Kunden durch eine personalisierte Customer Journey anheben und gleichzeitig eine hohe Produktivität und mehr Potenziale im Up- und Cross-Selling erzielen können. Zudem erlauben personalisierte Betreuungskonzepte bessere Kundeneinblicke. Die Priorisierung von Customer Experience in strategischen Überlegungen der befragten Customer Care Leader zeigt sich in den Ergebnissen einer Studie von McKinsey (vgl. Abb. 9.3). Die

Improving customer experience is the fastest-growing priority area for surveyed customer care leaders.

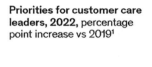

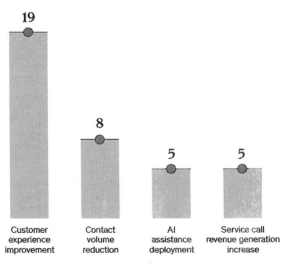

¹For 2022 (Q4 2021), n = 167; for 2019, n = 102.
  Source: McKinsey 2019 State of Customer Care Survey; McKinsey 2022 State of Customer Care Survey, Q4 2021

Abb. 9.3 Prioritäten für die Customer-Service-Führungskräfte, 2022. (Quelle: McKinsey: The state of customer care in 2022, Survey 2022, S. 3)

Steigerung der Customer Experience weist den höchsten prozentualen Zuwachs bei den Prioritäten auf.

9.2 Contact-Center-Bausteine für einen professionellen Kommunikationshub

9.2.1 Prozessorganisation

Wesentliches Merkmal eines Contact Centers ist, dass die Organisation der Verteilung des Kontaktvolumens und damit dem Pareto-Prinzip folgt. 80 % aller Anliegen der Kundschaft beziehen sich auf 20 % der möglichen Lösungen. Hier spricht man von einfachen Anfragen. Diese können gelöst werden, indem man Mitarbeitende für genau diese 20 % der Lösungen, 80 % des Volumens trainiert und sie in die Lage versetzt, bei Anfragen ausserhalb dieses Lösungsraums den Kontakt an einen Spezialisten im so-genannten Second Level weiterzuleiten. Andersherum beziehen sich 20 % des Volumens auf 80 % der möglichen Lösungen. Diese komplexen Anfragen können nur von spezia-lisierten Mitarbeitenden im Second Level gelöst werden. Die entscheidende Fähigkeit eines Contact Centers ist es also, den Contact im ersten Level aufzunehmen und schnell zu entscheiden, was selbst gelöst werden kann und was zu den Spezialisten weitergeleitet werden muss. Ein Contact Routing ist also essenzieller Bestandteil des Contact Centers und kann kaum vermieden werden.

9.2.2 Organisation – Die Rahmenbedingungen ändern sich

Die Kommunikation mit Kunden ändert sich. Kunden werden zunehmend vertraut mit Selfservice-Angeboten, Chatbots und digitaler Kommunikation. Die verbleibenden Live-Anrufe bei Contact Centern sind daher oft komplizierter zu lösen und dauern länger, so dass die Anforderungen an erfahrene, kompetente Mitarbeitende mit entsprechender Ausbildung steigen. Wenn es nicht gelingt, diese Mitarbeitenden an das Unternehmen zu binden, kann dies erhebliche Auswirkungen haben: Die Mitarbeitendenfluktuation, schlechte Dialogführung und mangelndes Einfühlungsvermögen können die Kunden-zufriedenheit beeinträchtigen und gleichzeitig die interne Kostenstruktur durch immer wiederkehrende Personalakquise- und Ausbildungskosten in die Höhe treiben.

Mitarbeitendenzufriedenheit und Mitarbeitendenbindung sind eng miteinander ver-knüpft. Da Mitarbeitende mit längerer Betriebszugehörigkeit mehr Fachwissen und eine Beherrschung der notwendigen IT-Systeme in die Kundenkontakte einbringen können, wirkt sich eine bessere Mitarbeitendenbindung auch direkt auf die Qualität der Kunden-dialoge im Contact Center aus. Gestiegene Anforderungen an die Mitarbeitenden kor-respondieren in der Praxis noch nicht immer mit einer Anpassung der Entlohnungsstrukturen. Ein «Beziehungsmanager», der mit seinen Dialogen einen direkten Einfluss auf die Steigerung von Kundenzufriedenheit und Umsätzen sowie die Verhinderung von Stornos hat, verdient eine angemessene Vergütung.

Das Hauptaugenmerk in den Contact Centern wird in den nächsten Jahren auf dem Aufbau und dem Management leistungsfähiger virtueller Organisationsmodelle liegen. Mit der Corona-Pandemie hat «work from home» die klassischen, zentral an einem Standort geführten Organisationsmodelle abgelöst. Und diese neuen Modelle werden in unterschiedlichen Ausprägungen bleiben. Führung, Training und Coaching von Mitarbeitenden «aus der Ferne» funktioniert anders und bedarf neuer Konzepte. Hier ist noch Entwicklungsarbeit zu leisten, da es noch wenige praxiserprobte Methoden und Konzepte gibt.

9.2.3   Steuerung Reporting: Von der operativen Tagessteuerung zum strategischen Führungsinstrument

9.2.3.1 Mitarbeitendenzufriedenheit als Frühindikator

Contact Center rein auf der Basis von ACD-Reports zu steuern, reicht heute nicht mehr aus. ACD steht dabei für die grundlegende Automatic Contact Distribution: die Anrufverteilung auf die Mitarbeitenden. Die anspruchsvollen Aufgaben, die Contact Center für Vertrieb, Marketing oder Service leisten, erfordern neue Controlling-Ansätze.

Contact Center operieren heute mit einer Vielzahl von Anwendungen. Neben der ACD sind das bspw.:

- Workforce-Management-Software für die operative Personaleinsatzplanung und das Überwachen von Serviceleveln oder Erreichbarkeit
- CRM- oder Beschwerdemanagement-Software für das Managen der Kontakte mit Kunden und Interessenten.
- Dialer und Kampagnenmanagement-Software für die effiziente Durchführung und die Steuerung von Marketingaktionen

Die Liste der Anwendungen lässt sich bereits heute beliebig erweitern.

Der Trend zur Integration der Touchpoints und Kanäle und zum einheitlichen Auftritt gegenüber den Kunden lässt die Anzahl der Systeme im Contact Center weiter kräftig anwachsen. Nicht nur die Komplexität der Systemlandschaft macht den Controllern zu schaffen. Auch die schiere Datenflut, die bspw. aus einem gut gepflegten CRM erwächst, stellt enorme Anforderungen. Schliesslich sind Contact Center Echtzeit-Organisationseinheiten, deren Daten ohne grossen Zeitverzug den Verantwortlichen am Telefon für Entscheidungen zur Verfügung stehen müssen. Die Vernetzung verschiedener Standorte und die Abbildung virtueller Strukturen stellen weitere Anforderungen an ein zeitgemässes Contact-Center-Controlling.

Die rein operative Steuerung eines Contact Centers ist nach wie vor für die Erzielung einer hohen Effizienz wichtig. Daneben gibt es jedoch noch einige interne Messgrössen, die für die erfolgreiche Steuerung eines Contact Centers entscheidend sind. In vielen Contact Centern führen diese Kennziffern ein Schattendasein – zu Unrecht, denn diese internen Messgrössen haben oft einen grösseren Einfluss auf den Erfolg als die operativen Parameter, die jeden Tag im Fokus stehen. Hierunter fallen insbesondere mitarbeitendenbezogene Kennziffern:

1. Mitarbeitendenzufriedenheit
2. Fluktuationsquote
3. Krankheitsquote
4. Wissensstand (erfolgreich absolvierte Trainings, Coachings oder Rezeption von Produkt- und Serviceneuigkeiten)

Der direkte Einfluss der o. g. Parameter auf den Erfolg eines Contact Centers ist nicht immer direkt und unmittelbar messbar; dennoch muss das Controlling diese Faktoren besonders im Blick haben. Eine dauerhaft hohe Krankenquote kann ein Frühindikator für eine massive Unzufriedenheit der Mitarbeitenden sein, die irgendwann in eine Kündigungswelle umschlägt. Mitarbeitenden-Nachrekrutierungen und -Nachschulungen führen ihrerseits jedoch zu erheblichen Kosten, die dann direkt ergebniswirksam werden.

9.2.3.2 Von der Effizienzmessung zur Customer-Service-Steuerung

Zunehmend werden die o. g. Effizienz- oder mitarbeitendenbezogenen Kennziffern um KPIs aus übergeordneten Customer-Service- und Customer-Experience-Strategien ergänzt. So gehören heute die Messung der Kundenzufriedenheit, des NPS oder der Fallabschlussquote zu den Standardkennziffern der Contact Center (Abb. 9.4).

Ferner werden perspektivisch auch betriebswirtschaftliche Aspekte – Deckungsbeitrag pro Kunde, pro Anruf oder pro Kampagne – in den Auswertungen oder im Reporting berücksichtigt. Der Kundenlebenswert – Customer Lifetime Value –, als strategisches Ziel im Rahmen einer CRM-, Customer-Experience-Strategie formuliert, fliesst dann ebenfalls in die Contact-Center-Kennziffern ein. Die Ausrichtung am wirtschaftlichen Erfolg, dem Ergebnisbeitrag des Contact Centers zum unternehmerischen Erfolg, rückt in den Mittelpunkt. Unternehmen fordern mehr Transparenz und Information zur Leistungsfähigkeit des Contact Centers – eine natürliche Reaktion auf die gestiegene Verantwortung der Call Center im Unternehmen. Neben den operativen Steuerungsgrössen, der Messung der übergeordneten KPIs wie z. B. NPS, CSAT oder Customer Effort Score, sind auch Analysekennziffern aus den Kundeninteraktionen in Zukunft wichtiger.

9.2.3.3 Customer Analytics als Voraussetzung für personalisierte Kundenerlebnisse

Customer-Analytics- sowie Customer-Journey-Analytics-Kennziffern werden gezielt eingesetzt, um Verhaltensmuster zu verstehen und das Contact Center darauf

Abb. 9.4 Typisches Contact Center Dashboard mit ausgewählten Kennziffern; hier mit der Messung der Kundenzufriedenheit und eines Rankings der Fallabschlussquote der Mitarbeitenden. (Quelle: https://share.geckoboard.com/dashboards/CPSUS7TTFAGMV6JS)

auszurichten, was für jeden Kunden wichtig ist. Personalisierte, unverwechselbare Kundenerlebnisse basieren auf datengestützten Empfehlungen und zielen darauf ab, den besten Touchpoint und den besten Zeitpunkt für die Interaktion sowie den relevanten Content für jeden einzelnen Kunden zu bestimmen. Der Mitarbeitende kann sich dann zu 100 % auf den Dialog mit dem Kunden konzentrieren und sich auf die digitale Assistenz in den Systemen verlassen. Diese Analytikfunktionen und das zeitnahe Umsetzen in Ansprache- und Betreuungskonzepte sind ein entscheidendes Element für die Personalisierung. Contact Center können datengestützt den optimalen Zeitpunkt für die Zusendung eines Angebots auf der Grundlage der Analyse der Kundenaktivitäten ermitteln und auch feststellen, wann und ob ein persönliches Gespräch angezeigt ist, um z. B. eine Kundenabwanderung zu verhindern. Auch die Pflege und die Festigung der Beziehungen durch einen «Kuschelanruf» ohne einen konkreten Gesprächsanlass auf der Basis der Analytik hilft, die übergeordneten Ziele der Kundenbindung zu erreichen oder persönliche Beziehungen zu vertiefen. Kundenfeedback aus den Gesprächen, Verhaltensweisen und Trenddaten fliessen vom Contact Center in entsprechend eingerichtete Dashboards und Contact-Center-Cockpit-Systeme und sind dann für das Produktmanagement, das Marketing und den Vertrieb eine wichtige Datenquelle. Die grosse Herausforderung im Contact Center besteht darin, Daten aus unterschiedlichen Quellen und Systemen in ein zentrales Cockpit zu integrieren und die Daten miteinander vergleich- und nutzbar zu machen. Customer-Data-Plattformen und spezialisierte Contact-Center-Cockpit-Anbieter bieten entsprechende Konzepte und Lösungen.

9.2.4 Qualität/Employee Experience

9.2.4.1 Qualität wird erfolgskritischer Faktor für Call Center

Traditionell waren Mitarbeitende im Contact Center tendenziell im Niedriglohnsektor angesiedelt und aufgrund der einfachen Auskunftstätigkeiten wenig geschult und trainiert. Doch mit dem wachsenden Anrufaufkommen und dem zunehmenden Volumen von Anrufen, Chats und E-Mails, die immer komplexer und anspruchsvoller werden, müssen die Auswahlprozesse, Anforderungsprofile und Trainingskonzepte strategisch neu aufgesetzt werden. Es gilt hier Wege zu finden, um Mitarbeitende zu gewinnen, zu motivieren Vertrauen aufzubauen und ihnen einen Arbeitsplatz anzubieten, der ihnen Spass bereitet und sie langfristig bindet. Jeder Dialog mit einem Kunden ist daher wie ein Produkt zu betrachten, an das Qualitätsmassstäbe anzulegen sind.

Neben der ständigen Optimierung der Effizienz und der Kostenseite schauen die Verantwortlichen im Contact Center aus dem Blickwinkel der übergeordneten Customer-Experience- oder Customer-Service-Ziele daher vermehrt auf die qualitativen Aspekte. Nachfolgend ein paar ausgewählte Kennziffern, die in Zukunft zur Beurteilung der Qualität eines Dialogs im Contact Center herangezogen werden:

1. Komplett und fehlerfrei erfasste Datensätze im CRM- oder Customer-Service-System (Bestellungen, Beschwerden etc.).
2. Adress- und Datenqualität.
3. Anzahl der Geschäftsvorfälle, die einen Prozess gemäss den Sollvorgaben durchlaufen haben. Sollvorgaben können Durchlaufzeit, Abfolge der Aktivitäten, maximale Anzahl von Eskalationen oder Weiterleitungen, Vollständigkeit der erfassten Daten etc. umfassen.
4. Gesprächsqualität. Die Qualitätsvorgaben eines Gesprächs können durch Mithören, Mitschneiden oder KI-basierte Quality-Monitoring-Systeme überprüft werden. Die Qualitätskriterien umfassen in der Regel dabei folgende Kriterien:
   a) Freundlichkeit
   b) Fachkompetenz
   c) Namentliche Ansprache
   d) Nutzung einer Melde- oder Grussformel
   e) Verbindlicher Gesprächsabschluss
   f) Eingehen auf Kundenbedürfnisse
   g) Sprachliche Ausdrucksweise

9.2.4.2 KI-basierte Analyseverfahren eröffnen neue Potenziale für das Qualitätsmanagement

Die vollautomatische KI-basierte Analyse von Sprache und Text ist erst seit wenigen Jahren ausgereift und eröffnet weitere Möglichkeiten für das Qualitätsmanagement. Sie macht Gesprächsinhalte schnell auffindbar, visualisiert Trends, zeigt Häufungen von Gesprächsmerkmalen oder Auffälligkeiten in Dialogen. Diese Systeme heben das Qualitätsmanagement durch die 100-prozentige Analysemöglichkeit aller Dialoge und die Echtzeitauswertung auf ein neues Niveau. Das Zurückspiegeln von Kundenwahrnehmungen, Enttäuschungen und Irritationen, aber auch von positiven Erlebnissen direkt an die Mitarbeitenden ist nicht nur wertvolles Feedback, sondern bietet auch konkrete Ansatzpunkte, um Prozesse, Kommunikationsverhalten etc. gezielt zu optimieren. Verbrachte vor wenigen Jahren eine Führungskraft im Contact Center einen Grossteil ihrer Qualitätsmanagementzeit damit, aufgezeichnete Calls für ein Coaching-Gespräch zu identifizieren und abzuhören, kann diese Zeit heute gezielt in das Coachinggespräch mit dem Mitarbeitenden investiert werden. Auch kann übergreifend festgestellt werden, welche Fehler in der Gesprächsführung wie häufig gemacht werden. Zudem werden Marktpotenziale durch die Trend- und Themenerkennung aufgezeigt (Abb. 9.5).

9.2.5   Contact-Center-Technologie

9.2.5.1   Omnichannel Contact Center brauchen Dirigenten

Kein Orchester kommt ohne Dirigenten aus. Ohne ihn kann schnell eine Kakophonie entstehen, und Zuhörer und Publikum suchen das Weite. Moderne Contact Center sind in vielerlei Hinsicht mit einem Symphonieorchester vergleichbar. Die verschiedenen Instru-

Abb. 9.5 Dashboard einer Speech- und Text-Analytics-Software mit ausgewählten Untersuchungsparametern. (Quelle: https://successkpi.com/blog/3-ways-speech-and-text-analytics-can-transform-your-contact-center/)

mente zur Bearbeitung von Anrufen, E-Mails und Chat-Anfragen müssen ebenfalls dirigiert werden, damit Kunden keine Irritationen erleiden.

Bis vor ein paar Jahren war das Dirigieren eines Contact Centers zwar kein Kinderspiel, aber auch nicht sonderlich herausfordernd. Es gab im Wesentlichen zwei Solisten – das Telefon und das E-Mail –, und die Kunden waren auch nicht anspruchsvoll. Wartezeiten wurden toleriert, Hin- und Herverbinden war an der Tagesordnung, und zwei, drei oder auch mehr Anläufe, um ein Problem zu lösen, waren keine Seltenheit. Das Publikum (sprich: die Kundschaft) ist jedoch durch die Erfahrung bei exzellenten Unternehmen anspruchsvoller geworden. Heute werden weder Wartezeiten noch inkompetente, nicht fallabschliessende Antworten toleriert. Die Messlatte an guten Service wird jeden Tag ein wenig höher gelegt. Und die Zunahme der Touchpoints und das geänderte Kommunikationsverhalten tun ein Übriges, um den Ruf nach einem Dirigenten lauter werden zu lassen.

Smartphones entwickeln sich zur zentralen Kommunikationsschnittstelle des Kunden. Telefonieren, Chatten, WhatsApp benutzen, ein E-Mail absenden oder Produkte im Internet vergleichen, sind heute ganz selbstverständlich. Das Wechseln der Kanäle ist sehr einfach möglich, und Kunden verhalten sich in ihrer Mediennutzung opportunistisch. Genutzt wird der Berührungspunkt, der gerade am zweckmässigsten erscheint. Der Druck, zeitnah auf diese Form der Kommunikation zu reagieren, erzeugt dann eine nie dagewesene Komplexität in der IT-Infrastruktur und der Organisation der Unternehmen.

Es ist also wichtig heute, in der Führung von Contact Center Managementpersonen einzusetzen, die sich sowohl mit der Gestaltung der Prozesse als auch mit dem Potenzial moderner Technologie auskennen.

9.2.5.2 Technologie: Kundenreisen geben den Takt vor

Dabei hält ein neues Paradigma Einzug in die Customer-Service-Organisationen: das Ausrichten der Organisation nach den Kundenreisen und den damit verbundenen Anforderungen. Die klassische, aus der Innensicht getriebene Organisation, die z. B. eine Trennung der Bearbeitung von Anrufen oder E-Mails vorsieht, lässt sich nicht dirigieren und effizient steuern. Kunden denken und handeln nicht in Kanälen und nicht in diesen Kategorien einer Organisation. Sie wollen entlang der Touchpoints eine konsistente, einfache, schnelle Lösung ihrer Probleme. Die Customer Journey gibt den Takt der Organisation vor.

Kunden, die den Kanal wechseln, erwarten eine nahtlose Fortführung des Dialogs. Wer sich auf einer Website 30 min ein Produkt anschaut, dann eine Chat-Anfrage stellt und am nächsten Tag noch eine Frage per E-Mail absendet, möchte nicht bei jedem neuen Kontakt wieder seine gesamte Historie neu erzählen. Er möchte als Kunde erkannt, individuell behandelt und angesprochen werden. Einmal preisgegebene Daten sollen zum Wohl und Nutzen des Kunden wie selbstverständlich in den Dialog eingebunden werden. Was für Kunden plausibel und unproblematisch klingt, stellt Unternehmen jedoch vor eine Herkulesaufgabe.

Die Vielzahl der unterschiedlichen Systeme für die Bearbeitung der Touchpoints (Telefonie, Chat, Instant Messenger, In-App-Kommunikation, Videochats, E-Mails, SMS, …) unter einen Hut zu bekommen, ist schon für sich genommen eine grosse Herausforderung. Das Dirigieren und das Synchronisieren der Kundenreisen stellen aber noch einmal eine zusätzliche Anforderung dar, die Wissen um neue Technologien und neues Denken erfordert.

Contact Center benötigen ein System, dass nahezu in Echtzeit

- den Kunden identifiziert,
- das Anliegen des Kunden erkennt,
- die bisherige Kundenreise darstellt,
- die Anfrage an den bestgeeigneten und freien Mitarbeitenden routet und
- alle zur Bearbeitung notwendigen Daten, Wissensbausteine und Empfehlungen in einer einheitlichen Ansicht für die Mitarbeitenden bereitstellt.

Ganz wesentlich zum Erfolg eines guten Gesprächs im Contact Center tragen dabei die intern genutzten Systeme der Mitarbeitenden bei. Ein wichtiger Erfolgsfaktor eines aussergewöhnlichen Serviceerlebnisses liegt darin, den Mitarbeitenden im Contact Center einen möglichst einfachen und schnellen Zugang zu allen notwendigen Informationen und Tools zu ermöglichen. Die dazu notwendige Technologie wird allgemein als Unified Desktop oder Integrated Desktop bezeichnet. Dies sind Oberflächen für die Mitarbeitenden, bei denen alle relevanten Daten und Informationen für den spezifischen Dialog mit einem Kunden auf einer einzigen Oberfläche dargestellt werden (Abb. 9.6).

Die Systeme greifen dazu in Echtzeit auf ERP-, CRM-, Customer-Service-Anwendungen, Customer Journey Analytics, das Wissensmanagement und weitere Softwareanwendungen zu und stellen diese für Mitarbeitende übersichtlich dar. So können sich Mitarbeitende auf den Dialog konzentrieren und müssen nicht zwischen mehreren Anwendungen hin und her springen oder Daten per Kopieren und Einfügen von einem in die anderen Systeme übertragen. Im Klartext bedeutet dies, dass alle Systeme, die einen Berührungspunkt abdecken (bspw. das Chat-System oder der Instant Messenger, …), mit mehreren zentralen Systemen wie z. B. dem CRM-System in Echtzeit verbunden sein müssen. Dabei geht es darum, die kundenindividuellen Daten bereitzustellen oder die Kontakthistorie zur Nutzung und Pflege der individuellen Daten abzubilden. Technisch reifere Contact Center nutzen universelle, kanalübergreifende Routing-Systeme, Visualisierungssoftware für Kundenreisen (Customer Journey Analytics) oder ein ausgefeiltes Vorhersagesystem (Predictive Analytics) für den empfohlenen nächsten Schritt mit dem Kunden. Wie eine solche Architektur vereinfacht ausschaut, zeigt Abb. 9.7.

Da es zurzeit keinen Anbieter gibt, der alle Anforderungen in einem System bündelt und die Unternehmen zudem oft eine historisch gewachsene Infrastruktur aufweisen, in der neue Komponenten integriert werden müssen, ist dies kein leichtes Unterfangen. Und

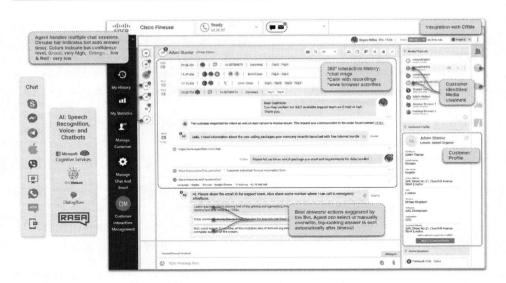

Abb. 9.6 Beispielhafte Unified-Desktop-Benutzeroberfläche für Contact-Center-Mitarbeitende. (Quelle: https://www.expertflow.com/)

es erfordert ein neues Denken bei den Verantwortlichen. Die bisherige Abgrenzung und ein Abteilungsdenken funktionieren nicht mehr. Wer Kundenreisen erfolgreich dirigieren will, benötigt nicht nur die richtigen Instrumente, sondern auch häufig auch Systemsolisten, die sich in das Symphonieorchester einfügen und ihren Part nach Anweisung des Dirigenten spielen.

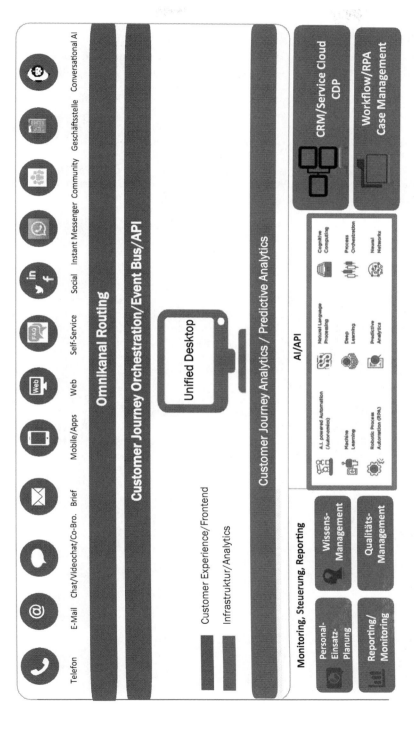

Abb. 9.7 Vereinfachte Darstellung der wesentlichen Anwendungs- und Unterstützungssysteme für ein zeitgemässes Contact Center. (Quelle: Marketing Resultant, eigene Darstellung)

Literatur

CEX Trendradar – Jahresreport. (2022). Hafner, N. and Henn, H., Zusammenfassung. https://marketing-resultant.de/cex-trendradar-jahresreport/ Zugriffsdatum 2023. Zugegriffen: 29. Aug. 2023.

CONTACTBABEL, The European Contact Centre Decision-Makers' Guide. https://www.contactbabel.com/downloads/the-european-contact-centre-decision-makers-guide/. Zugegriffen: 23. Aug. 2023.

Henn, H., Kruse J.-P., & Strawe, O. (1998). *Handbuch Call Center Management* (2. Aufl.). telepublic.

McKinsey. (2022). Berg, J., Buesing, E, Hurst, P, Lai, V. and Mukhopadhyay, S. The state of customer care in 2022, Survey. https://www.mckinsey.com/capabilities/operations/our-insights/the-state-of-customer-care-in-2022. Zugegriffen: 29. Aug. 2023.

NTT. (2021). 2021 global customer experience benchmarking report. NTT Limited. https://services.global.ntt/es-es/insights/crossing-the-cx-divide. Zugegriffen: 4. Aug. 2023.

Trend-Studie Contact Center Menschen, Maschinen & Prozesse, Version 22/23, Seite 8 ff. https://www.vier.ai/contact-center-trends/. Zugegriffen: 29. Aug. 2023.

Harald Henn geschäftsführender Gesellschafter der Marketing Resultant GmbH, Mainz, konzipiert und optimiert Customer Experience, Digital-Customer-Service-Projekte und optimiert Call Center auf der Basis von mehr als 20-jähriger Projekterfahrung. Zusammen mit Prof. Nils Hafner, Hochschule Luzern, hat er den CEX-Management-Trendradar entwickelt und publiziert diesen seit 2020.

Er ist Herausgeber mehrerer E-Books zum Thema Chatbots und KI im Customer Service, Digital Customer Service, Contact Center und Organisator und Mitveranstalter der virtuellen Events CX Dialog, Contact Center Summit und Customer Service Summit.

Kennzahlen und Controlling im Kundendialog

10

Rémon Elsten

Inhaltsverzeichnis

Schlüsselwörter

Customer Experience Management · Kundendialogmanagement · KPIs ·
Controlling · Benchmarking · Service Excellence Cockpit · NPS · Selfservice-Quote

---

10.1 Einleitung

Betrachten wir zunächst die Ausgangslage: Die Mehrheit der Serviceorganisationen misst die klassischen Kennzahlen wie Mitarbeiter- und Kundenzufriedenheit (in der Regel durch HR oder Marketingabteilungen) sowie auf der operativen Ebene des

R. Elsten (✉)
Forward Partners AG, Zürich, Schweiz
E-Mail: remon.elsten@forwardwith.ch

© Der/die Autor(en), exklusiv lizenziert an Springer Fachmedien Wiesbaden GmbH,
ein Teil von Springer Nature 2024
N. Hafner und S. Hundertmark (Hrsg.), *Kundendialog-Management*,
https://doi.org/10.1007/978-3-658-42851-8_10

Kundenservice die Erstlösungsquote und den Servicelevel. Das mag für die einzelnen Silos eine gute Orientierungshilfe zur Steuerung ihrer internen und externen Services sein, hilft aber nicht, ein gemeinsames Bild für die Steuerung des Unternehmens zu erhalten, da der Zusammenhang bspw. zwischen Erstlösungsquote (FCR) und Kundenzufriedenheit sowie Mitarbeiterzufriedenheit und Kundenzufriedenheit und der Effekt auf Profitabilität und Wachstum (den die übergeordnete Instanz der Geschäftsleitung interessiert) nicht transparent gemacht werden kann.

Auch ist die Führung mit strategischen Kennzahlen wie der Anzahl wertschöpfender Kundenkontakte, der Selfservice-Quote oder der Servicekosten pro Kunde noch nicht sehr weitverbreitet. Dabei geben gerade diese Kennzahlen, im Zeitverlauf gemessen, sehr guten Aufschluss über die mittel- und langfristige strategische Entwicklung des Kundenmanagements im Hinblick auf eine differenzierende CX und eine kosteneffiziente Service Excellence.

In der Folge möchten wir uns gesamthaft auf 9 Kennzahlen konzentrieren, zu denen uns im Service Excellence Cockpit (vgl. Service Excellence Cockpit, 2022) konkrete Vergleichswerte der vergangenen fünf Jahre vorliegen, und Ihnen am Ende des Exkurses konkrete Vorschläge für eine konkrete Zusammenstellung in einem unternehmensweiten CX-Cockpit machen. Diese sind in Abb. 10.1 dargestellt.

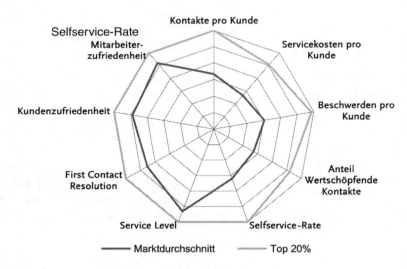

Abb. 10.1 Messung der strategischen KPIs im Kundenmanagement

10.2 Vier Kennzahlen, die heute schon gemessen werden, und ihr Wert für ein ganzheitliches Cockpit

10.2.1 Servicelevel

Der Servicelevel ist die Kennzahl, deren Wert für die Steuerung am meisten überschätzt wird. Er berechnet sich in der Prozentzahl der angenommenen Anrufe (bspw. 80 %) in einer vorgegebenen Zeit (bspw. 20 s). Mit den Beispielwerten aus dem vorherigen Satz ergebe sich so ein Servicelevel von 80/20. Wichtig ist dabei, den Servicelevel richtig einzuordnen. Er ist ein Zielwert für die Errechnung und Planung der Anzahl Mitarbeiter (FTE) und der benötigten Anzahl Telefonlinien nach der Erlang-Formel der Schichtplanung (vgl. Gans et al., 2003). Es handelt sich also um einen willkürlich festgelegten Zielwert, um die Erreichbarkeit des Unternehmens zu planen. Je nach Servicevolumen wird dieser Zielwert erreicht oder nicht. Der Servicelevel ist keine Steuerungsgrösse und dazu sicher nicht strategisch, da er willkürlich (mit mehr Personal bzw. Geld) verändert werden kann.

Wir empfehlen in diesem Zusammenhang, die Anwendung von Serviceleveln zu überdenken und dafür relevantere Kennzahlen aus dem Service Excellence Cockpit zu definieren, wie bspw. die generelle Erreichbarkeit und eventuell die «Lost Calls/Chats» zu messen und damit zu verstehen, wie lange ein Kunde zu warten bereit ist. In diesem Zusammenhang kann man dem Kunden bspw. einen Rückruf zu einem Zeitpunkt seiner Wahl oder eine Nutzung eines Voice- oder Chatbots anbieten.

10.2.2 Erstlösungsquote (First Contact Resolution Rate, FCR)

Die First Contact Resolution Rate (FCR) oder Erstlösungsquote eines Anliegens hat einen direkten Einfluss auf die Kundenzufriedenheit und ist daher eine ausgesprochen wichtige Kennzahl. Die meisten Mitglieder des Senior-Managements haben dies mittlerweile auch verstanden und integrieren sie immer häufiger in den Zielen der Customer-Service-Organisation. Was dabei leider vergessen wird, ist die Tatsache, dass es nicht einen generellen Wert für die FCR gibt. Die Berechnung ist dabei abhängig von den Leistungen und der Anzahl und Art der abgewickelten Geschäftsfälle des Servicecenters. Es gibt also verschiedene FCR-Werte. Zeit zu klären, wie die FCR definiert und berechnet werden kann.

Die FCR gilt als objektive Prozesskennzahl, weil sie der Lösung eines Kundenanliegens entspricht. Regressionsanalysen belegen mittlerweile die Wirkungen einzelner Massnahmen zur Verbesserung der Servicequalität. Diese Wirkungsanalysen zeigen deutlich auf: Die FCR beeinflusst sowohl die Mitarbeitendenzufriedenheit als auch die Kundenzufriedenheit positiv. Dieser Zusammenhang lässt sich mathematisch aus den Daten des Service Excellence Cockpits berechnen.

Die FCR definieren wir im Service Excellence Cockpit im Regelfall zunächst aus Kundensicht. Der Kunde erwartet das Entgegennehmen und Lösen eines Anliegens beim ersten Kundenkontakt. Messbar wird es also, wenn der Kunde zum gleichen Anliegen nicht nochmals Kontakt aufnimmt. Internes Nachfragen oder Weiterleiten eines Anliegens wirken sich dieser Definition zufolge neutral auf die Berechnung der FCR aus. Die Beantwortung des Kundenanliegens kann demzufolge auch durch einen anderen Kanal erfolgen.

In der Praxis wird die FCR jedoch oft aus interner Sicht und nur bei telefonischen Kontakten gemessen. Häufig arbeiten Unternehmen mit folgender Definition:

Anzahl eingehende Anrufe
minus die Anzahl weitergeleitete Anrufe
geteilt durch die Anzahl eingehende Anrufe.

Diese Definition zeigt auf, wie oft die Mitarbeitenden einen Anruf weiterleiten, und geht davon aus, dass nicht weitergeleitete Anrufe gelöst wurden. Mit dieser Definition kann tatsächlich in gewissen Fällen die interne FCR gemessen werden, die Kundensicht aber nicht. Es gibt allerdings genügend Fälle, in denen die interne Sicht der FCR auch ein sinnvolles Kriterium ist. Bevor Sie sich mit FCR befassen, ist es deshalb wichtig zu definieren, was die Aufgaben und Ziele des Kundenservice sind. Besonders der Führungsfokus, die Interpretation, die Zielvorgabe sowie die Messung der Kennzahl sind manchmal sehr heterogen.

Schliesslich reduziert eine Erstlösung die operativen Kosten, denn sie verhindert einen erneuten Anruf durch den Kunden oder durch das Servicecenter. Eine stetige Erhöhung der Erstlösungsquote erfordert Massnahmen in folgenden drei Bereichen:

1. Zunächst spielt das Wissen des Servicecenter-Mitarbeitenden eine zentrale Rolle. Das Volumen und die Komplexität der Informationen zu Produkten und Dienstleistungen sind oftmals hoch und unterliegen einem stetigen Wandel. Ein intelligentes Wissensmanagement ermöglicht, schnell auf relevante Informationen zuzugreifen, was sich positiv auf die Erstlösung auswirkt.
2. Zweitens sollte die Problemlösungskompetenz der Mitarbeitenden laufend analysiert und verbessert werden.
3. Schliesslich müssen die Mitarbeitenden mit den notwendigen Kompetenzen ausgestattet werden, um das Kundenanliegen im ersten Anlauf lösen zu können.

Wenn Sie die Erstlösungsquote einführen möchten, empfehlen wir folgende Schritte:

1. Im ersten Stadium wendet ein Servicecenter die Erstlösungsquote nicht an und steuert hauptsächlich über andere Kennzahlen wie z. B. den Servicelevel. In diesem Stadium muss zunächst die Herstellung der Wissensgrundlage für die weitere Entwicklung mit Fokus auf die Erstlösungsquote erfolgen. Konkret bedeutet dies für das Management,

die Erstlösungsquote auf höchster Führungsebene des Servicecenters zu integrieren. Dies kann bspw. im Rahmen einer Balanced Scorecard im Verbund mit anderen relevanten Kennzahlen erfolgen. Gleichzeitig sind für diese Kennzahlen konkrete und messbare Ziele und deren Termine zu definieren.

2. Das zweite Stadium zielt darauf ab, die Anwendung der Erstlösungsquote zu verfeinern. Insbesondere erfolgt dies hinsichtlich der Messung und Interpretation der Kennzahl. Dabei ist z. B. genau zu definieren, wann eine Anfrage im Servicecenter als erstgelöst gilt. Gegebenenfalls müssen die Informatiksysteme zur genauen Messung angepasst werden. Ebenso ist zu bestimmen, ob nach unterschiedlichen Kundenanfragetypen differenziert werden soll. Zum Beispiel kann ein Anruf mit einer Frage zum E-Banking auch nach einer internen Weiterleitung in den Second-Level und nach der Lösung dort als erstgelöst gelten, wobei eine einfache Saldoabfrage nur ohne Weiterleitung als erstgelöst zählt. Des Weiteren ist die Einführung eines Messsystems zur externen Bestimmung der Erstlösungsquote anzustreben. Das Ziel dabei ist, die interne Messung durch das Telefonsystem mit Kundenbefragungen zu validieren. Dies erhöht die Qualität der Kennzahlmessung.

3. Befindet sich ein Servicecenter im dritten Stadium, agiert es bereits auf hohem Niveau und ist sehr kundenorientiert. Im Sinne eines kontinuierlichen Verbesserungsprozesses ist die Qualität des Servicecenters regelmässig zu überprüfen.

Tab. 10.1 zeigt typische Reifegrade bei der Etablierung der Erstlösungsquote (First Contact Resolution Rate, FCR).

Reifegradmodell FCR

10.2.3 Mitarbeiterzufriedenheit

Der Zusammenhang zwischen Mitarbeiterzufriedenheit und Kundenzufriedenheit ist seit den umfangreichen Untersuchungen zur Service Profit Chain vor etwa 25 Jahren gut dokumentiert (Heskett et al., 2008). Auch aus den Befragungen des Service Excellence Cockpits lässt sich dieser Zusammenhang quantifizieren. So können wir sogar den Zusammenhang zwischen Erstlösungsquote, Mitarbeiterzufriedenheit und Kundenzufriedenheit auf Basis der Datenpunkte aus 225 Unternehmen in den letzten fünf Jahren wie in Abb. 10.2 darstellen.

So führt eine um 7 % höhere Erstlösungsquote zu einer um 15 % höheren Mitarbeiterzufriedenheit, da Kunden nicht mehrfach wegen desselben Problems anrufen, weniger genervt sind und die Gespräche reibungsloser und schneller ablaufen. Diese Mitarbeiterzufriedenheit führt auch zu einer um 4,2 % höheren Kundenzufriedenheit, da die Mitarbeitenden neben der schnellen Problemlösung auch freundlich und willens sind, sich schnell in die Problemstellung des Kunden einzudenken. Kompetent und sympathisch halt.

Tab. 10.1 Reifegradmodell

Merkmal	Ausprägung im 1. Stadium	Ausprägung im 2. Stadium	Ausprägung im 3. Stadium
Führungsfokus			
Strategische Kennzahl	Servicelevel	Erstlösungsquote	Erstlösungsquote
Interpretation der Erstlösungsquote			
Perspektive der Interpretation		Interne Perspektive (Mandatserfüllung)	Externe Perspektive (Kundenzufriedenheit)
Differenzierung der Erstlösungsquote		• Keine Differenzierung • Differenzierung nach Eingangskanälen	• Keine Differenzierung • Differenzierung nach Eingangskanälen • Differenzierung nach Geschäftsfall
Zielvorgabe der Erstlösungsquote			
Betroffene Ebenen		• Leiter Servicecenter • Team	• Leiter Servicecenter • Team • Mitarbeitende
Messung der Erstlösungsquote			
Merkmale für Erstlösung		• Weiterleitung • Rückrufnotiz	• Weiterleitung • Rückrufnotiz • Interne Rückfrage • Nachbearbeitung • Erneuter Anruf
Perspektive der Messung		Interne Messung	• Interne Messung • Externe Messung
Methode der Messung		Telefonsystem	• Telefonsystem • Klassifizierung durch Mitarbeitenden • Kunde nach Telefongespräch befragen
Qualitätsmessung des Servicecenters			
Erhebung der Qualität	Gesprächsanalyse	• Gesprächsanalyse • Mystery Calls	• Gesprächsanalyse • Mystery Calls • Kundenzufriedenheitsumfrage

Problematisch an der Messung der Mitarbeiterzufriedenheit ist dabei, dass die von uns befragten Unternehmen die Messung meist nicht regelmässig und in sinnvollen Intervallen durchführen. Das ist jedoch unumgänglich, um Optimierungspotenziale zu finden und die Mitarbeitenden ständig zu fördern und zu motivieren. Gerade im Kundenservice kommt es hier zu Burnout- oder Bore-out-Syndromen, die zu einer erhöhten Fluktuation führen, mit der Wissensverlust, Reduktion der Erstlösungsquote und damit eine verringerte Kundenzufriedenheit einhergehen. Das wirksamste Mittel, um

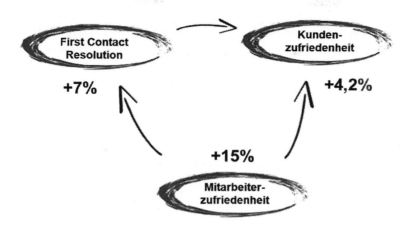

Abb. 10.2   Wirkungsanalyse FCR-MaZu-KuZu

die Mitarbeiterzufriedenheit zu steigern, ist, flexible Arbeitszeiten anzubieten. Das Salär
trägt nur minimal zur (nachhaltigen) Mitarbeiterzufriedenheit bei.

10.2.4 Kundenzufriedenheit

In der Praxis hat sich die Messung der Kundenzufriedenheit oder des Net Promotor
Score (NPS) (Reicheld & Markey, 2011) in den letzten Jahren zu einem weltweiten Standard entwickelt. Vorstände und Geschäftsleitungen haben den Wert solcher Kennzahlen
inzwischen verstanden und fordern deren Messung und Steuerung. Aber ist diese Kennzahl wirklich der Weisheit letzter Schluss und eignet sie sich dementsprechend für die
Messung der Kundenorientierung im Kundenservice?

Zunächst einmal muss festgehalten werden, dass der NPS einfach zu verstehen und
einfach zu erheben ist. Also vorstandstauglich, wie unsere Beratungskollegen sagen
würden. Und das macht ihn so erfolgreich: Organisationen wie bspw. die Allianz-Ver-
sicherung oder Sunrise steuern inzwischen ihr gesamtes Geschäftsmodell nach diesem
Score. Dahinter steht die Frage: «Würden Sie uns weiterempfehlen?» Der Kunde antwortet auf einer 11er-Skala von «0» bis «10». Die Gruppe derjenigen, die «9» oder
«10» geantwortet haben, nennt man (vollkommen willkürlich) die «Promotoren». Diese
empfehlen das Unternehmen häufig weiter und sind vor allem langfristig emotional ge-
bunden. Die Anzahl der Promotoren ist also eine Art «gemeinsame Währung» für die
Qualität der Kundenbeziehung. So weit, so gut.

Jedoch zeigen sich bei dieser Art der Messung vor allem langfristige Einschätzungen
der gesamten Kundenbeziehungen. Auch ist nicht gesagt, dass der befragte Kunde überhaupt in letzter Zeit Kontakt mit einem Touchpoint hatte.

Über den NPS hinaus existiert mit der Messung der Kundenzufriedenheit ein zweiter Erfolgsindikator, der (zumindest wissenschaftlich) weit besser erforscht ist (Lemon & Verhoef, 2016). Ebenso gibt es mit dem Customer Effort Score eine Kennzahl, die den gefühlten Aufwand des Kunden misst, den er benötigt, um sein Anliegen zu erledigen bzw. durch das Unternehmen erledigt zu bekommen. Und gerade das ist ja im Kundenservice wichtig, wie uns auch das Service Excellence Cockpit zeigt. Akademische Publikationen und die Diskussion mit Praktikern zeigen, dass es sinnvoll ist, für die optimale Beeinflussung der Kundenerfahrung mit einem Unternehmen eine Kombination dieser Kennzahlen zu wählen.

Für die Führung mittels solcher Kennzahlen ist Transparenz angebracht. Ebenso haben Gesellschaften inzwischen weltweit bonusrelevante Gehaltsteile an bestimmte Kundenorientierungs-, vor allem an NPS-Ziele angepasst. Das motiviert natürlich zu Spitzenleistungen.

Wichtig, gerade bei recht generalistischen Bewertungen der Kundenbeziehung, ist das «Warum». Wie ist die Bewertung zustande gekommen? Liegt es am Agenten? Gab es keine oder nur eine für den Kunden unbefriedigende Lösung? Oder was genau hat den Kunden begeistert? Daher sollten gerade die NPS-Gruppen der «Detraktoren» und der «Promotoren» zu den Ursachen der Bewertung befragt werden. Nur so kann die Organisation, aber auch der einzelne Mitarbeitende lernen, was genau Kunden im Kontakt mit dem Unternehmen begeistert oder frustriert. Gerade die Verknüpfung zwischen der Auswahl des Kennzahlen-Sets und der Lernschleifen im Unternehmen hat sich in der Praxis als zielführend erwiesen.

In diesem Zusammenhang ist auch wichtig, Befragungen nicht allzu häufig durchzuführen. Zu viele Befragungen von zu vielen Unternehmen nerven Kunden zusehends. In den letzten Jahren haben wir über das Service Excellence Cockpit herausgefunden, welche neuen technischen Möglichkeiten (bspw. die Sprachanalyse) herausfinden können, wie ein Kunde eine Interaktion mit dem Unternehmen tatsächlich bewertet. Gerade bei der operativen Messung können solche technischen Möglichkeiten der impliziten Zufriedenheitsmessung wie eine Gefühlsanalyse helfen, die gefühlte «Befragungslast» des Kunden zu senken.

10.3 Fünf Kennzahlen, mit denen ein Kundenmanagement-Cockpit noch wesentlich verbessert werden kann

10.3.1 Kontakte pro Kunde

Die Kennzahl «Kontakt pro Kunde» erweist sich als wichtige strategische Information. Gerade für die Ausstattung des Kundenservice in Wachstumssituationen ist die Kommunikation dieser Information in den Vorstand, die Geschäftsleitung wichtig, denn wenn der Kundenstamm wächst, werden im Service mehr Ressourcen gebraucht, wenn diese Zahl auch im Wachstum gleich bleibt. Hier kommen strategische Überlegungen bezüglich eines erweiterten Selfservice-Angebots ins Spiel. Werden vermehrt Selfservices genutzt, sollten die (menschlichen) Kontakte pro Kunde sinken. Im nach wie vor mit-arbeiterintensiven Servicegeschäft ist das zwar eine Binsenweisheit, wird aber nach den Informationen, die wir im Service Excellence Cockpit erhoben haben, zu wenig beachtet. Andererseits verursachen beim Kunden schlecht implementierte Selfservices mehr Kunde-zu-Mitarbeiter-Interaktionen. Diesen Sachverhalt können wir bei einzelnen Unternehmen nachweisen und gezielte Verbesserungsvorschläge für Design und Kom-munikation von Selfservices machen.

Man kann also verstehen, dass der KPI «Kontakte pro Kunde» strategisch eine Basis-zahl für die Berechnung von Servicekosten und -budgets darstellt und daher immer ge-messen und bei der Planung der Servicekapazitäten aufgezeigt werden sollte. Dabei muss festgehalten werden, dass dies nicht darauf hinauslaufen kann, keine Kundeninter-aktionen im Service mehr zu haben, denn dadurch geht in der Regel auch Cross- und Up-Selling-Potenzial verloren.

10.3.2 Selfservice-Rate

Die Digitalisierung hat neue Touchpoints wie Chat- und Selfservice-Plattformen hervor-gebracht. Diese gilt es, ideal in die bestehenden Abläufe einzubinden und sich Gedanken zu machen, welche Kanäle denn tatsächlich für guten Kundenservice geeignet sind.

Die Grundidee eines erfolgreichen Kundenservice ist es also festzustellen, bei wel-chen Dialogen Kunde und Unternehmen gleichzeitig Interesse am persönlichen Kontakt haben. Nur hier kommen wertstiftende Gespräche zustande. Ein bewährtes Analysewerk-zeug ist in diesem Zusammenhang die von Bill Price entwickelte Value-Irritant-Matrix (Price & Jaffe, 2008).

Doch wie kann ein Unternehmen nun konkret dieses Analyseinstrument einsetzen? Die meisten Kontaktanlässe kann man aus den operativen Contact-Center-Systemen herauslesen und mit den Werten aus dem Service Excellence Cockpit vergleichen. Damit ist häufig auch klar, welche Kundenanliegen welche Kontaktvolumina verursachen. Doch gerade die Zuordnung zu den Quadranten ist firmenspezifisch. Beispiel gefällig? Wäh-rend etwa eine Telekommunikationsfirma eine Adressänderung durch den Kunden als einen primär kostengenerierenden Vorgang einschätzt, wird ein Versicherer seine Ver-kaufschancen sehen, da er ja dem Kunden eine Haushalts- oder Wertsachenversicherung verkaufen kann. Wichtig ist daher, die Kosten- und Umsatztreiber des Unternehmens in der Tiefe zu verstehen. Gleichzeitig gilt es jedoch, auch die Sicht des Kunden und seine Einschätzung zur «Werthaltigkeit» der einzelnen Dialoge des Unternehmens realistisch einschätzen zu können.

Die Kennzahl des Selfservice-Grades zeigt, wie gut das Unternehmen dies meistert!

10.3.3 Anteil Wertschöpfende Kontakte

Nur da, wo Kunden und Unternehmen gleichzeitig ein Interesse an einem persönlichen Dialog haben, entsteht Wertschöpfung für das Unternehmen in Form von Wissen, eingesparten Kosten und Cross- oder Up-Selling. Der Anteil dieser Gespräche sollte zwingend transparent gemacht werden, um der Geschäftsleitung aufzuzeigen, welchen Wertbeitrag das Kundenservicecenter für die Unternehmung bringt (Price & Jaffe, 2022).

Die Implementierung etwa eines Chatbots führt allein kaum zum gewünschten Erfolg. Ein gewichtiger Stolperstein auf dem Weg liegt dann auch darin, dass verschiedene Initiativen aus dem Marketing, der CX und dem Kundenservice nicht aufeinander abgestimmt sind und so vor allem im Verkaufsbereich «Wow-Erlebnisse» designt werden.

Dieser Effekt wird aber schnell wieder zunichte gemacht, wenn gleichzeitig bspw. nur unzureichender Kundenservice angeboten wird, um allfällige Probleme zu lösen. Es gilt also ganzheitliche Konzepte anzustreben, die das Kundenerlebnis umfassend und an allen möglichen Schnittpunkten zwischen Unternehmen und Kunden verstehen.

In Bezug auf die Ausschöpfung der werthaltigen Gespräche kann man abschätzen, welcher Mehrumsatz aus der zusätzlichen Gesprächszeit resultiert. Aber auch diese Erfolgsmessung ist nicht so einfach. Herkömmliche Effizienz- und Effektivitäts-KPIs genügen nicht.

Zusätzlich ergeben sich viele Fragen:

- Wie können Dialoge nutzenstiftender gestaltet werden? Wie sieht die verbesserte Customer Experience aus?
- Was passiert, wenn viele Anliegen deutlich weniger Manpower erfordern? Wo genau erfordern die verbleibenden Dialoge ein verändertes Skillprofil und damit Ausbildung?

10.3.4 Beschwerden pro Kunde

Beschwerden sind eigentlich etwas Positives, da das Unternehmen etwas daraus lernen kann. Dabei ist die Menge von Beschwerden nicht relevant, aber das Verhältnis zur Anzahl der Kunden ist wichtig für die Steuerung. Denn: Entstehen Beschwerden mehrfach, handelt es sich meist um Fehler des Unternehmens, die nicht behoben wurden. Es sind also streng genommen Kontakte, die weder das Unternehmen noch der Kunde wirklich will. Wichtig ist also, nicht den gleichen Fehler zweimal zu machen. Es geht darum, solche Kontakte zu eliminieren. Und das ist die Basis für einen kontinuierlichen Verbesserungsprozess. Auch dieser Fall ist also über den Einsatz der Value-Irritant-Matrix abgedeckt. Wichtig ist aber im Anschluss zu verstehen, welche prozessualen Veränderungen notwendig sind, um Dialoge, die sich aus Beschwerden ergeben, zu eliminieren.

Wenn die Value-Irritant-Matrix also einmal steht, kann ein Unternehmen für jeden Case der Eliminierung, Vereinfachung und Automation einen kostenbasierten Business Case berechnen. Den Effekt dieser Cases kann man letztlich an den Servicekosten pro Kunde ablesen.

10.3.5 Servicekosten pro Kunde

Diese Zahl muss den Top-Entscheidern in Geschäftsführung und Vorstand vorliegen, damit sie diese mit Marketingkosten, Verkaufskosten und Produktionskosten vergleichen können. Ohne diese Information können keine sinnvoll übergreifenden Entscheidungen zugunsten des Kundenservice getroffen werden. Mit dieser KPI im Cockpit sollte ein Kundenserviceleiter jederzeit einen Platz auf der Traktandenliste der GL-Sitzung bekommen.

Darüber hinaus hat sich seit einigen Jahren die Erkenntnis durchgesetzt, dass sich «schlechte» Customer Experience nicht rechnet. Gerade im Kundenservice sind Kunden viel beharrlicher, als man denkt, wenn es darum geht, von einem Unternehmen eine verlässliche richtige Lösung zu bekommen. So nehmen sie oft Wartezeiten in Kauf oder kontaktieren die Firma wegen desselben Problems mehrfach über verschiedene Anlaufstellen wie die Filiale, die Website oder das Contact Center. Um diese «unnötigen» Kosten zu senken, benötigt das Unternehmen jedoch Steuerungssysteme, die auf die schnelle Lösung im ersten Anlauf (FCR-Rate) zu vertretbaren Gesamtkosten (Cost to Serve) abzielen. Auf der Basis dieser Informationen kann mit einer Value-Irritant-Matrix bspw. über eine sinnvolle Automation oder eine Kompetenzentwicklung bei einem persönlich bedienenden Mitarbeiter entschieden werden.

10.4 Zusammenführung der Informationen und Ergänzung der einzelnen Werte mit Benchmarks aus dem Service Excellence Cockpit

Überhaupt wird das Thema der Integration von Kostenbetrachtungen in das Kunden- und Service-Excellence-Management noch viel zu wenig methodisch unterstützt. Die Auswahl der richtigen KPIs trägt also dazu bei, Ansatzpunkte zu finden, wo man mit einer Verbesserung des Kundenerlebnisses beginnen sollte, und hilft durch diese Priorisierung, Komplexität zu bewältigen und Fokus herzustellen.

Wichtig ist, mehrere Kennzahlen zu verwenden. Man kann bspw. den NPS, die Kundenzufriedenheit und den Customer Effort Score (Dixon et al., 2013) messen. Gleichzeitig sollte man über den Prozesskostenansatz verstehen, wo der wirtschaftlich grösste Hebel für das Customer Experience Management liegt. Schliesslich will jedes Unternehmen mit der konsequenten Ausrichtung auf den Kunden schlussendlich mehr Geld verdienen.

Durch die Interpretation solcher Kennzahlen, ihrer Abhängigkeiten und den Vergleich mit Peergruppen können Handlungsfelder für das Verbessern der Customer Experience identifiziert und daraus konkrete Verbesserungsmassnahmen definiert werden.

Mit dem Service Excellence Cockpit bauen wir seit sechs Jahren ein ständig wachsendes Netzwerk zwischen zahlreichen Servicecenter-Managern, dutzenden Beratern und europäischen Marketing & Servicecenter-Verbänden auf. Das Service Excellence Cockpit bietet eine umfassende Online-Benchmarking-Lösung für Ihr Kundenmanagement. Es basiert auf den Daten von mehr als 200 europäischen Servicecentern und wurde in der Überzeugung entwickelt, dass objektive Benchmarkingzahlen eine wichtige Voraussetzung sind, um die Qualität des Kundenmanagements zu beurteilen und kontinuierlich zu verbessern. Denn nur wer weiss, wo er im Markt steht, kann festlegen, wohin die Reise gehen soll.

Übersicht der Kennzahlen für das Controlling im Kundenmanagement
- Strategische Kennzahlen zur Steuerung des Kundenmanagements
- Servicekosten pro Kunden
- Kontakte pro Kunde
- First Contact Resolution
- Anteil Wertschöpfende Kontakte
- Selfservice-Rate
- Beschwerde pro Kunde
- Kundenzufriedenheit
- Mitarbeiterzufriedenheit (inkl. Fluktuationsrate)

Operative Kennzahlen zur Steuerung der Kontaktmanagementprozesse
- Servicelevel/Backlog
- Erreichbarkeit
- Durchlaufzeit
- Bearbeitungszeit

Literatur

Dixon, M., Freeman, K., & Toman, N. (2010). STOP trying to delight your customers. *Harvard Business Review, 88*(7/8), 116–122.

Gans, N., Koole, G., & Mandelbaum, A. (2003). Telephone call centers: Tutorial, review, and research prospects. *Manufacturing & Service Operations Management, 5*(2), 79–141.

Heskett, James L., Jones, Thomas O., Loveman, Gary W., Sasser Jr, W. Earl, & Schlesinger, Leonard A. (2008) *Putting the Service-Profit Chain to Work – Outstanding service organizations focus on customers and frontline workers. The service-profit chain puts hard values on soft measures, helping managers quantify their investments in people and then integrate those measures into a comprehensive service picture.* In Harvard Business Review: HBR. – Boston, Mass: Harvard Business School Publ. Corp, ISSN 0017–8012, ZDB-ID 23826. S. 118–129.

Lemon, K. N., & Verhoef, P. C. (2016). Understanding customer experience throughout the customer journey. *Journal of Marketing, 80*(6), 69–96. https://doi.org/10.1509/jm.15.0420.

Price, B., & Jaffe, D. (2008). *The best service is no service: How to liberate your customers from customer service, keep them happy, and control costs.* John Wiley & Sons Inc.

Price, B., & Jaffe, D. (2022). The *frictionless organization: Deliver great customer experiences with less effort.* Berrett-Koehler Publishers.

Reichheld, F., & Markey, R. (2011). *The Ultimate Question 2.0: How Net Promoter Companies Thrive in a Customer-Driven World.* Harvard Business Review Press.

Service Excellence Cockpit. (2022). Report 2022.

Rémon Elsten ist internationaler Experte für komplexe Customer-Service- und CX-Projekte. Dieses profunde Wissen stellte er von 2007 bis 2018 dem Branchenverband CallNet.ch als Vizepräsident zur Verfügung. Von 2012 bis 2019 war er auch im Vorstand von ECCCO, dem europäischen Contact-Center-Verband und fungierte jahrelang als Experte für Telemarketing in der Schweizerischen Lauterkeitskommission.

Rémon Elsten ist Managing Partner von Forward Partners sowie Gründer des Service Excellence Cockpits und der Service Excellence Academy.

Vertrauen in automatisierte Kundendialoge

11

Anna V. Rozumowski und Marc K. Peter

Inhaltsverzeichnis

Schlüsselwörter

Vertrauen · Automatisierte Kundendialoge · Vertrauensmessung

A. V. Rozumowski (✉) · M. K. Peter
FHNW Fachhochschule Nordwestschweiz, Olten, Schweiz
E-Mail: anna.rozumowski@fhnw.ch

M. K. Peter
E-Mail: marc.peter@fhnw.ch

N. Hafner und S. Hundertmark (Hrsg.), *Kundendialog-Management*,
https://doi.org/10.1007/978-3-658-42851-8_11

11.1 Einleitung

Die stetige Digitalisierung der letzten Jahre hat dazu geführt, dass Unternehmen zunehmend versuchen, Prozesse effizienter zu gestalten und im Zuge dessen zu automatisieren. Aufgrund der anhaltenden Digitalisierung haben Unternehmen vermehrt automatisierte Kundendialogsysteme eingeführt. Diese automatisierten Kundendialogsysteme verwenden in der Regel künstliche Intelligenz (KI) und/oder maschinelles Lernen (ML) und helfen, bspw. Kundenanfragen schneller und effizienter zu beantworten. Des Weiteren können mit der Einführung von automatisierten Kundendialogsystemen Mitarbeitende entlastet werden. Angetrieben vom technologischen Fortschritt können automatisierte Kundendialoge eine Vielzahl von Formen annehmen. Dazu zählen auch textbasierte und sprachbasierte Assistenten (Maedche et al., 2019). Textbasierte Assistenten sind z. B. Chatbots, die immer häufiger etwa auf Webseiten oder Social-Media-Plattformen auftauchen, sodass Besucherinnen und Besucher mit dem automatisierten System interagieren. Zu den sprachbasierten Assistenten gehören unter anderem Microsofts Cortana, Apples Siri, Amazon Alexa und Google Assistant (Kepuska & Bohouta, 2018). Immer mehr Personen verwenden solche Assistenten und deren Nutzung nimmt stetig zu (Maedche et al., 2019).

Zu den automatisierten Dialogsystemen zählen unter anderem auch Chatbots, die teilweise auch digitale Assistenten genannt werden. Chatbots nutzen die natürliche Sprachverarbeitung, um mit Nutzerinnen und Nutzern zu interagieren (Wirtz et al., 2018). Chatbots werden oft zur Beantwortung von sich wiederholenden oder einfachen Kundenanfragen eingesetzt. Diese digitalen Assistenten werden laufend weiterentwickelt und zunehmend für komplexere Anfragen eingesetzt. Demzufolge setzen immer mehr Unternehmungen Chatbots ein, und der globale Chatbot-Markt wird im Jahr 2026 auf 10,5 Mrd. US-\$ 2026 wachsen (Deneçli et al., 2022). Diese Entwicklung bedeutet, dass in gewissen Bereichen zunehmend menschliches Personal in der Interaktion mit Kundinnen und Kunden durch digitale Assistenten ergänzt oder ersetzt werden wird (van Pinxteren et al., 2020).

Der Digitalisierungsschub der letzten Jahre hat auch die Kundenbedürfnisse beeinflusst. Im Vergleich zu den stationären Ladenöffnungszeiten können Kundinnen und Kunden online zeit- und ortsunabhängig die gewünschten Produkte bestellen. Auch für Anfragen an eine Unternehmung wünschen sich Kundinnen und Kunden mehr Flexibilität in Bezug auf deren Öffnungszeiten. Hier können Chatbots ansetzen, denn ein grosser Vorteil der digitalen Assistenten im Beantworten von Kundenanfragen ist, dass der Chatbot 24 h pro Tag, 7 Tage die Woche von Kundinnen und Kunden genutzt werden kann. Somit können Kundinnen und Kunden, wann immer sie wollen, eine Anfrage stellen, die durch den Chatbot zeitunabhängig beantwortet wird.

Ein wichtiges Thema im Zusammenhang mit automatisierten Kundendialogen ist das Vertrauen der Kundinnen und Kunden in diese automatisierten Systeme. Gerade wenn Kundinnen und Kunden bspw. das erste Mal mit einer neuen Technologie interagieren, können gewisse Unsicherheiten auftreten. Nutzerinnen und Nutzer müssen darauf vertrauen können, dass automatisierte Systeme ihre Anfragen korrekt verstehen und angemessen darauf reagieren.

In diesem Kapitel wird das Thema Vertrauen in automatisierten Kundendialogen untersucht. Zu Beginn des Kapitels wird das Konzept des Vertrauens definiert und die relevanten Aspekte werden erläutert. Zudem wird das Vertrauen in automatisierte Kundendialoge sowie der Aufbau von Vertrauen in automatisierten Kundendialoge beschrieben.

11.2 Zentrale Konzepte und Definition von Vertrauen

In der Wissenschaft gibt es keine allgemein gültige Definition von Vertrauen, denn Vertrauen ist ein komplexes Konstrukt, das je nach Fachgebiet, Situation oder Kontext unterschiedlich erläutert oder wahrgenommen wird.

Nitzl und Hirsch (2013) unterscheiden zwischen folgenden Disziplinen:

- Psychologie
- Soziologie
- Ökonomie

In der Psychologie wird Vertrauen als Persönlichkeitsmerkmal beschrieben, während Vertrauen in der Soziologie als soziale Struktur oder kultureller Aspekt verstanden wird (Nitzl & Hirsch, 2013). In der Ökonomie wiederum wird Vertrauen als Entscheidungskriterium verwendet (Nitzl & Hirsch, 2013).

Die unterschiedlichen Definitionen von Vertrauen haben gemeinsam, dass es um eine Interaktion zwischen zwei oder mehreren Parteien geht und demzufolge ein gewisses Abhängigkeitsverhältnis zwischen den Parteien entsteht. Die Abhängigkeit oder Vertrauensbeziehung kann zwischen mehreren Personen oder Organisationen bestehen (Rossmann, 2013). Die individuellen Erfahrungen und das Wissen einer Person beeinflussen die Beurteilung des Vertrauens. In Vertrauensbeziehungen hat oft eine Partei mehr Informationen als die andere, oder eine Partei muss sich auf die andere Partei verlassen können. Vertrauen wird zudem mit Integrität und Kompetenz einer anderen Person oder einer anderen Organisation verbunden. Gerade in Geschäftsbeziehungen müssen Kundinnen und Kunden darauf vertrauen können, dass sie bspw. ein einwandfreies Produkt erhalten. Vertrauen ist auch mit einer gewissen Erwartung verbunden (Bauer & Freitag, 2018), also z. B., ein Produkt gemäss den Vorstellungen zu erhalten.

Nebst der Abhängigkeit definiert Rousseau et al. (1998) folgende Bestandteile des Vertrauens:

1. Es gibt eine gewisse Übereinstimmung zwischen zwei oder mehreren Personen, die mit einer Risikodimension verbunden ist.
2. Vertrauen ist mit einer gegenseitigen Abhängigkeit zwischen zwei oder mehreren Parteien verbunden.

Gerade in geschäftlichen Beziehungen geht eine Partei, die weniger Informationen hat, ein gewisses Risiko ein. Die Risikowahrnehmung ist stark mit der Erwartungshaltung verbunden.

Beim Vertrauen geht es im Wesentlichen darum, Ungewissheit zu reduzieren (Ernst and Young AG et al., 2008), womit auch das Risiko minimiert wird.

Ein weiterer Aspekt beim Thema Vertrauen betrifft die affektive und die kognitive Dimension (Erdem & Ozen, 2003; Swan et al., 1999). Die affektive Dimension ist mit Gefühlen verbunden (Swan et al., 1999). Dabei werden bspw. die Wärme, die Sympathie, das Wohlwollen, die Ehrlichkeit und Glaubwürdigkeit des Gegenübers, einer Marke oder eines Produkts beurteilt (Fiske et al., 2002). Die affektive Dimension des Vertrauens bezieht sich demnach auf das emotionale Vertrauen, das Menschen in eine Person oder Organisation haben.

Die kognitive Dimension steht mit Erinnerungen, Gelerntem und dem Wissen einer Person in Verbindung. Hierbei werden z. B. die wahrgenommene Kompetenz, die Fähigkeit und das Fachwissen beurteilt (Swan et al., 1999). Die kognitive Dimension des Vertrauens bezieht sich auf das Verständnis und die Erwartung, dass eine Person oder Organisation in der Lage ist, bestimmte Handlungen oder Aufgaben auszuführen (Fiske et al., 2002).

In Geschäftsbeziehungen ist Vertrauen sehr wichtig, denn das Vertrauen in die Unternehmung, in die Marke oder in die Verkaufsperson kann über den Kaufentscheid bestimmen. Vertrauen ist also der Grundstein für eine Käufer-Verkäufer-Beziehung.

In sozialen Interkationen sind Zugehörigkeit, Verständnis, Kontrolle und Vertrauen die zentralen Motive, und die Wahrnehmung der Wärme/Sympathie und der Kompetenz einer anderen Person spielt eine entscheidende Rolle (Fiske et al., 2007). Stellen Sie sich vor, Sie gehen in einen physischen Laden und sehen eine für Sie fremde Verkaufsperson. Innerhalb von wenigen Sekunden beurteilen Sie, ob Ihnen das Gegenüber ein positives oder negatives Gefühl vermittelt. Sie beurteilen also die wahrgenommene Wärme der fremden Person und entscheiden, ob Ihnen die Verkaufsperson sympathisch erscheint oder nicht. Diese individuelle Abwägung der Wahrnehmung einer unbekannten Person beeinflusst wiederum, ob sie mit ihr interagieren wollen oder nicht.

Fällt diese erste Abwägung positiv aus, dann ist die Basis für ein Verkaufsgespräch gelegt. Die Beurteilung der wahrgenommenen Wärme einer Person hat einen Einfluss auf das Vertrauen in eine Person (Fiske et al., 2002). Nebst der wahrgenommenen Sympathie spielt auch die wahrgenommene Kompetenz eine wichtige Rolle. Während des Verkaufsgesprächs beurteilen Sie in der Regel auch die wahrgenommene Kompetenz der Verkaufsperson, welche auch einen Einfluss auf das Vertrauen hat (Fiske et al., 2002).

Wenn sich zwei Menschen zum ersten Mal treffen – entscheidet jede Person, ob das Gegenüber Freund oder Feind ist (Cuddy et al., 2008; Fiske et al., 2007). So beurteilen Menschen die Dimension Wärme, um abzuwägen, ob sie das Gegenüber mögen oder ihm vertrauen (Cuddy et al., 2008; Fiske et al., 2007). Im Gegensatz dazu wird die Dimension Kompetenz beurteilt, um zu bewerten, wie sehr eine Person respektiert wird. Die beiden Dimensionen – Wärme und Kompetenz – haben einen Einfluss auf die wahrgenommene Vertrauenswürdigkeit einer Person. Diese wiederum hat einen direkten Einfluss auf das Vertrauen in eine Verkaufsperson. Diese Beurteilung wird sehr schnell gebildet, denn nur wenige Sekunden reichen, um sich einen Eindruck von der Vertrauenswürdigkeit einer Person zu bilden (Willis & Todorov, 2006). Auch wenn nicht genügend Informationen über eine fremde Person zur Verfügung stehen, wird diese Beurteilung schnell gebildet und basiert auf dem ersten Eindruck einer Person.

Das wahrgenommene Vertrauen und die Vertrauenswürdigkeit einer Person haben einen positiven und signifikanten Einfluss auf die Kaufabsicht (Ismagilova et al., 2020). Kundinnen und Kunden verfügen oft nicht über ausreichend Informationen über ein Produkt oder eine Dienstleistung und sind daher die Informationen einer Verkäuferin oder eines Verkäufers angewiesen (Guenzi & Georges, 2010). Vertrauen ist demzufolge die Grundlage für eine erfolgreiche Geschäftsbeziehung.

Zu wissen, dass die Wahrnehmung von Sympathie und Kompetenz sehr schnell gebildet wird und wiederum einen Einfluss auf das Vertrauen hat, ist im Verkauf oder im Marketing essenziell. Denn wenn Kundinnen und Kunden eine Verkaufsperson als vertrauenswürdig wahrnehmen, sind sie eher geneigt, ein Produkt zu kaufen oder eine Dienstleistung in Anspruch zu nehmen (Ismagilova et al., 2020).

Im Unternehmenskontext wird oft in Teams gearbeitet. Das heisst, Menschen müssen zusammenarbeiten, um gemeinsam ein Ziel zu erreichen. Mayer et al. (1995, S. 712) definieren Vertrauen als «die Bereitschaft, ein Risiko einzugehen». In diesem Zusammenhang bedeutet Risikobereitschaft, dass darauf vertraut werden muss, dass eine Kollegin oder Kollege positiv zur Zielerreichung beitragen wird. Gemäss Mayer et al. (1995) wird bei dieser Vertrauensbeurteilung, die Fähigkeit, das Wohlwollen und die Integrität einer Person beurteilt. Auch in dieser Definition wird von der Wärme- und der Kompetenzdimension gesprochen.

Zusammenfassend lässt sich sagen, dass Vertrauen eine komplexe emotionale Reaktion auf das Verhalten einer anderen Person oder einer Unternehmung ist. Die Vertrauensabwägungen basieren auf einer Kombination von Wissen, Erfahrungen und Erwartungen. Zudem ist Vertrauen ein dynamischer Prozess, der sich im Laufe der Zeit entwickeln und verändern kann.

11.3 Vertrauen in Marken und Produkte

Vertrauen ist ein Schlüsselfaktor für Kundinnen und Kunden, die sich für ein Produkt oder eine Marke entscheiden. Viele verschiedene Faktoren führen dazu, dass Konsumentinnen und Konsumenten einer Marke oder einem Produkt vertrauen. Diese basieren auf persönlichen Erfahrungen und den Informationen, die zur Verfügung stehen. Insbesondere die Webseite des Händlers oder des Herstellers spielt bei der Vertrauensbildung eine wichtige Rolle. Die im Jahr 2023 veröffentlichte Content- und Brand-Studie zeigte, dass die befragten Konsumentinnen und Konsumenten sich vor allem auf der Hersteller- oder auf der Händlerwebseite über ein Produkt informieren, da sie dieser Informationsquelle das grösste Vertrauen schenken (Peter et al., 2023). Zudem beeinflussen auch Bewertungen anderer Konsumentinnen und Konsumenten das Vertrauen. Informieren sich Konsumentinnen und Konsumenten über ein Produkt, welches für sie bspw. neu ist oder eine teurere Anschaffung ist, dann werden die Bewertungen anderer Konsumenten konsultiert. Im Vergleich zu den Produktinformationen, welche eine Unternehmung online schaltet, schenken Kundinnen und Kunden den Bewertungen mehr Vertrauen (Tran & Strutton, 2020). In Online-Shops werden oft Zertifikate und Auszeichnungen gezeigt, welche als vertrauensfördernde Massnahmen genutzt werden. Dasselbe gilt bei der Online-Bezahlung, welche für Kundinnen und Kunden ein gewisses Risiko darlegt. Mangelndes Vertrauen ist einer der Hauptgründe, warum Kundinnen und Kunden nicht online einkaufen (Tran & Strutton, 2020).

Das Vertrauen in Marken und Produkte wird durch Werbung und Marketingmassnahmen beeinflusst. Unternehmen können Vertrauen schaffen, indem sie eine positive Marke aufbauen, eine hohe Produktqualität gewährleisten und Kundenerfahrungen sammeln, um ihre Produkte und Dienstleistungen zu verbessern. Eine Studie zeigte, dass die Aktivitäten des Marketingmix einen starken Einfluss auf das Vertrauen hat (Rajavi et al., 2019). Gerade die Werbemassnahmen und deren Intensität zeigte einen positiven Effekt auf das Vertrauen (Rajavi et al., 2019). Darüber hinaus wird gemäss der Gesprächstheorie («Conversational Theory») im Dialog Vertrauen zwischen Unternehmen und Endverbraucher aufgebaut (Pangaro, 2010). Die genannten Massnahmen sind wichtig, denn schlussendlich, wenn eine Konsumentin oder ein Konsument vor der Wahl eines Produkts oder einer Marke stehen, wird jenes gewählt, dem sie vertrauen (Benhardy et al., 2020).

11.4   Vertrauen in automatisierte Kundendialoge

Automatisierte Kundendialoge werden immer häufiger eingesetzt, um etwa wiederkehrende Anfragen zu beantworten. Viele Nutzerinnen und Nutzer sind nicht gewohnt, dass Anfragen oder Anliegen automatisch abgewickelt werden. Das Gewohnte – also der persönliche Kontakt mit den dazugehörenden Emotionen – wird verändert, was Unsicherheiten auslösen kann. Deshalb ist auch hier das Vertrauen ein zentraler Faktor für den Erfolg von automatisieren Systemen.

Im Kontext von automatisierenten Kundendialogen bezieht sich das Vertrauen auf die Überzeugung einer Kundin oder eines Kunden, dass das System in der Lage ist, das Anliegen zu verstehen und auch zu lösen. Zudem entscheiden das Vertrauen und die Akzeptanz über die Technologie darüber, ob das System überhaupt genutzt wird. Das heisst, dass Nutzerinnen und Nutzer in einem ersten Schritt an die neuen Lösungen geführt werden sollten. Gerade die Transparenz (Skraaning & Jamieson, 2021), dass ein automatisiertes System die Anfrage beantwortet, ist zu empfehlen. Dies, wie auch die Qualität des automatisierten Kundendialogs beeinflussen das Vertrauen in das System.

Auch beim Vertrauen in automatisierte Kundendialoge spielt die affektive und die kognitive Dimension eine wichtige Rolle. Die affektive Dimension im Zusammenhang mit automatisierten Kundendialogen hat auch mit Gefühlen zu tun. Es geht darum, dass Kundinnen und Kunden sich wohlfühlen müssen, wenn sie mit dem System interagieren. Sie müssen darauf vertrauen können, dass eine positive, transparente Erfahrung (Skraaning & Jamieson, 2021) gemacht wird und dass das Anliegen ernst genommen wird.

Um das Vertrauen der Kundinnen und Kunden in automatisierte Kundendialoge zu stärken, sollten Unternehmen sicherstellen, dass das System eine intuitive und zugängliche Benutzeroberfläche bietet. Bei der kognitiven Dimension in automatisierten Kundendialogen geht es um die Fähigkeit des Systems. Das heisst, Nutzerinnen und Nutzer erwarten, dass das System in der Lage ist, ihre Fragen und Anliegen angemessen zu beantworten (Zhu et al., 2022). Kundinnen und Kunden müssen sicher sein, dass das System über das notwendige Wissen und die notwendigen Fähigkeiten verfügt, um ihre Bedürfnisse zu erfüllen (Zhu et al., 2022). Denn es wird erwartet, dass das System schnelle und präzise Antworten liefert und in der Lage ist, die Anliegen effektiv zu lösen (Følstad et al., 2018). Um Vertrauen aufzubauen, müssen Unternehmen also sicherstellen, dass ihre automatisierten Kundendialogsysteme kompetent und zuverlässig sind (Følstad et al., 2018). Gerade bei einer noch nicht etablierten Technologie ist es wichtig, dass die Systeme regelmässig getestet und verbessert werden.

Vertrauen in automatisierte Kundendialoge ist ein komplexes Thema, da Personen auf unterschiedliche Weise mit diesen Systemen interagieren können. Einige werden möglicherweise nur kurze Fragen stellen, während andere eine umfassende Unterstützung benötigen. Es ist daher wichtig, dass Unternehmen sicherstellen, dass ihre automatisierten Kundendialogsysteme in der Lage sind, eine Vielzahl von Kundenanfragen effektiv zu bearbeiten.

Ein weiterer wichtiger Aspekt des Vertrauens in automatisierte Kundendialoge ist die Art und Weise, wie Kunden auf die Systeme zugreifen, bspw. über eine Website, eine mobile App oder eine sprachgesteuerte Schnittstelle. Es ist wesentlich, dass Unternehmen sicherstellen, dass ihre Systeme auf allen Plattformen konsistent und zuverlässig sind. Zudem ist es zentral, dass die Systeme auf die Zielgruppe zugeschnitten sind. Ist die Zielgruppe eines Unternehmens z. B. digital affin, werden auch eher solche automatisierten Systeme genutzt werden, da die Akzeptanz generell höher ist.

Vertrauen ist in der virtuellen Umgebung von grundlegender Bedeutung (Balasubramanian et al., 2003), und daher ist das Vertrauen der Nutzerinnen und Nutzer eine Voraussetzung für digitale Agenten («Conversational Agents»), wie z. B. Chatbots (Seeger et al., 2017). Es gibt bereits einige Studien zum Thema Vertrauen in Chatbots: Demeure et al. (2011) haben herausgefunden, dass die Glaubwürdigkeit eines Chatbots stark von den Emotionen, der Wärme und der Kompetenz, die ein Chatbot überträgt, abhängt. Zudem sollten die Interaktion und Kommunikation mit einem virtuellen Assistenten sowohl sozial- als auch aufgabenorientiert sein, um Vertrauen bei den Nutzerinnen und Nutzer zu erwecken (Keeling et al., 2010). Des Weiteren wurde herausgefunden, dass der Anthropomorphismus-Grad, also die Menschlichkeit eines virtuellen

Assistenten, einen Einfluss auf das wahrgenommene Vertrauen in diese Assistenten hat (Munnukka et al., 2022): Die Menschenähnlichkeit beeinflusst die Wahrnehmung von sozialer Präsenz, was neben der Dialoglänge die positive Einstellung und das Vertrauen gegenüber virtuellen Assistenten beeinflusst. Im Vergleich zum analogen Kundenkontakt müssen bspw. Deutschschweizerinnen und -schweizer oft ihre Sprache anpassen, wenn sie mit automatisierten Systemen schreiben. Jedoch gibt es viele Entwicklungen in dieser Richtung, dass die Systeme immer besser Schweizerdeutsch verstehen. Auch dies kann einen Einfluss auf das Vertrauen resp. die Akzeptanz in solche Systeme haben. Die menschenbezogenen Voraussetzungen für das Vertrauen sind signifikante Einflussfaktoren für das Vertrauen in KI (Kaplan et al., 2021). Eine Untersuchung vom Einsatz von KI in der Vermögensverwaltung hat gezeigt, dass Vertrauen ein Schlüsselfaktor für die Nutzungsintention eines digitalen Systems ist (Rathje et al., 2021). Gerade im Banken- und Versicherungsbereich wurde herausgefunden, dass der menschliche Kundenbetreuer im Vergleich zum Chatbot als vertrauenswürdiger wahrgenommen wurde (Grotenhermen et al., 2021). Dies hängt jedoch stark vom Kontext, von der Aufgabe oder der Zielgruppe ab. Gerade jüngere Personen, die mit Online-Chatdiensten aufgewachsen sind, vertrauen den Chatbots eher (Pütz et al., 2021). Aber nicht nur das Alter, sondern auch die Persönlichkeit einer Nutzerin/eines Nutzers haben einen Einfluss auf das Vertrauen in Chat- und Voicebots (Pütz et al., 2021).

Wenn es um digitales Vertrauen geht, dann sind die wahrgenommene Sicherheit (z. B. Datenschutz) sowie die wahrgenommene Qualität relevant (Kim & Peterson, 2017). Gemäss Følstad et al. (2018) gibt es zwei Aspekte, die das Vertrauen in Chatbots beeinflussen. Einerseits sind dies Aspekte, die den spezifischen Chatbot betreffen:

- Qualität der Interpretation und Beantwortung der Anfrage,
- die Menschenähnlichkeit,
- eine professionelle Darstellung (Følstad et al., 2018).

Andererseits sind Aspekte relevant, die den Dienstleistungsprozess darstellen:

- die wahrgenommene Sicherheit bei der Nutzung der digitalen Assistenten,
- Privatsphäre und Datenschutzbestimmungen bei der Nutzung,
- der Eindruck des Hosts,
- die allgemeine Risikowahrnehmung (Følstad et al., 2018).

Auch bei den Untersuchungen zum Vertrauen in Chatbots finden sich die universellen Dimensionen – Wärme und Kompetenz – wieder. Dies bestätigt auch eine Untersuchung von Chatbots: Je höher die Probanden die Wärme und Kompetenz eines Chatbots wahrgenommen haben, desto vertrauenswürdiger beurteilen sie den Chatbot (Seiler et al., 2019). Einerseits spielt es eine Rolle, wie die virtuelle Assistenz dargestellt wird. Hier geht es unter anderem um die Menschenähnlichkeit und das Übertragen von Emotionen durch einen Chatbots. Andererseits spielt die Kompetenz des Chatbots eine Rolle, was Nutzerinnen und

Nutzer anhand der Qualität ihrer Erfahrung mit dem Chatbot beurteilen. Vertrauen ist ein wichtiger Faktor bei der Interaktion mit digitalen Assistenten, denn das Vertrauen wirkt sich positiv auf die wahrgenommene Nützlichkeit des digitalen Assistenten aus (Anton et al., 2022). Diese wahrgenommene Nützlichkeit hat wiederum einen starken Einfluss darauf, ob eine Nutzerin oder ein Nutzer den digitalen Assistenten wieder benutzen möchte (Anton et al., 2022). Zudem haben Nutzerinnen und Nutzer oft eine sehr hohe Erwartung an eine Chatbot-Interaktion – insbesondere an die Kompetenz eines Chatbots –, sodass ihre Erwartungen oft nicht getroffen werden (Haupt & Rozumowski, 2021). Viele Nutzerinnen und Nutzer sind enttäuscht, falls der Chatbot die Anfrage nicht verstanden hat und sie doch an einen menschlichen Mitarbeitenden verwiesen werden. Die generelle Erwartung ist, dass der Chatbot jedes Anliegen korrekt und schnell abwickeln kann. Werden die (hohen) Erwartungen nicht erfüllt, dann sind Nutzerinnen und Nutzer oft frustriert, was wiederum auch das Vertrauen in einen Chatbot minimiert (Haupt & Rozumowski, 2021).

Auf Grundlage der identifizierten Literatur kann so ein Vertrauensmodell wie in Abb. 11.1 entwickelt werden, in dem die Erwartungen der Konsumierenden (Bauer & Freitag, 2018; Cuddy et al., 2008) als Basis für die Vertrauensbildung betrachtet werden. Dazu gehören ihre Gefühle und ihre Einstellung zum Unternehmen (Cuddy et al., 2008; Erdem & Ozen, 2003; Fiske et al., 2007) und damit assoziierter Risiken (Mayer et al., 1995; Rousseau et al., 1998) sowie Abhängigkeiten (Rossmann, 2013; Rousseau et al., 1998). Diese Erwartungen werden von den Konsumierenden primär mit der

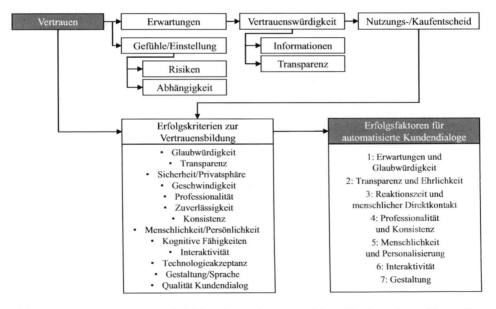

Abb. 11.1 Vertrauensmodell und Erfolgsfaktoren für automatisierte Kundendialoge. (Eigene Darstellung)

wahrgenommenen Vertrauenswürdigkeit der Organisation (Ismagilova et al., 2020; Mayer et al., 1995; Tran & Strutton, 2020; Willis & Todorov, 2006) gemessen. Hierzu gehören die von der Organisation/Unternehmung veröffentlichten Informationen (Bauer & Freitag, 2018; Guenzi & Georges, 2010) und somit erreichter Transparenz (Khurana et al., 2021; Skraaning & Jamieson, 2021). Im digitalen Zeitalter wird dies durch den digitalen Marketing-Mix (Rajavi et al., 2019), z. B. Informationen auf der Website/App (Peter et al., 2023) oder Online-Bewertungen (Tran & Strutton, 2020), unterstützt. Wenn die Erwartungen der angenommenen Vertrauenswürdigkeit des Unternehmens entsprechen, wird dadurch ein Nutzungs- bzw. Kaufentscheid ausgelöst (Benhardy et al., 2020; Fiske et al., 2007; Ismagilova et al., 2020; Nitzl & Hirsch, 2013).

Die Erfolgskriterien zur Vertrauensbildung in der Literatur sind neben den bereits erwähnten Gefühlen, wahrgenommenen Risiken sowie zur Verfügung gestellten Informationen und geschaffener Transparenz vielfältig. Dazu gehören Glaubwürdigkeit (Bove et al., 2021), die Sicherheit und Privatsphäre der Nutzerinnen und Nutzer (Følstad et al., 2018; Skraaning & Jamieson, 2021), Reaktionszeit und Professionalität des Systems (Følstad et al., 2018; Haupt & Rozumowski, 2021; Seiler et al., 2019), Menschlichkeit (Kaplan et al., 2021; Munnukka et al., 2022; Seiler et al., 2019; Xing et al., 2022), Persönlichkeit (Følstad et al., 2018; Pütz et al., 2021) und Emotionen (Demeure et al., 2011; Grotenhermen et al., 2021). Mit der zunehmenden Bedeutung von Technologien werden zudem Interaktivität und Qualität (Go & Sundar, 2019) sowie die dadurch ermöglichte Personalisierung (Reinkemeier & Gnewuch, 2023) beschrieben.

Diese Erfolgskriterien zur Vertrauensbildung sind Voraussetzung für die erfolgreiche Planung und Umsetzung von automatisierten Kundendialogen mit digitalen Agenten (Anton et al., 2022; Balasubramanian et al., 2003; Demeure et al., 2011; Keeling et al., 2010; Pütz et al., 2021; Seeger et al., 2017). Werden diese im Kontext der Digitalisierung und Automatisierung berücksichtigt, können sie als Erfolgsfaktoren zum Vertrauensaufbau in automatisierte Kundendialoge genutzt werden.

11.5 Erfolgsfaktoren des Vertrauens in automatisierte Kundendialoge

Wie bereits beschrieben, sprechen wir in verschiedenen Kontexten von Vertrauen. Für Unternehmen bietet die Automatisierung viele Vorteile, da unter anderem Kosten eingespart werden können und die Kundschaft rund um die Uhr mit der Unternehmung interagieren kann.

Für viele Personen ist eine neue, noch unbekannte Technologie mit Ängsten oder Unsicherheiten verbunden. Im Folgenden wird erläutert, wie Vertrauen in automatisierten Kundendialogen aufgebaut werden kann und welche Massnahmen Unternehmen ergreifen sollten, um den Nutzerinnen und Nutzern eine gute Interaktion mit einem automatisierten System zu gewähren.

Bove et al. (2021) haben ein Modell zur Vertrauensbildung für Interaktionen zwischen einem Menschen und einer Maschine (Conversational Agent) vorgestellt. Gemäss den

Autoren wird in einem ersten Schritt die Glaubwürdigkeit eines Conversational Agent über dessen Leistung beurteilt (Bove et al., 2021). In einem zweiten Schritt wird die Vertrauenswürdigkeit eines Conversational Agent beurteilt. Diese Beurteilung basiert auf den Erfahrungen der Interaktion und dem Verständnis der Grenzen, welche die Technologie mit sich bringt. Wie bereits beschrieben, sind die Erwartungen an ein solches System sehr hoch. Die letzte Stufe im Modell ist das Vertrauen, das über die Zeit gebildet wird. Hier wird beurteilt, ob der Conversational Agent auf die Anfragen der Nutzerinnen und Nutzer eingeht. Diese beurteilen, ob ihre Bedürfnisse erkannt werden und wie empathisch der Conversational Agent in der Konversation wirkt.

Einzelne Massnahmen, die einen Einfluss auf die Vertrauensbildung der Nutzerinnen und Nutzer in automatisierte Kundendialogsysteme haben, werden im Folgenden beschrieben.

1. Erwartungen und Glaubwürdigkeit

Die Erwartungen können aus verschiedenen Perspektiven betrachtet werden. Einerseits sollte den Nutzerinnen und Nutzern glaubwürdig und klar kommuniziert werden, dass die Interaktion mit einem automatisierten System stattfindet (siehe Beispiel helvetia in Abb. 11.2). Das heisst, Nutzerinnen und Nutzer sollten darüber informiert werden, dass sie nicht mit einem Menschen online interagieren. Dies ist wichtig, da so bereits die Erwartungen von Nutzerinnen und Nutzern beeinflusst werden können und gleichzeitig die Glaubwürdigkeit des Systems erhöht wird.

Abb. 11.2 Beispiel helvetia (https://www.helvetia.com/ch/web/de/privatkunden.html)

Andererseits sollten die Limitationen eines solchen Systems aufgezeigt werden. Hier gibt es verschiedene Möglichkeiten. Unternehmen können klar kommunizieren, dass das System neu ist und laufend weiter trainiert wird, um das Erlebnis der Kunden stetig zu verbessern. Die sehr hohen Erwartungen bspw. an einen digitalen Assistenten stellen auch ein Risiko dar, dass die Nutzerinnen und Nutzer nach der Interaktion enttäuscht sind. Deshalb wird hier empfohlen, die Erwartungen und Bedürfnisse der Nutzerinnen und Nutzer mit den Möglichkeiten der automatisierten Kundendialogsysteme in Einklang zu bringen und entsprechend zu kommunizieren.

Gemäss Gnewuch et al. (2017) ist es wichtig, dass ein gutes «Natural Language Processing»-Tool verwendet wird, damit Nutzerinnen und Nutzer einfach und auf natürliche Weise kommunizieren können. Ein gutes System meint, dass die Eingabe verstanden wird und das System immerfort lernt und verbessert wird.

2. Transparenz und Ehrlichkeit

Transparenz und Ehrlichkeit sind wichtige Faktoren, wenn es um die Vertrauensbeurteilung geht. Die Transparenz über die Entscheidungen bspw. eines digitalen Assistenten erhöht das wahrgenommene Vertrauen der Nutzerinnen und Nutzer (Khurana et al., 2021).

Einerseits möchte eine Nutzerin oder ein Nutzer verstehen, wenn eine Interaktion mit einem automatisierten System stattfindet. Anderseits ist es für Nutzerinnen und Nutzer wichtig zu erfahren, welches Unternehmen hinter der Interaktion steckt und welchen Zweck das Unternehmen damit verfolgt.

Ein weiterer Aspekt der Transparenz ist der Umgang mit Daten und Sicherheit. Nutzerinnen und Nutzer sollten darüber informiert werden, welche Daten während der Interaktion mit einem automatisierten System für welchen Zweck erfasst und verwendet werden. Auch hier müssen die Datenschutzrichtlinien eingehalten werden (siehe Beispiel ERV in Abb. 11.3). Die Gewissheit der Nutzerinnen und Nutzer, dass ihre Daten geschützt sind, beeinflusst die Vertrauenswahrnehmung.

3. Reaktionszeit und menschlicher Direktkontakt

Ein Vorteil von automatisierten Kundendialogsystemen ist, dass Kundinnen und Kunden unabhängig von Zeit und Ort ihre Anliegen platzieren können. Dies impliziert aber auch, dass die Nutzerinnen und Nutzer eine schnelle Reaktion erwarten. Aber auch, wenn ein automatisiertes Kundendialogsystem die Anfrage nicht beantworten kann, wird eine schnelle Lösung erwartet – bspw. durch die Hilfe eines Mitarbeitenden. Kann ein digitaler Assistent bei einer Anfrage nicht weiterhelfen, dann greifen Nutzerinnen und Nutzer gerne auf die menschliche Unterstützung bzw. menschlichen Direktkontakt zurück (Xing et al., 2022). Menschliche Hilfe kann in Form einer Intervention/Antwort einer Mitarbeiterin/eines Mitarbeiters direkt im Chatbot oder durch einen Alternativkanal wie Social Media/Messenger-App oder einen Telefonanruf erfolgen. Wird keine geeignete und schnelle Lösung geboten, kann sich das negativ auf das Vertrauen auswirken.

Abb. 11.3 Beispiel ERV
(www.erv.ch)

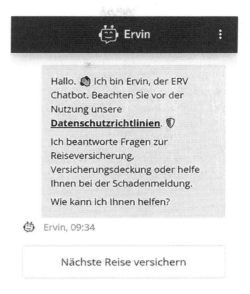

4. Professionalität und Konsistenz

Es wird vom System erwartet, dass professionell und konsistent geantwortet wird. Dazu
gehören, dass das Anliegen der Nutzenden verstanden wird und technisch korrekt sowie
in der Firmensprache (z. B. Tonalität der Firma) kommuniziert wird.

Auch in automatisierten Kundendialogen sollte die Absenderin (das Unternehmen)
klar erkennbar sein. Das heisst, die Firma und dessen Kultur kann sich auch in einer
Interaktion mit einem digitalen Assistenten widerspiegeln. Wenn z. B. ein Unternehmen
stets per Sie kommuniziert, dann sollte dies auch bei einem Chat- oder Voicebot der Fall
sein. Das Design sowie die Namenswahl des digitalen Assistenten sollten zur Unternehmung passen, sodass Nutzerinnen und Nutzer das Unternehmen wiedererkennen.

Für viele Personen ist es in einem ersten Schritt auch ein Ausprobieren der Technologie. Hierbei ist es wichtig, dass der Chat- oder Voicebot keine widersprüchlichen Antworten gibt, das heisst, dass Konsistenz in den Antworten gewährleistet wird. Dass in
den automatisierten Kundendialogen konsistente Antworten gegeben werden können, ist
auch ein grosser Vorteil der Technologie, der bei Mitarbeiterinnen und Mitarbeitern nicht
immer gegeben ist (Herriman et al., 2020).

Nebst der Konsistenz ist die Zuverlässigkeit ein wichtiger Aspekt; das heisst, Nutzerinnen und Nutzer möchten die Sicherheit, dass das Anliegen entsprechend gut gelöst
wird. Um diese Zuverlässigkeit zu gewährleisten, ist es wichtig, dass Unternehmungen
das System regelmässig testen und aktualisieren, sodass ein optimales Kundenerlebnis
auch über ein automatisiertes System garantiert werden kann.

5. Menschlichkeit und Personalisierung

In der automatisierten Kommunikation sind Menschlichkeit und deren Emotionen, Wärme und Persönlichkeit wichtige Massnahmen im Vertrauensaufbau. Um dieses Vertrauen aufzubauen, ist die Personalisierung zentral. Personalisierung meint unter anderem, dass spezifisch auf die Bedürfnisse der Kundinnen und Kunden eingegangen wird. Wenn Nutzerinnen und Nutzer das Gefühl haben, dass sie dank oder trotz des automatisierten Systems individuell angesprochen werden, kann dies auch das Vertrauen erhöhen.

Bei der Nutzung von Sprachassistenten ist das Vertrauen eher tief, und eine Möglichkeit, das Vertrauen zu erhöhen, ist der Aspekt der Personalisierung (Reinkemeier & Gnewuch, 2023). Dies kann die persönliche Ansprache sein oder auch die Anpassungen in der Interaktion auf der Basis vorheriger Interaktionen. Gemäss den Autoren vertrauen Menschen eher anderen Menschen, die ihnen ähnlich sind. Dies kann auch auf die Sprachassistenten übertragen werden. Denn wenn es dem System gelingt, die Stimme an die der Nutzerin oder des Nutzers anzupassen, kann dies die Bereitschaft für die Nutzung erhöhen (Reinkemeier & Gnewuch, 2023).

6. Interaktivität

Die Interaktivität mit automatisierten Kundendialogsystemen hat zum Ziel, dass Nutzerinnen und Nutzer auch eine passende Reaktion vom System erhalten. Im Chat-Kontext beschreibt dies, wie das Verhältnis des Nachrichtenaustauschs ist (Go & Sundar, 2019). Nutzerinnen und Nutzer müssen auch bei automatisierten Dialogsystemen das Gefühl haben, dass sich das System am Gespräch beteiligt, was wiederum auch zu mehr Menschenähnlichkeit führt und somit die Vertrauenswahrnehmung positiv beeinflusst (Go & Sundar, 2019).

7. Gestaltung

Bei der Gestaltung eines digitalen Assistenten spielen die sozialen Signale ebenfalls eine zentrale Rolle (Gnewuch et al., 2020), auch der Sprachstil, die Antwortgeschwindigkeit und die Gestaltung des Avatars (z. B., ob ein Avatar lächelt) (Gnewuch et al., 2020).

Es ist schwierig, die Balance zwischen «zu menschenähnlich» oder «zu roboterhaft» zu finden (Brandtzaeg & Følstad, 2018). Auch hier sollten verschiedene Ausgestaltungsmöglichkeiten mit den Kundengruppen getestet werden.

11.6   Messung des Vertrauens in automatisierte Kundendialoge

Generell können Nutzerinnen und Nutzer während der Interaktion mit einem automatisierten Kundendialogsystem gebeten werden, Rückmeldungen (Feedback) zu geben. Dieses Feedback kann sich auf die Interaktion beziehen, oder es kann bspw. nachgefragt werden, ob die Auskunft des automatisierten Kundendialogsystems geholfen hat.

Das Vertrauen in automatisierte Kundendialogsysteme kann in transaktionsbasierten Umfragen gemessen werden. Hier kann das Konstrukt des Vertrauens sowie der generellen Effizienz abgefragt und gemessen werden. Es empfehlen sich hierfür die vorher beschriebenen sieben Erfolgsfaktoren.

Das Vertrauensniveau hat schlussendlich auch Einfluss auf die erfolgreiche Nutzung eines Systems und auf das Kaufverhalten der Nutzerinnen und Nutzer. Dementsprechend sollten unter anderem auch die Nutzungsdaten analysiert werden. Dazu gehören unter anderem:

- Anzahl Interaktionen
- Nutzungsdauer
- Reaktionszeit des Systems
- Abbruchrate
- Prozessschritt, in dem eine Interaktion verlassen wird
- usw.

Wichtig ist es, Muster zu identifizieren, die Ursachen für Erfolge und Misserfolge zu verstehen, dementsprechend zu reagieren und somit die Interaktionen mit dem System zu verbessern.

11.7   Schlussbetrachtung

Vertrauen ist ein wesentlicher Faktor in automatisierten Kundendialogen und dessen Interaktion mit Nutzerinnen und Nutzern.

Wie beschrieben, gibt es einige Massnahmen und sieben Erfolgsfaktoren, um das Vertrauen in automatisierte Kundendialoge bei Nutzerinnen und Nutzern zu erhöhen. Gerade fehlende Konzepte und technische Probleme führen dazu, dass das Vertrauen in das System sinkt. Deshalb ist es wichtig, die Erfolgsfaktoren zum Aufbau von Vertrauen vorgängig im Konzept zu besprechen, in der Lösung zu integrieren und regelmässig zu testen. Auch müssen technische Fehler oder Verzögerungen in automatisierten Kundendialogen rasch behandelt werden.

Ein weiterer Aspekt ist die mangelnde Sicherheit, welche die Vertrauenswahrnehmung in automatisierten Kundendialogen beeinflussen kann. Wenn Nutzerinnen und Nutzer das Gefühl haben, dass ihre persönlichen Daten nicht ausreichend geschützt werden oder skeptisch gegenüber den Datenschutzrichtlinien sind, kann es sein, dass das System gar nicht genutzt wird. Auch das Bild bzw. die Gestaltung des Avatars kann die Vertrauenswahrnehmung beeinflussen. Und genauso verhält es sich mit der Interaktion: Auch über einen digitalen Assistenten können Gefühle und Emotionen vermittelt werden. Dies ist besonders wichtig, denn wenn eine Nutzerin/ein Nutzer das Gefühl hat, dass die persönlichen Bedürfnisse nicht berücksichtigt oder nicht ernst genommen werden, schwindet das Vertrauen.

Neben der Berücksichtigung der sieben Erfolgsfaktoren empfehlen wir einen einfachen Praxistest, indem Sie selbst Ihr System testen: «Würde ich als Konsumentin oder Konsument dieses System nutzen und ihm vertrauen?»

Literatur

Anton, E., Oesterreich, T. D., Schuir, J., & Teuteberg, F. (2022). Painting a holistic picture of trust in and adoption of conversational agents: A meta-analytic structural equation modeling approach. https://doi.org/10.24251/HICSS.2022.714.

Balasubramanian, S., Konana, P., & Menon, N. M. (2003). Customer satisfaction in virtual environments: A study of online investing. *Management Science, 49*(7), 871–889. https://doi.org/10.1287/mnsc.49.7.871.16385.

Bauer, P., & Freitag, M. (2018). Measuring trust. In E. M. Uslaner (Hrsg.), *The Oxford handbook of social and political trust* (S. 15–36). Oxford University Press. https://doi.org/10.1093/oxfordhb/9780190274801.013.1.

Benhardy, K. A., Hardiyansyah, H., Putranto, A., & Ronadi, M. (2020). Brand image and price perceptions impact on purchase intentions: Mediating brand trust. *Management Science Letters, 3425–3432.* https://doi.org/10.5267/j.msl.2020.5.035.

Bove, C., Aigrain, J., & Detyniecki, M. (2021). *Building trust in artificial conversational agents.* Joint Proceedings of the ACM IUI 2021 Workshops, April 13–17, 2021, College Station, USA.

Brandtzaeg, P. B., & Følstad, A. (2018). Chatbots. *Interactions, 25*(5), 38–43. https://doi.org/10.1145/3236669.

Cuddy, A. J. C., Fiske, S. T., & Glick, P. (2008). *Warmth and competence as universal dimensions of social perception: The stereotype content model and the BIAS map. In advances in experimental social psychology* (Bd. 40, S. 61–149). Academic Press. https://doi.org/10.1016/S0065-2601(07)00002-0.

Demeure, V., Niewiadomski, R., & Pelachaud, C. (2011). How is believability of a virtual agent related to warmth, competence, personification, and embodiment? *Presence: Teleoperators and Virtual Environments, 20*(5), 431–448. https://doi.org/10.1162/PRES_a_00065.

Deneçli, S., Yıldız Balaban, Ö., & Deneçli Arıbakan, C. (2022). Examining the relationship between consumer innovativeness and trust in chatbot applications: A study on Turkish banking sector. *Connectist: Istanbul University Journal of Communication Sciences, 0*(63), 59–85. https://doi.org/10.26650/CONNECTIST2022-1171397.

Erdem, F., & Ozen, J. (2003). Cognitive and affective dimensions of trust in developing team performance. *Team Performance Management, 9*(5/6), 131–135. https://doi.org/10.1108/13527590310493846.

Ernst and Young AG, Bergman, H., & Volery, T. (2008). Vertrauen zahlt sich aus. https://www.alexandria.unisg.ch/48330/1/Vertrauensstudie%20d_ernstyoung.pdf.

Fiske, S. T., Cuddy, A. J. C., & Glick, P. (2007). Universal dimensions of social cognition: Warmth and competence. *Trends in Cognitive Sciences, 11*(2), 77–83. https://doi.org/10.1016/j.tics.2006.11.005.

Fiske, S. T., Cuddy, A. J. C., Glick, P., & Xu, J. (2002). A model of (often mixed) stereotype content: Competence and warmth respectively follow from perceived status and competition. *Journal of Personality and Social Psychology, 82*(6), 878–902. https://doi.org/10.1037/0022-3514.82.6.878.

Følstad, A., Nordheim, C. B., & Bjørkli, C. A. (2018). What makes users trust a Chatbot for customer service? An exploratory interview study (S. 194–208). https://doi.org/10.1007/978-3-030-01437-7_16.

Gnewuch, U., Feine, J., Morana, S., & Maedche, A. (2020). *Soziotechnische Gestaltung von Chatbots. In Cognitive Computing* (S. 169–189). Springer Fachmedien Wiesbaden. https://doi.org/10.1007/978-3-658-27941-7_7.

Gnewuch, U., Morana, S., & Maedche, A. (2017). *Towards designing cooperative and social conversational agents for customer service.* Proceedings of the International Conference on Information Systems (ICIS) 2017, Thirty Eighth International Conference on Information Systems, South Korea.

Go, E., & Sundar, S. S. (2019). Humanizing chatbots: The effects of visual, identity and conversational cues on humanness perceptions. *Computers in Human Behavior, 97,* 304–316. https://doi.org/10.1016/j.chb.2019.01.020.

Grotenhermen, J.-G., Schönberg, N., & Schewe, G. (2021). Wahrnehmungen und Vertrauen gegenüber Conversational Agents im Kundenservice von Finanzdienstleistern – Eine vergleichende Analyse. In M. Bruhn & K. Hadwich (Hrsg.), *Künstliche Intelligenz im Dienstleistungsmanagement: Band 2: Einsatzfelder – Akzeptanz – Kundeninteraktionen* (S. 289–308). Springer Fachmedien Wiesbaden. https://doi.org/10.1007/978-3-658-34326-2_11.

Guenzi, P., & Georges, L. (2010). Interpersonal trust in commercial relationships: Antecedents and consequences of customer trust in the salesperson. *European Journal of Marketing, 44*(1/2), 114–138. https://doi.org/10.1108/03090561011008637.

Haupt, M., & Rozumowski, A. (2021). Sorry I am still learning: Active expectation management of chatbots (P. Kommers & P. Isaías, Eds.). In Proceedings of the 19th International Conference e-Society 2021 (S. 275–278). IADIS. https://www.esociety-conf.org/wp-content/uploads/2021/03/02_202101C036.pdf.

Herriman, M., Meer, E., Rosin, R., Lee, V., Washington, V., & Volpp, K. (2020). Asked and answered: Building a Chatbot to address Covid-19-related concerns. https://Catalyst.Nejm.Org/Doi/Full/10.1056/CAT.20.0230.

Ismagilova, E., Slade, E. L., Rana, N. P., & Dwivedi, Y. K. (2020). The effect of electronic word of mouth communications on intention to buy: A meta-analysis. *Information Systems Frontiers, 22*(5), 1203–1226. https://doi.org/10.1007/s10796-019-09924-y.

Kaplan, A. D., Kessler, T. T., Brill, J. C., & Hancock, P. A. (2021). Trust in artificial intelligence: Meta-analytic findings. *Human Factors: The Journal of the Human Factors and Ergonomics Society, 001872082110139.* https://doi.org/10.1177/00187208211013988.

Keeling, K., McGoldrick, P., & Beatty, S. (2010). Avatars as salespeople: Communication style, trust, and intentions. *Journal of Business Research, 63*(8), 793–800. https://doi.org/10.1016/j.jbusres.2008.12.015.

Kepuska, V., & Bohouta, G. (2018). Next-generation of virtual personal assistants (Microsoft Cortana, Apple Siri, Amazon Alexa and Google Home). 2018 IEEE 8th Annual Computing and Communication Workshop and Conference (CCWC), 99–103. https://doi.org/10.1109/CCWC.2018.8301638.

Khurana, A., Alamzadeh, P., & Chilana, P. K. (2021). ChatrEx: Designing Explainable Chatbot Interfaces for Enhancing Usefulness, Transparency, and Trust. 2021 IEEE Symposium on Visual Languages and Human-Centric Computing (VL/HCC), 1–11. https://doi.org/10.1109/VL/HCC51201.2021.9576440.

Kim, Y., & Peterson, R. A. (2017). A meta-analysis of online trust relationships in E-commerce. *Journal of Interactive Marketing, 38,* 44–54. https://doi.org/10.1016/j.intmar.2017.01.001.

Maedche, A., Legner, C., Benlian, A., Berger, B., Gimpel, H., Hess, T., Hinz, O., Morana, S., & Söllner, M. (2019). AI-based digital assistants. *Business & Information Systems Engineering, 61*(4), 535–544. https://doi.org/10.1007/s12599-019-00600-8.

Mayer, R. C., Davis, J. H., & Schoorman, F. D. (1995). An integrative model of organizational trust. *Academy of Management Review, 20*(3), 709–734. https://doi.org/10.5465/amr.1995.9508080335.

Munnukka, J., Talvitie-Lamberg, K., & Maity, D. (2022). Anthropomorphism and social presence in Human-Virtual service assistant interactions: The role of dialog length and attitudes. *Computers in Human Behavior, 135,* 107343. https://doi.org/10.1016/j.chb.2022.107343.

Nitzl, C., & Hirsch, B. (2013). *Die Entstehung von interpersonellem Vertrauen am Beispiel der Manager-Controller-Interaktion. In Macht des Vertrauens* (S. 37–51). Springer Fachmedien Wiesbaden. https://doi.org/10.1007/978-3-8349-4453-5_2.

Pangaro, P. (2010). How can I put that? Applying cybernetics to "Conversational Media". *Cybernetics & Human Knowing, 17,* 59–75.

Peter, M. K., Rozumowski, A., Niedermann, A., Casanova, M., Dalla Vecchia, M., Gnocchi, A., Lindeque, J., Mändli Lerch, K., & Zachlod, C. (2023). *Digitales Content Marketing und Branding.* FHNW Hochschule für Wirtschaft.

van Pinxteren, M. M. E., Pluymaekers, M., & Lemmink, J. G. A. M. (2020). Humanlike communication in conversational agents: A literature review and research agenda. *Journal of Service Management, 31*(2), 203–225. https://doi.org/10.1108/JOSM-06-2019-0175.

Pütz, C., Düppre, S., Roth, S., & Weiss, W. (2021). Akzeptanz und Nutzung von Chat-/Voicebots. In M. Bruhn & K. Hadwich (Hrsg.), *Künstliche Intelligenz im Dienstleistungsmanagement: Band 2: Einsatzfelder – Akzeptanz – Kundeninteraktionen* (S. 361–383). Springer Fachmedien Wiesbaden. https://doi.org/10.1007/978-3-658-34326-2_14.

Rajavi, K., Kushwaha, T., & Steenkamp, J.-B. E. M. (2019). In brands we trust? A multicategory, multicountry investigation of sensitivity of consumers' trust in brands to marketing-mix activities. *Journal of Consumer Research, 46*(4), 651–670. https://doi.org/10.1093/jcr/ucz026.

Rathje, R., Laschet, F.-Y., & Kenning, P. (2021). Künstliche Intelligenz in der Finanzdienstleistungsbranche – Welche Bedeutung hat das Kundenvertrauen? In M. Bruhn & K. Hadwich (Hrsg.), *Künstliche Intelligenz im Dienstleistungsmanagement: Band 2: Einsatz-felder – Akzeptanz – Kundeninteraktionen* (S. 265–286). Springer Fachmedien Wiesbaden. https://doi.org/10.1007/978-3-658-34326-2_10.

Reinkemeier, F., & Gnewuch, U. (2023, February 16). Mehr Personalisierung bei Sprachassistenten nötig. https://www.Kmu-Magazin.Ch/Digitalisierung-Transformation/Mehr-Personalisierung-Bei-Sprachassistenten-Noetig.

Rossmann, A. (2013). Vertrauen in Marketing und Vertrieb. In J. Vollmar, R. Becker, & I. Hoffend (Hrsg.), *Macht des Vertrauens* (S. 221–243). Springer Fachmedien Wiesbaden.

Rousseau, D., Sitkin, S., Burt, R., & Camerer, C. (1998). Not so different after all: A cross-discipline view of trust. *Academy of Management Review, 23*(3), 393–404. https://doi.org/10.5465/AMR.1998.926617.

Seeger, A.-M., Pfeiffer, J., & Heinzl, A. (2017). *When do we need a human? Anthropomorphic design and trustworthiness of conversational agents.* SIGHCI 2017 Proceedings, 15.

Seiler, R., Müller, S., & Beinert, M. (2019). *Stereotype content model (SCM) and chatbots/conversational interfaces: An experiment comparing trust, competence and warmth dimensions.* 48th Annual European Marketing Academy Conference (EMAC), 27–28 May 2019. European Marketing Academy, 2019, Hamburg, Germany.

Skraaning, G., & Jamieson, G. A. (2021). Human performance benefits of the automation transparency design principle: Validation and variation. *Human factors, 63*(3), 379–401.

Swan, J. E., Bowers, M. R., & Richardson, L. D. (1999). Customer trust in the salesperson: An integrative review and meta-analysis of the empirical literature. *Journal of Business Research, 44*(2), 93–107. https://doi.org/10.1016/S0148-2963(97)00244-0.

Tran, G. A., & Strutton, D. (2020). Comparing email and SNS users: Investigating e-servicescape, customer reviews, trust, loyalty and E-WOM. *Journal of Retailing and Consumer Services, 53,* 101782. https://doi.org/10.1016/j.jretconser.2019.03.009.

Willis, J., & Todorov, A. (2006). First impressions: Making up your mind after a 100-ms exposure to a face. *Psychological Science, 17*(7), 592–598. https://doi.org/10.1111/j.1467-9280.2006.01750.x.

Wirtz, J., Patterson, P. G., Kunz, W. H., Gruber, T., Lu, V. N., Paluch, S., & Martins, A. (2018). Brave new world: Service robots in the frontline. *Journal of Service Management, 29*(5), 907–931. https://doi.org/10.1108/JOSM-04-2018-0119.

Xing, X., Song, M., Duan, Y., & Mou, J. (2022). Effects of different service failure types and recovery strategies on the consumer response mechanism of chatbots. *Technology in Society, 70,* 102049. https://doi.org/10.1016/j.techsoc.2022.102049.

Zhu, Y., Zhang, J., Wu, J., & Liu, Y. (2022). AI is better when I'm sure: The influence of certainty of needs on consumers' acceptance of AI chatbots. *Journal of Business Research, 150,* 642–652. https://doi.org/10.1016/j.jbusres.2022.06.044.

Dr. Anna Rozumowski ist Dozentin für Marketing am Institute for Competitiveness and Communication (ICC) an der FHNW Fachhochschule Nordwestschweiz, Hochschule für Wirtschaft in Olten. Einer ihrer Schwerpunkte ist das digitale Marketing, wobei sie sich auf folgende Themen fokussiert: digitales Marketing, Einsatz, Akzeptanz von neuen Technologien (z. B. Chatbots, Human-Machine-Interaktionen, Influencer-Marketing, Vertrauen im Kundenkontakt/Verkauf). Neben ihrer Tätigkeit als Dozentin ist sie Studiengangleiterin des CAS Data Driven Marketing Spezialist/-in an der FHNW Hochschule für Wirtschaft.

Anna Rozumowski promovierte zum Thema «Evaluating trust based on impression formation in business encounters» an der Oxford Brookes University. In ihrer Arbeit untersuchte sie, welchen Einfluss der erste Eindruck einer Verkaufsperson auf das wahrgenommene Vertrauen hat.

Vor ihrer Tätigkeit an der FHNW arbeitete sie an der Züricher Hochschule für Angewandte Wissenschaften (ZHAW) als wissenschaftliche Mitarbeiterin am Institut für Marketing Management (IMM). Davor war sie im Marketing bei St. Gallen Bodensee Tourismus und bei Schweiz Tourismus tätig.

Anna Rozumowski absolvierte ihren Bachelor of Applied Science in Tourismus, Management und Leadership an der Hochschule für Technik und Wirtschaft (HTW, Fachhochschule Graubünden). Ihren Master in Business Administration mit einer Spezialisierung in Marketing absolvierte sie an der ZHAW.

Prof. Dr. Marc K. Peter ist Professor für Digital Business und Leiter des Kompetenzzentrums Digitale Transformation an der FHNW Fachhochschule Nordwestschweiz, Hochschule für Wirtschaft, in Olten/Schweiz. Neben seinen Tätigkeiten als Dozent und Studiengangleiter ist Prof. Dr. Marc K. Peter auch Initiant und Projektleiter diverser Studien (z. B. www.strategische-transformation.ch) und Praxishandbücher (z. B. www.digitaler-masterplan.ch) zur digitalen Transformation. Zu seinen Forschungsthemen gehören unter anderem die digitale Strategieentwicklung, digitales Marketing, Cybersicherheit und die Arbeitswelt 4.0.

Vor seiner Tätigkeit an der FHNW arbeitete Marc K. Peter in leitenden Stellungen in Schweizer KMUs sowie bei den Grossunternehmen PostFinance, eBay, E*TRADE und LexisNexis in den Bereichen Strategie, Technologie, Vertrieb und Marketing in Europa und Asien-Pazifik.

Prof. Dr. Peter hat ein Doktorat der CSU Sydney, einen Executive MBA (FH Bern/Babson College/PKU Beijing) und einen Master of Marketing (Universität Basel). Zudem studierte er Finanzwissenschaften an der UC Berkeley und Electronic Business Engineering an der FH Bern und absolvierte diverse Executive-Programme an der Columbia University, an der Harvard Business School, am MIT und an der Stanford University. Er ist Fellow der British Computer Society und des Chartered Institute of Marketing.

Be the Bot – Versicherungskunden in der Rolle eines Chatbots

12

Sophie Hundertmark ⓘ

Inhaltsverzeichnis

Schlüsselwörter

Chatbots · Bots · Conversational AI · Kundendialoge · Voicebots

---

12.1 Einleitung

12.1.1 Chatbots

Chatbots oder Conversational Agents (CA) sind softwarebasierte Systeme, die natürliche Sprache verwenden, um eine menschliche Unterhaltung zu simulieren (Bittner E. et al., 2019). Mit diesen Chatbots (kurz: Bots) können Nutzer Informationen austauschen (Diederich S. et al., 2019) oder auf Daten und Dienste zugreifen, indem sie natürliche

S. Hundertmark (✉)
Hochschule Luzern, Olten, Schweiz
E-Mail: Sophie.hundertmark@hslu.ch

© Der/die Autor(en), exklusiv lizenziert an Springer Fachmedien Wiesbaden GmbH, ein Teil von Springer Nature 2024
N. Hafner und S. Hundertmark (Hrsg.), *Kundendialog-Management*,
https://doi.org/10.1007/978-3-658-42851-8_12

Sprache verwenden (Følstad A. et al., 2019). Obwohl die Bezeichnung dieser software-basierten Systeme ständig diskutiert wird (z. B. CA, Chatbot, Chatterbot oder digitaler Assistent), bleibt der Hauptzweck derselbe, nämlich ein nicht-menschliches System, das mit einem Menschen chattet, um einen bestimmten Zweck zu erreichen (z. B. Informationen abrufen, einen Dienst nutzen) (Dale R., 2016).

Der erste Chatbot mit dem Namen ELIZA wurde 1966 von Joseph Weizenbaum als textbasiertes Computerprogramm entwickelt, das eine Konversation in natürlicher Sprache mit einem Computer ermöglicht (Weizenbaum, 1966). In den 1980er-Jahren wurden die textbasierten Chatbots durch sprachbasierte Dialogsysteme und verkörperte CAs erweitert (McTear, 2016).

Textbasierte Chatbots werden häufig auf Webseiten und Messenger-Plattformen (z. B. Facebook Messenger, WeChat) implementiert, um den Kunden einen digitalen Touchpoint in natürlicher Sprache zu bieten. Solche Chatbots können jedoch auch in verschiedenen anderen Anwendungsfällen eingesetzt werden, z. B. bei der Wissensvermittlung (Kerly A. et al., 2017), bei Buchungen und zur Unterstützung der Zusammenarbeit am Arbeitsplatz (Frommert C. H., 2018).

Seit der Einführung von Smartphones und mobilen Anwendungen (kurz Apps) werden Chatbots häufig auf Smartphones und Messenger-Apps und nicht als reines Computerprogramm eingesetzt (Atwell E. et al., 2015).

Immer mehr Unternehmen nutzen Chatbots zur Steigerung der Profitabilität. Dabei werden Chatbots eingesetzt, um einen Teil der Kundendialoge zu automatisieren (Mockenhaupt, 2021). Ein Instrument zur Klassifikation von Automatisierungspotenzialen nach den Bedürfnissen von sowohl Kunden als auch Unternehmen stellt die Value-Irritant-Matrix dar (Price & Jaffe, 2008). Mithilfe der Value-Irritant-Matrix können Unternehmen erkennen, welche Dialoge sich für Automatisierungen eignen und welche weiterhin von Menschen geführt werden sollten. Die Value-Irritant-Matrix hilft jedoch nicht dabei zu entscheiden, wie die Automatisierung im konkreten Anwendungsfall genau aussehen soll, um beim Kunden im Sinne einer positiven Customer Experience nachhaltig in Erinnerung zu bleiben.

Während bisherige Forschungen zum Design der Automatisierungen meist nur den User auffordern, bestehende Automatisierungen bzw. Chat-Dialoge zu bewerten, wurden für diesen Beitrag Chatbot-Nutzer gefragt, wie sie sich den Chatbot-Dialog in verschiedenen Situationen eines Versicherungskunden wünschen. Die User wurden dabei gebeten, den für sie perfekten Chat-Dialog zu verfassen.

12.1.2 Forschungen zum Chatbot-Design

Forschungen zum Chatbot-Design und dessen Auswirkungen haben in den letzten Jahren stark an Interesse gewonnen. So erstaunt es nicht, dass es bereits unzählige Forscher gibt, die den Unterschied zwischen emotional-gestalteten Chatbots, die auch Empathie zeigen, und neutralen Chatbots im Hinblick auf Anwendungsszenarien und

Auswirkungen untersucht haben. Im Folgenden werden einige Beispiele aus unterschiedlichen Branchen vorgestellt:

Rhio S. et al. (2019) zeigen in ihrer Arbeit, dass sogenannte Frequently-Asked-Question(FAQ)-Chatbots, wie sie bspw. im Kundenservice vermehrt eingesetzt werden, als glaubwürdiger und insgesamt positiver bewertet werden, wenn diese Emotionen zeigen, anstatt nur reine Fakten als Antworten zu geben. Rhio S. et al. führen ihre Ergebnisse auf Experimente mit Studierenden zurück, die einen FAQ-Chatbot ihrer Universität sowohl mit als auch ohne menschliche Emotionen genutzt haben.

Mann J. A. et al. (2015) fokussieren sich bei ihren Forschungen vor allem auf ältere Chatbot-Nutzer und zeigen, dass die Nutzungszahlen deutlich höher sind, wenn die Conversational Agents zusätzlich zu den statischen, neutralen Antworten auch emotionale bzw. menschliche Elemente enthalten.

Ähnliche Ergebnisse zeigen auch Doctor F. et al. (2016) mit ihrer Forschung «An Intelligent Framework for Emotion Aware E-Healthcare Support Systems». Demnach wirken sich emotional-gestaltete Computersysteme positiv auf das Wohlbefinden und die Zufriedenheit von Patienten aus.

Crolic C. et al. (2021) verdeutlichen mit ihren Experimenten dagegen, dass Emotionen von Chatbots nicht immer gewünscht sind bzw. zu besseren Ergebnissen führen. Sie zeigen, dass Kunden, die zu Beginn der Chatbot-Konversation bereits in einer negativen Stimmung sind, bspw. aufgrund einer Schadensmeldung, lediglich direkte und faktenbasierte Antworten vom Bot wünschen anstatt ausgeschmückte und emotional beladene Antworten.

Ähnliche Ergebnisse präsentieren Ng M. et al. (2020) im Zusammenhang mit Bankkunden. Sie zeigen, dass Kunden während der Beratung durchaus menschliche Züge des Conversational Agent schätzen und als positiv bewerten. Geht es dagegen lediglich um die Meldung von Änderungen oder das Abfragen von Kontonummer oder Kontostand, bevorzugen Kunden den neutralen Bot, der lediglich schnell und unkompliziert auf die Nutzeranfrage antwortet, anstatt den Dialog mit Emotionen zu verlängern.

Auch Ghandeharioun A. et al. (2019) haben ähnliche Beobachtungen gemacht. Sie zeigen zunächst, dass extrovertierte Nutzer auch extrovertierte Conversational Agents bevorzugen, wohingegen introvertierte User eher introvertierte Bots bevorzugen. Weiter zeigen sie aber auch, dass User, die in einer negativen oder traurigen Stimmung sind, keine zu deutlichen Emotionen des Bots wünschen. Sie bevorzugen eher eine neutrale Tonalität. Dies ändert sich, sobald die User in guter Stimmung sind.

Katayama S. et al. (2019) kommen zum gleichen Ergebnis, wenn es um die unterschiedlichen Bedürfnisse zwischen gut und schlecht gelaunten Chatbot-Nutzern geht. Sie zeigen ebenfalls, dass Bots vor allem in positiven Situationen Emotionen signalisieren sollen.

Hammerschmidt M. et al. (2021) zeigen sogar noch eine weitere Anwendung für neutrale Chatbots auf. In ihrem Experiment verdeutlichen sie, dass ein menschliches Chatbot-Design zwar die Nutzungsabsicht in nicht-peinlichen Kontexten erhöht, in als peinlich empfundenen Kontexten dagegen eher zum Gegenteil führt. Sie stellen damit frühere Forschungen zu den positiven Auswirkungen von Social Presence in Chatbots infrage und weisen darauf hin, dass Chatbots, die in beschämten Situationen agieren, besser kaum oder keine menschliche Designelemente beinhalten sollten (Klaus & Manthiou 2020).

12.2 Fragestellungen und Methode

12.2.1 Fragestellungen

Mithilfe eines neuartigen Experimentdesigns wollte die Autorin zusätzliche Erkenntnisse zur Gestaltung von Chatbot-Dialogen gewinnen. Dabei liegt bei der vorliegenden Studie der Fokus auf Chatbots von Versicherungen, welche die Use Cases «Schaden melden», «Adresse ändern» oder «Zusatzversicherung abschliessen» behandeln. Diese drei Use Cases wurden in Rücksprache mit Schweizer Versicherungen für das Experiment ausgewählt. Alle drei sind unter Berücksichtigung der Value-Irritant-Matrix (Price & Jaffe, 2008) bestens für Automatisierungen im Kundenservice geeignet.

Weiter soll das Experiment zeigen, wie das gewünschte Chatbot-Verhalten zwischen den Usern in Abhängigkeit von Alter, Geschlecht, Persönlichkeit und Erfahrung mit Chatbots variiert.

Beim Chatbot-erhalten wurden die drei wichtigen Merkmale Umfang an Empathie, Antwortlänge und Grad der Bezugnahme auf vorherige User-Nachricht berücksichtigt.

Folgende Fragestellungen wurden im Voraus aufgestellt:

1. Wie hoch ist der Wunsch nach Empathie seitens des Chatbots bei den Use Cases «Schaden melden», «Adresse ändern» und «Zusatzversicherung abschliessen»?
2. Wie unterscheidet sich der Wunsch nach Empathie bei allen drei Use Cases im Hinblick auf Alter, Geschlecht, Persönlichkeit oder Erfahrung der User?
3. Wünschen sich Kunden eher kurze oder eher lange Antworten von einem Chatbot bei den Use Cases «Schaden melden», «Adresse ändern» und «Zusatzversicherung abschliessen»?
4. Wie unterscheidet sich die gewünschte Antwortlänge bei allen drei Use Cases im Hinblick auf Alter, Geschlecht, Persönlichkeit oder Erfahrung der User?
5. Erwarten Versicherungskunden, dass der Chatbot bei den Use Cases «Schaden melden», «Adresse ändern» und «Zusatzversicherung abschliessen» direkten Bezug auf ihre Antwort nimmt?
6. Wie unterscheidet sich der Wunsch nach Bezugnahme auf die vorherige User-Antwort bei allen drei Use Cases im Hinblick auf Alter, Geschlecht, Persönlichkeit oder Erfahrung der User?

12.2.2 Methode

Für die vorliegende Studie wurden 39 Versicherungskunden im Zeitraum vom 11.11.2022 bis 01.12.2022 gebeten, sich in die Rolle eines Chatbots zu versetzen und wie ein Bot auf vorgegebene User-Nachrichten zu reagieren. Die Methode, dass User selbst den Chatbot-Dialog schreiben, anstatt Feedback zu bestehenden Dialogen zu geben, ist in der Forschung zum Conversational-AI-Design komplett neuartig.

Bislang haben Forscher wie Völkel S. et al. (2020) diese Methode lediglich genutzt, um mehr über die gewünschte Tonalität von Voice Assistants herauszufinden, nicht aber für das Design von geschriebenen Chat-Dialogen.

Die Teilnehmer des Experiments bekamen für die drei Use Cases «Schaden melden, «Adresse ändern» und «Zusatzversicherung abschliessen» jeweils vier Dialogabschnitte eines Users und sollten passend dazu eine Chatbot-Antwort schreiben. Dabei war der Dialog so gestaltet, dass der User die Konversation beginnt und gleich in der ersten Nachricht sein Anliegen äussert (Schaden melden, Adresse ändern oder Zusatzversicherung abschliessen). Abb. 12.1 zeigt einen der Dialoge, den die Teilnehmer zum Vervollständigen bekamen.

Am Ende des Dialogs wurden die Studienteilnehmer zusätzlich nach ihrem Alter, ihrem Geschlecht und ihrer Erfahrung mit Chatbots gefragt. Bei der Frage nach dem Alter wurden folgende vier Altersgruppen zur Auswahl gegeben: 18–30, 31–40, 41–50 und 51–65. Bei der Frage nach der Erfahrung wurde gefragt, ob die Teilnehmer vorher bereits einen Bot genutzt hatten; hierzu gab es folgende drei Antwortoptionen: ja mehrmals, ja einmal, nein.

Schlussendlich wurden die Teilnehmer noch gebeten, ihre eigene Persönlichkeit einer der fünf Gruppen der Big Five zuzuordnen: Offenheit für Erfahrungen (Aufgeschlossenheit), Gewissenhaftigkeit (Perfektionismus), Extraversion (Geselligkeit; Extravertiertheit), Verträglichkeit (Rücksichtnahme, Kooperationsbereitschaft, Empathie) und Neurotizismus (emotionale Labilität und Verletzlichkeit). Bei den Big Five (auch Fünf-Faktoren-Modell, FFM) handelt es sich um ein Modell der Persönlichkeitspsychologie. Im Englischen wird es auch als OCEAN-Modell bezeichnet (nach den entsprechenden Anfangsbuchstaben Openness, Conscientiousness, Extraversion, Agreeableness, Neuroticism). Die Big Five wurden durch eine Vielzahl von Studien belegt und gelten heute international als das universelle Standardmodell in der Persönlichkeitsforschung (John et al., 2008).

Im Folgenden siehst du einen Dialog zwischen einem Menschen und einem
Chatbot. Die pinken Felder sind der Chatbot. Bitte stelle dir vor, dass du der User
bist! Welche Antworten würdest du dir jeweils von dem Chatbot wünschen?

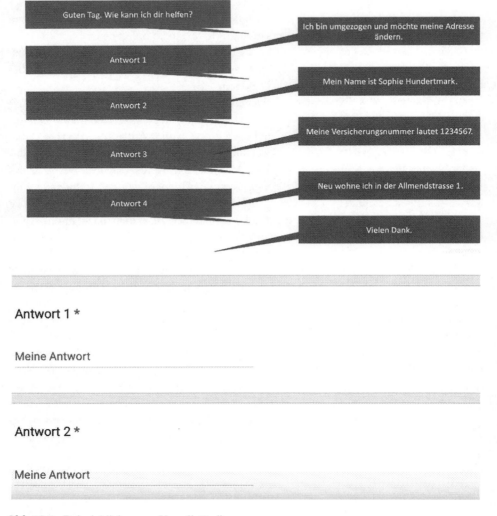

Antwort 1 *

Meine Antwort

Antwort 2 *

Meine Antwort

Abb 12.1 Beispieldialog zum Vervollständigen

12.3   Auswertung und Ergebnisse

12.3.1 Vorgehen der Auswertung

Als Erstes wurden die Chat-Antworten der Teilnehmer des Experiments manuell überprüft und in die folgenden Kategorien unterteilt. Anschliessend wurden zunächst nur
die Korrelationen zwischen Use Case und Ausprägung der einzelnen Dimensionen berechnet. Daraufhin folgten Korrelationsanalysen zwischen User-Merkmalen und Ausprägungen der Dimensionen (Tab. 12.1).

12.3.2 Die Ergebnisse

Mithilfe der ersten Korrelationsanalyse konnten folgende Erkenntnisse gewonnen werden:

Wenn Empathie, dann am ehesten bei der Meldung eines Schadens
Die Mehrzahl der Teilnehmer hat die Chatbot-Antworten ohne Empathie verfasst. Es ist
also davon auszugehen, dass Chatbot-User grundsätzlich eher keine Empathie von einem
Chatbot erwarten.

Beim Vergleich der drei Use Cases fällt jedoch auf, dass Empathie am ehesten beim
Melden eines Schadens infrage kommt. Hier verfassten die Kunden im Vergleich zu den
anderen Use Cases die meisten Nachrichten mit Empathie. An zweiter Stelle folgt das
Ändern einer Adresse. Geht es dagegen um das Abschliessen einer Zusatzversicherung,
erwarten nur die wenigsten Kunden Empathie.

Lange Antworten, vor allem beim Ändern der Adresse
Obwohl in nahezu allen UX-Guidelines zum Conversational Design steht, dass Chatbot-
Antworten eher kurz gehalten sein sollten, formulierten die Versicherungskunden meist
eher lange Antworten. Dies fiel vor allem beim Ändern einer Adresse auf. Aber auch
bei Schadenmeldungen sind die Antworten eher lang. Am kürzesten sind die Antworten
beim Abschliessen einer Zusatzversicherung.

**Adressänderung und Schadenmeldung gehen nicht ohne Bezugnahme, Zusatzver-
sicherung geht ohne Bezug**
Die Ergebnisse zeigen sehr deutlich, dass Kunden beim Ändern einer Adresse unbedingt eine
direkte Bezugnahme des Chatbots wüschen. Äusserungen wie «Klar! Um deine Adresse zu

Tab. 12.1   Dimensionen für die Auswertung

Dimension	Ausprägung 1	Ausprägung 2
Emotion	ja	nein
Antwortlänge	kurz	lang
Bezug zu vorheriger Nachricht	ja	nein

ändern, benötige ich einige Daten. Wie heisst du?» wurden hier vermehrt geschrieben. Auch beim Melden eines Schadens scheint das Bezugnehmen auf die Kundennachricht ein wichtiger Punkt zu sein. Kunden wünschen sich also einen Dialog und dass der Bot Context mit aufnimmt. Beim Abschliessen einer Zusatzversicherung ist es anders. Hier ist den Kunden das Bezugnehmen am wenigsten wichtig. Natürlich wollen sie verstanden werden und ein passendes Angebot erhalten, aber die verfassten Chatbot-Antworten sehen eher so aus: «Option 1 kostet einmalig CHF 75.-. Option 2 wären CHF 60.- und Option 3 CHF 45.-«.

Mithilfe der zweiten Korrelationsanalyse konnten tiefere Erkenntnisse zum Dialogdesign in Abhängigkeit von Alter, Geschlecht, Persönlichkeit oder Erfahrung mit Chatbots gemacht werden. Folgende wichtige Erkenntnisse waren hier auffallend:

- Unabhängig vom Use Case fanden sich in der jüngsten Altersgruppe (18–30 Jahre) die kürzesten Antworten. Alle anderen Altersgruppen wünschen sich deutlich längere Antworten seitens des Chatbots.
- Unabhängig vom Use Case erwarten Frauen eher eine Bezugnahme zur vorherigen Nachricht. Männern scheint es allgemein weniger wichtig zu sein, dass der Chatbot mit Ausdrücken wie «klar, gern…» auf ihre Nachrichten eingeht.
- Unabhängig vom Use Case wurden von den Persönlichkeitsgruppen «Offenheit für Erfahrungen» und «Gewissenhaftigkeit» eher lange Antworten verfasst. Die Gruppen «Extraversion» und «Verträglichkeit» verfassten deutlich kürzere Nachrichten.
- Unabhängig vom Use Case fällt auf, dass die Persönlichkeitsgruppe «Extraversion» am wenigsten Wert auf Bezug zu den einzelnen Nachrichten legt.
- Geht es um den Use Case «Adresse ändern», fällt auf, dass nur die Altersgruppe 31–40 Jahre kurze Antworten. verfasst hat. Alle anderen Altersgruppen wünschen sich deutlich längere Antworten seitens des Chatbots.
- Beim Ändern der Adresse gab die Mehrzahl der Frauen eher kurze Antworten, die Männer dagegen eher lange Antworten.
- Geht es um das Ändern der Adresse, fällt auf, dass die Persönlichkeitsgruppe «Extraversion» deutlich kürzere Nachrichten verfasst als die anderen Gruppen.
- Geht es um das Ändern der Adresse, fällt auf, dass die Persönlichkeitsgruppe «Extraversion» am wenigsten Wert auf Bezug zu den einzelnen Nachrichten legt.
- Beim Melden eines Schadens erwarten die jüngsten Versicherungskunden (18–30 Jahre) die längsten Antworten. Die anderen Altersgruppen haben ihre Bot-Antworten deutlich kürzer gehalten.
- Beim Melden eines Schadens sind sich die Männer einig, dass sie eher eine Bezug- bzw. Stellungnahme zu ihrer Nachricht wünschen, bei den Frauen kann keine eindeutige Aussage dazu getroffen werden.
- Beim Melden eines Schadens fällt auf, dass die Persönlichkeitsgruppe «Extraversion» deutlich kürzere Nachrichten verfasst als die anderen Gruppen.
- Beim Melden eines Schadens fällt auf, dass die Persönlichkeitsgruppe «Extraversion» am wenigsten Wert auf Bezug zu den einzelnen Nachrichten legt.
- Geht es um das Abschliessen einer Zusatzversicherung, gibt interessanterweise die Altersgruppe 41–50 Jahre kürzere Antworten als alle anderen Altersgruppen.

- Beim Abschliessen einer Zusatzversicherung fällt auf, dass die Persönlichkeitsgruppe «Extraversion» am wenigsten Wert auf Bezug zu den einzelnen Nachrichten legt.
- Erfahrene Bot-User sind solche, die mehr als einmal mit einem Chatbot geschrieben haben. Diese Gruppe von Usern wünscht sich im Allgemeinen eher ausführliche Antworten von einem Chatbot.
- Erfahrene Chatbot-User erwarten, dass der Chatbot Bezug zu ihrer vorherigen Antwort nimmt.
- Hinsichtlich Empathie konnte kein Unterschied zwischen Usern, die bereits ein- oder mehrmals mit Bots gechattet haben, und solchen, die noch nie gechattet haben, festgestellt werden.

12.4 Diskussion und Ausblick

12.4.1 Diskussion und wichtigste Erkenntnisse

An dieser Stelle muss noch einmal betont werden, dass das hier angewendete Forschungsdesign im Bereich der Forschung zum Chatbot-Design komplett neuartig ist. Die Ergebnisse zeigen jedoch, dass diese Methode durchaus gute und relevante Informationen bietet. Weiter sind bislang keine Forschungen bekannt, bei denen unterschiedliche Kundenanliegen, mit Kundenmerkmalen und Erwartungen an die Chatbot-Dialoge im Hinblick auf Empathie, Länge und Bezugnahme analysiert worden sind.

In diesem Experiment wurden die Teilnehmer gebeten, sich selbst einem der fünf bekannten Persönlichkeitstypen (vgl. Big Five) zuzuordnen. In anderen Studien werden die Teilnehmer meist gebeten, zwischen vordefinierten Adjektiven, die sie am besten beschreiben, auszuwählen. Dieser Teil wurde im vorliegenden Experiment bewusst abgekürzt, da das Schreiben der Bot-Dialoge für die meisten Teilnehmer schon einen grösseren zeitlichen Aufwand bedeutet, als sie es von anderen Studien gewöhnt sind.

Es muss auch darauf hingewiesen werden, dass das Sample dieses Experiments mit knapp 40 Antworten eher klein ist und statistische Signifikanzen idealerweise noch einmal mit einem grösseren Sample belegt bzw. vertieft werden sollten.

Dennoch zeigen die Ergebnisse bereits jetzt einige sehr interessante Trends auf:

Während im Allgemeinen wohl die Aussagen der Tab. 12.2 gelten, zeigt eine Detailbetrachtung der Kunden je nach Alter, Geschlecht und Persönlichkeit vereinzelte Abweichungen (Zahlen geben die Reihenfolge an, 1 trifft am meisten zu).

Tab. 12.2 Zusammenfassung der Ergebnisse

Use Case	Empathie	Bezugnahme zu Nachrichten	Antwortlänge
Adresse ändern	nein (2)	mit Bezug (1)	lang (1)
Schaden melden	nein (3)	mehr mit Bezug (2)	eher lang (2)
Zusatzversicherung	nein (1)	ohne Bezug (3)	eher lang (3)

So werden zwar im Allgemeinen bei allen drei Use Cases lange bzw. eher lange Chat-Antworten erwartet, beim Ändern der Adresse und beim Melden eines Schadens bevorzugen die jüngeren Gruppen aber eher kurze Antworten. Ähnliches gilt für extrovertierte User: Sie erwarten in der Regel auch verkürzte Antworten und legen auch am wenigsten Wert auf Bezugnahme vom Bot. Beim Ändern der Adresse sind es hauptsächlich die Männer, die lange Chatbot-Antworten verfasst haben, die Frauen fassen sich hier eher kurz.

Schlussendlich sind unterschiedliche Erwartungen bei Usern, die bereits öfter mit Chatbots gechattet haben, und solchen, die noch nie mit Bots gechattet haben, zu beobachten. Hier gilt es anzumerken, dass die Zahl der User, die noch nie mit einem Bot gechattet haben, wohl in den nächsten Jahren deutlich sinken wird – dies unter anderem aufgrund von technologischen Fortschritten und Unternehmen wie OpenAI, die ihren neusten Chatbot der breiten Öffentlichkeit zur Verfügung stellen und parallel dazu für eine grosse Reichweite in den unterschiedlichsten Medien sorgen.

12.4.2 Empfehlungen für die Praxis

Die Ergebnisse zeigen, dass Versicherungen und vermutlich auch andere Unternehmen bei der Konzeption von Chatbot-Dialogen differenziert vorgehen sollten. Nicht alle Kundengruppen haben die gleichen Erwartungen an einen Chatbot, und die Erwartungen an die Gestaltung der Chatbot-Antwort (Länge, Empathie, Bezugnahme) variieren auch im Hinblick auf das Anwendungsgebiet, also den Use Case.

Um in Zukunft ein positives Kundenerlebnis bei der Nutzung eines Chatbots bei allen Kunden zu erreichen, sind Unternehmen gefordert, verschiedene Dialogvariationen einzuplanen und diese je nach User und Use Case passend auszuspielen.

Bevor Kunden jedoch individuell von einem Chatbot angesprochen werden können, müssen Forschungen dieser Art weiter vertieft werden, um mehr über Kundengruppen und deren Erwartungen zu erfahren. Weiter müssen Unternehmen die Rahmenbedingungen schaffen, um ihren User auch passend charakterisieren und seine Erwartungen möglichst früh innerhalb des Chatbot-Dialogs erkennen zu können.

Dabei dürfen aber auf keinen Fall die erforderlichen Datenschutzrichtlinien und ethische Anforderungen verletzt werden. Die Nutzer müssen unbedingt darauf hingewiesen werden, welche Daten der Chatbot verwendet und mithilfe welcher Informationen das Verhalten des Chatbots angepasst wird. Bislang fehlen noch detaillierte Forschungen zum «Zeigen von Personalisierungen». Es ist noch nicht erforscht, wie User reagieren, wenn sie nicht nur mit personalisierten Chatbots kommunizieren, sondern wenn sie auch erfahren, dass der Bot spezifisch an den einzelnen User angepasst wird. Dies könnte ebenfalls Gegenstand weiterer Forschungen sein.

Literatur

Abu Shawar, B., & Atwell, E. (2015). ALICE Chatbot: Trials and outputs. *Computacion y Sistemas, 19,* 625–632. https://doi.org/10.13053/cys-19-4-2326.

Bittner, E. A., Oeste-Reiss, S., & Leimeister, J. M. (2019). *Where is the bot in our team? Toward a taxonomy of design option combinations for conversational agents. Collaborative work.* HICSS. https://doi.org/10.24251/HICSS.2019.035.

Crolic, C., Thomaz, F., Hadi, R., & Stephen, A. T. (2022). Blame the Bot: Anthropomorphism and Anger in Customer–Chatbot Interactions. *Journal of Marketing, 86*(1), 132–148. https://doi.org/10.1177/00222429211045687.

Dale, R. (2016). "The return of the chatbots." *Natural Language Engineering, 22:5,* 811–817.

Diederich, S., Brendel, A. B., Lichtenberg, S., & Kolbe, L. M. (2019). Design for fast request fulfillment or natural interaction? Insights from an experiment with a conversational agent. In *Proceedings of the 27th European Conference on Information Systems (ECIS), Stockholm and Uppsala, Sweden* (June 8–14).

Doctor, F., Karyotis, C., Iqbal, R., & James, A. (2016). An intelligent framework for emotion aware e-healthcare support systems. In *IEEE Symposium Series on Computational Intelligence (SSCI).*

Følstad, A., Skjuve, M., & Brandtzaeg, P. B. (2019). Different Chatbots for different purposes: towards a typology of Chatbots to understand interaction design. In S. Bodrunova et al. (Hrsg.) *Internet science. INSCI 2018. Lecture notes in computer science,* vol 11551. Springer. https://doi.org/10.1007/978-3-030-17705-8_13.

Frommert, C. H. (2018). *Using Chatbots to Assist Communication in Collaborative Networks* (S. 257–265). Springer.

Ghandeharioun, A., McDuff, D.J., Czerwinski, M., & Rowan, K. (2019). Towards understanding emotional intelligence for behavior change Chatbots. In *8th International Conference on Affective Computing and Intelligent Interaction (ACII),* 8–14.

Hammerschmidt, M., Mozafari, N., & Weiger, W. H. (2021). That's so embarrassing! When not to design for social presence in human-Chatbot interactions. In *Conference Proceedings of the International Conference on Information Systems,* Vol. 42.

John, O. P., Naumann, L., & Soto, C. (2008). *Paradigm shift to the integrative big five trait taxonomy. Handbook of personality theory and research* (3. Aufl., S. 114–117).

Klaus, P., & Manthiou, K. (2020). Applying the EEE customer mindset in luxury: Reevaluating customer experience research and practice during and after corona. *Journal of Service Management.* https://doi.org/10.1108/JOSM.

Mann, J. A., MacDonald, B. A., Kuo, I. H., Li, X., & Broadbent, E. (2015). People respond better to robots than computer tablets delivering healthcare instructions. *Computational Human Behaviour, 43,* 112–117. https://doi.org/10.1016/j.chb.2014.10.029.

Mockenhaupt, A. (2021). *Digitalisierung und Künstliche Intelligenz in der Produktion: Grundlagen und Anwendung.*

Katayama, S., Mathur, A., Broeck, M. V., Okoshi, T., Nakazawa, J., & Kawsar, F. (2019). Situation-aware emotion regulation of conversational agents with kinetic earables. In *8th International Conference on Affective Computing and Intelligent Interaction (ACII)* (S. 725–731).

Kerly, A., Hall, P., & Bull, S. (2017). Bringing chatbots into education: Towards natural language negotiation of open learner models. *Knowledge-Based Systems, 20*(2), 177–185. https://doi.org/10.1016/j.knosys.2006.11.014.

McTear, M. F., Callejas, Z., & Griol, D. (2016). *Conversational interfaces: Devices, wearables, virtual agents, and robots.*

Ng, M., Coopamootoo, K. P., Toreini, E., Aitken, M., Elliott, K., & Moorsel, A. V. (2020). Simulating the effects of social presence on trust, privacy concerns & usage intentions in automated bots for finance. In *IEEE European Symposium on Security and Privacy Workshops (EuroS&PW), 2020, 190–199.*

Price, B., & Jaffe, D. (2008). *The best service is no service – How to liberate your customers from customer service, keep them happy, and control costs.* San Francisco.

Rhio, S., Chowandaa, C., Kurniatia, A., & Wongsoa, R. (2019). Designing an emotionally realistic Chatbot framework to enhance its believability with AIML and information states. *Procedia Computer Science, 157,* 621–628.

Völkel, S. Kempf, P., & Hussmann, H. (2020). Personalised chats with voice assistants: The user perspective. In *Proceedings of the 2nd Conference on Conversational User Interfaces (CUI '20). Association for Computing Machinery, New York, NY, USA, Article 53, 1–4.* https://doi.org/10.1145/3405755.3406156.

Weizenbaum, J. (1966). ELIZA – A computer program for the study of natural language communication between man and machine. *Communications of the ACM, 9*(1), 36–45.

Sophie Hundertmark ist Doktorandin an der Hochschule Luzern und Universität Fribourg sowie selbstständige Beraterin für die Automatisierung von Dialogen (Chatbots).

Nach Stationen in der Industrie und in Agenturen gehörte Sophie Hundertmark zu den ersten Masterstudentinnen in der Schweiz, die zu Chatbots forschen. Sie promoviert an der Universität Fribourg zum Einsatz von Conversational AI, Fuzzylogic und Large Language Models. Dazu arbeitet sie als wissenschaftliche Mitarbeiterin am Institut für Finanzdienstleistungen Zug der Hochschule Luzern (IFZ). Sophie Hundertmark verfügt über langjährige Erfahrungen als selbstständige Beraterin für die strategische Begleitung sowie Umsetzung von Chatbot und AI-Projekten. In diesem Zusammenhang sorgt sie für einen regelmässigen Austausch zwischen Akademie und Praxis zu allen Themen der AI getriebenen Conversational Automation.

Kundenanliegen verstehen, lösen und daraus lernen

13

Kai Duttle

Inhaltsverzeichnis

Schlüsselwörter

Skill-based Routing · Spracherkennung · Customer Experience · Voice Bots

Wenn ein Problem mit dem Produkt auftritt, ist das Kundenbedürfnis ganz einfach zu beschreiben – und zwar universell, unabhängig von der Industrie, der Produktkategorie oder dem Kundensegment. Beim Auftreten eines Problems erwarten Kunden von ihrem Anbieter: Anliegen verstehen, lösen und daraus lernen.

So verschieden die Produkte innerhalb eines Unternehmens sind, so unterschiedlich sind auch die einzelnen Geschäftsprozesse und die möglichen Fehlerquellen – und damit auch die möglicherweise auftretenden Probleme. Innerhalb der Produktbereiche gibt es

K. Duttle (✉)
Swisscard, Zürich, Schweiz

N. Hafner und S. Hundertmark (Hrsg.), *Kundendialog-Management*, https://doi.org/10.1007/978-3-658-42851-8_13

entlang der Wertschöpfungsketten folglich ebenfalls gänzlich unterschiedliche Service-bereiche, jedoch mit teils erheblichen Schnittmengen. Um in diesem komplexen Umfeld für Kunden eine angemessene Serviceleistung zu erbringen, braucht es möglichst naht-lose, reibungsfreie Übergaben zwischen den einzelnen Fachabteilungen.

Hier unterscheidet man üblicherweise zwischen First-, Second- und Third-Level Sup-port. Der First-Level Support steht als primäre Schnittstelle für Kundenanliegen zur Ver-fügung. Der Third-Level Support besteht aus Fachspezialisten, die innerhalb ihres eng gesteckten Kompetenzbereichs komplexe Prozesse betreuen. Der Second-Level Support stellt das Bindeglied dar und unterstützt den First-Level Support durch Dokumentatio-nen, Trainings und Weiterbildungen.

Sowohl für die Kunden als auch für das Unternehmen hat es grosse Vorteile, wenn ein konkretes Anliegen möglichst früh im Dialog identifiziert wird. Denn dann können interne Weiterleitungen, zeitraubende Erklärungen und unnötige Wartezeiten weitgehend vermieden werden. Das Verstehen von Kundenanliegen ist der wichtigste Schritt in der gesamten Wertschöpfungskette des Kundenservice – und gleichzeitig auch der mit der höchsten Komplexität. Moderne Spracherkennungslösungen können dabei unterstützen.

13.1 Kundenanliegen verstehen

In der heutigen Welt hat ein hervorragender Kundenservice für viele Unternehmen oberste Priorität. Dabei ist der erste und wichtigste Schritt, das jeweilige Anliegen zu verstehen. Idealerweise geschieht dies möglichst früh in der Customer Journey, denn dann hat man die Möglichkeit, die Kunden auf dem am besten geeigneten Kanal zu be-dienen, im effizientesten Prozess und ggf. durch den im jeweiligen Kontext kompeten-testen Kundenberater. Dabei ist es zentral, die Kunden dort abzuholen, wo das Problem auftritt oder sie die Lösung suchen.

Die erste Anlaufstelle ist heute meist ein digitales Kundenportal, eine mobile App oder das Hilfe-Center der Website. Für viele Anliegen braucht es den persönlichen Kontakt nicht, denn bspw. eine Adressänderung oder eine Prüfung des aktuellen Konto-stands möchten Kunden meist lieber im Selfservice erledigen. Dieser Trend der immer umfassenderen und nutzerfreundlicheren Selfservicemöglichkeiten für simple trans-aktionale Kundenanliegen wirkt sich massgeblich auch auf die Arbeit im persönlichen Kundenservice aus. Denn dort erhöht sich proportional das Volumen der relationalen, emotionalen und komplexen Anfragen. Hinzu kommen ausserdem Anfragen zu Regist-rierung, Login und Nutzung der digitalen Portale sowie auch Beschwerden bei System-unterbrechungen und Fehlermeldungen. Die Arbeit der Kundenberater wird immer viel-fältiger und technisch anspruchsvoller.

Um dieser Herausforderung zu begegnen, verwenden viele Contact Center fort-schrittliche Routingsysteme, die dabei helfen können, die Absicht hinter der Kundenan-frage zu erkennen und sie an das geeignete Team oder den entsprechenden Spezialisten weiterzuleiten. Auf diese Weise erhält ein Kunde die benötigte Hilfe schneller und effizienter. Solche Routingsysteme basieren in der Regel auf einer automatisierten Spracherkennungslösung («automatic speech recognition», ASR), einem sogenannten ASR-Modell.

Die Verarbeitung natürlicher Sprache («natural language processing», NLP) ist ein Teilgebiet der künstlichen Intelligenz, das sich mit der Interaktion zwischen Computern und menschlichen Sprachen befasst. NLP wird in verschiedenen Anwendungen eingesetzt, darunter Sprachübersetzung, Textzusammenfassung und Stimmungsanalyse. Im Kontext des Kundenservice kann NLP dazu verwendet werden, die Absichten der Kunden automatisch zu erkennen und Anrufe an die passenden Kundenberater auf der Grundlage von deren Fähigkeiten und Kenntnissen weiterzuleiten.

Während Kunden in der seit vielen Jahren eingesetzten IVR («interactive voice response») über die Telefontastatur den passenden Servicebereich selbst auswählen mussten, wird dieser in der sogenannten Conversational IVR vom System auf Basis der Beschreibung des Anliegens gewählt. Vor Einführung der Conversational IVR im Contact-Center-System der Swisscard hatten Kunden am Telefon bspw. folgende Auswahlmöglichkeiten:

> Für Fragen zu Kartensperrungen und -ersatz sowie PIN-Anfragen wählen Sie bitte die 1. Für Fragen zu Transaktionen, Rechnungen, Saldo oder weiteren Finanzdatenanfragen wählen Sie bitte die 2. Für persönliche Änderungen, wie z. B. Adresse oder Namen, wählen Sie bitte die 3. Für alle anderen Anfragen bleiben Sie bitte in der Leitung. Besten Dank.

Dabei wurde zwischen vier verschiedenen Servicebereichen unterschieden. Spezifische Anfragen an einzelne Fachbereiche mussten intern weitergeleitet, oder konnten direkt nur über eigene Entry Points (dedizierte Telefonnummern) erreicht werden. Letzteres führte wiederum häufig zu internen Weiterleitungen, da Kunden nicht die für ihr spezifisches Anliegen korrekte Rufnummer gewählt hatten.

Mit der Einführung der Conversational IVR im Jahr 2018 werden Kunden am Telefon nach der Begrüssung mittlerweile folgendermassen von einer freundlichen computergenerierten Stimme instruiert:

> Um Sie bestmöglich zu bedienen, nennen Sie uns bitte jetzt Ihr Anliegen in einem kurzen Satz wie z. B.: «Ich habe meine Karte verloren.» Sie werden anschliessend mit dem nächsten freien Mitarbeiter verbunden. Falls Sie Ihr Anliegen nicht nennen möchten, bleiben Sie bitte am Telefon, bis Sie weitergeleitet werden. Besten Dank. Bitte sprechen Sie jetzt.

Im Hintergrund wird der eingesprochene Text innerhalb von wenigen Millisekunden transkribiert und interpretiert und auf Basis des hinterlegten entpersonalisierten Spracherkennungsmodells dann ein passender Servicebereich zugewiesen (s. Abb. 13.1).
Diese Umstellung hatte drei unmittelbare Effekte zur Folge:

Abb. 13.1 Service-Routing

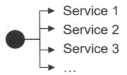

- Erstens wurde eine Steigerung der Kundenzufriedenheit festgestellt, gemessen durch den Net Promoter Score (NPS) über eine Zufriedenheitsumfrage nach Beendigung der Interaktion sowie durch qualitatives Kundenfeedback im Gespräch.
- Zweitens erhöhte sich die Trennschärfe der Serviceauswahl erheblich, denn das Modell konnte die erklärten Kundenanliegen deutlich besser einem entsprechenden Service zuweisen, als es über die Selbstselektion der Fall war.
- Und drittens konnten über die Conversational IVR anstelle der bisherigen vier nun ganze elf unterschiedliche Servicebereiche im Routing automatisiert zugewiesen werden.

Neben der Einordnung des Kundenanliegens und der entsprechenden Zuweisung an bestmöglich qualifizierte Mitarbeitende ist eine weitere grosse Herausforderung für ein effizient operierendes Contact Center das sogenannte Workforce Management. Dies soll einerseits sicherstellen, dass genügend Kundenberater verfügbar sind, um alle eingehenden Kundenanrufe entgegenzunehmen. Andererseits – und das macht die Planung ungleich komplizierter – soll auch sichergestellt werden, dass die eingesetzten Kundenberater über die nötigen Fähigkeiten und Kenntnisse verfügen, um eingehende Kundenanliegen zu lösen. Das Workforce Management umfasst idealerweise also nicht nur die benötigte reine Kapazität auf Basis des vorhergesagten Anrufvolumens, sondern auch eine Aufteilung nach benötigten Kompetenzen wie Fremdsprachenkenntnisse und abgedeckte Servicebereiche.

Die Tatsache, dass über die Conversational IVR nun deutlich mehr als nur vier unterschiedliche Servicebereiche automatisch erkannt und zugewiesen werden, hat den Planungsaufwand somit um ein Vielfaches erhöht. Gleichzeitig ermöglicht das bessere Verständnis der Anrufgründe aber auch, Kundenanliegen schneller und kompetenter zu lösen und damit den Service zu bieten, den Kunden erwarten und verdienen.

13.2 Kundenanliegen lösen

Eine Möglichkeit, den Personaleinsatz in einem Contact Center zu steuern, besteht darin, ein Gleichgewicht zwischen Spezialisierung und Flexibilität herzustellen. Einerseits kann es von Vorteil sein, Mitarbeitende zu haben, die in einem bestimmten Bereich hoch spezialisiert sind, weil sie Anfragen schneller und effektiver lösen können. Andererseits können Mitarbeitende mit einem breiteren Wissensfundus von Vorteil sein, weil sie flexibler für verschiedene Anfragen eingesetzt werden können.

Abb. 13.2 Skill-based Overflow

Eine Möglichkeit, mit dieser Herausforderung umzugehen, ist das sogenannte Skill-based Routing. Kundenberater in den First-Level Support Teams sind dabei auf die einzelnen Servicebereiche unterschiedlich gut geschult. Für alle Mitarbeitenden im Kundenservice ist im System pro Servicebereich jeweils eine Einstufung der jeweiligen Fähigkeit hinterlegt (sogenannte Skill Levels). Die Third-Level Support Teams sind Experten in ihren jeweiligen Bereichen und verfügen dort über das höchste Skill Level. Gleichzeitig sind sie selektiv aber auch auf generische Prozesse geschult, um bei hohem Kontaktvolumen die First-Level Teams zu unterstützen und somit lange Wartezeiten für Kunden zu vermeiden (s. Abb. 13.2). Andersherum gibt es auch Mitarbeitende im First-Level Support, die sich in bestimmten Fachbereichen weitergebildet haben und entsprechende Kundenanfragen bedienen können.

Einer der Hauptvorteile des Skill-based Routing besteht darin, dass die Lösungsquote beim ersten Kontakt («first contact resolution», FCR) verbessert wird. Wenn Kundenanfragen direkt an die richtigen Kundenberater weitergeleitet werden, sind diese besser in der Lage, die Anfragen zu bearbeiten und genaue und zufriedenstellende Antworten zu geben. Auf diese Weise müssen Kunden nicht mehr an andere Mitarbeitende weitergeleitet werden, was vorher häufig zu Informationsverlusten und längeren Bearbeitungszeiten geführt hatte.

Ein weiterer positiver Effekt des Skill-based Routing ist die Verkürzung der durchschnittlichen Bearbeitungszeit («average handling time»). Wenn Kundenanfragen an die jeweils fähigsten Kundenberater weitergeleitet werden, sind diese in der Lage, die Anfragen effizienter zu bearbeiten. Dies führt in der Regel zu einer schnelleren Lösung einzelner Anfragen und zu einer erhöhten Verfügbarkeit der Servicemitarbeitenden insgesamt, wodurch die Zeit, die Kunden in der Warteschleife verbringen oder auf eine Antwort warten, verkürzt wird. Damit verbessert das Skill-based Routing die Gesamteffizienz und die Produktivität.

Neben der Verbesserung der FCR und der Verkürzung der «average handling time» konnte mit der Einführung der Conversational IVR und dem optimierten Skill-based Routing ebenfalls ein positiver Effekt auf die Kundenzufriedenheit festgestellt werden. Wenn Kunden direkt mit den für ihr spezifisches Anliegen am besten geschulten und kompetentesten Servicemitarbeitenden verbunden werden, ist die Wahrscheinlichkeit grösser, dass sie genaue und zufriedenstellende Antworten auf ihre Anfragen erhalten. Das spart Zeit und verbessert massgeblich das Kundenerlebnis.

Mit dem Einsatz der Conversational IVR und der damit einhergehenden erhöhten Granularität der unterschiedlichen Servicebereiche hat man sich bei Swisscard im Hinblick auf diese Vorteile bewusst für eine stärkere Spezialisierung der einzelnen Kundenberater im Contact Center entschieden – zulasten eines gewissen Grades an Flexibilität im Workforce Management.

13.3   Kundenanliegen verstehen, lösen und daraus lernen

Beim Auftreten eines Problems erwarten Kunden von ihrem Anbieter: Anliegen verstehen, lösen und daraus lernen. Während die meisten Kunden beim ersten Auftreten
eines Problems sehr nachsichtig sind, sofern dieses schnell und ohne grossen Aufwand
gelöst wird, lässt das Verständnis bei wiederholtem Auftreten rapide nach. Daher ist es
von zentraler Wichtigkeit, aus auftretenden Problemen zu lernen und diese nachhaltig zu
lösen.

Die Möglichkeit, über den Kundenservice von den Kunden zu lernen und sich auf
der Grundlage von Feedback und Befragungen zu verbessern, ist für jedes Unternehmen
äusserst wertvoll. Entsprechend wird häufig auch bereits sehr viel in diese sogenannten
Voice-of-the-Customer-Auswertungen investiert. Indem Kunden aktiv zugehört wird,
lassen sich wertvolle Erkenntnisse über ihre Bedürfnisse, Wünsche und Sorgen gewinnen. Diese Informationen dienen neben dem klassischen Qualitätsmanagement als
Grundlage für Coachings und Trainings der Kundenberater und fliessen direkt in die
Produktentwicklung und Customer-Journey-Designs ein.

Die schriftliche Dokumentation eines Servicekontakts kann jedoch niemals alle Aspekte des Gesprächs abdecken. Der Gesprächsinhalt wird nur sehr verkürzt und auf das
Wesentliche beschränkt dargestellt; viele Informationen gehen verloren. Auch in diesem Bereich kann eine automatisierte Spracherkennungslösung helfen. Aufgezeichnete
Kundendialoge werden in Text transkribiert und maschinenlesbar (und somit auswertbar)
gemacht. Der manuelle Dokumentationsaufwand im Contact Center sinkt, während viel
mehr aus jeder einzelnen Kundeninteraktion gelernt werden kann.

Automatisierte Spracherkennung ist mit Siri, Alexa, Bixby, Cortana und dem Google Assistant nicht mehr aus unserem Alltag wegzudenken. Und auch im Kundenservice
spielt die Technologie zunehmend eine zentrale Rolle. Bei Swisscard ist sie bereits seit
2018 ein fester Bestandteil der Servicedesign-Architektur. Seither haben sich die Lösungen am Markt in ihrer Qualität und auch in ihrem Funktionsumfang stark weiterentwickelt, primär durch die stetige Vergünstigung von Rechenleistung und durch die
zunehmende Adaptation von Cloud Computing, womit diese Rechenleistung als Service
über zentrale Rechenzentren sehr einfach skaliert werden kann. Die Akzeptanz der Kunden, ihre Anliegen über automatisierte Dialogsysteme zu lösen, nimmt dadurch stetig zu
– ebenso wie die Vorteile, die durch den Einsatz von NLP im Unternehmen selbst entstehen. Um wettbewerbsfähig zu bleiben und den sich wandelnden Kundenbedürfnissen
gerecht zu werden, dürften in den kommenden Jahren noch viel mehr Unternehmen auf
automatisierte Spracherkennungs- und Dialogsysteme setzen.

Kai Duttle studierte Wirtschaftswissenschaften an der Universität Konstanz und an der Tokyo International University mit dem Schwerpunkt Verhaltensökonomik. Am Graduiertenkolleg Risk & East Asia der Universität Duisburg-Essen untersuchte er im Rahmen seiner Doktorarbeit den Effekt unterschiedlicher irrationaler Verhaltensmuster (Behavioral Biases) und deren Ausprägungen in unterschiedlichen Kulturkreisen auf die Finanzmärkte.

Seit 2015 ist er bei Swisscard AECS GmbH in unterschiedlichen Rollen für kundenzentrierte Automatisierung und die digitale Transformation der Geschäftsprozesse verantwortlich. Als Product Manager Customer Service Innovation leitet er unter anderem die Weiterentwicklung automatisierter Kundendialogsysteme und den Aufbau weiterer Lösungen auf der Basis künstlicher Intelligenz im Bereich Sprach- und Textverständnis als integrative Bestandteile der Servicedesign-Architektur.

Digital Product-Experience @ CSS

14

Garry Bachmann

Inhaltsverzeichnis

> **Schlüsselwörter**
>
> Chatbot · Conversational User Interface · Digital Experience

14.1 Einleitung

Im Jahr 2018 stand der Relaunch der Corporate-Website der CSS an, einschliesslich der Konzeption der User- und Customer Experience für ihre digitalen Kanäle. Von Anfang an war klar, dass es konsequent auf Journey-basierte Erfahrungen ausgelegt werden sollte, um den Kunden immer einen Schritt voraus zu sein und personalisierte Angebote zu unterstützen. Dabei sollte auf Augenhöhe mit den Nutzern und Kunden kommuniziert

G. Bachmann (✉)
CSS Versicherung, Luzern, Schweiz

© Der/die Autor(en), exklusiv lizenziert an Springer Fachmedien Wiesbaden GmbH,
ein Teil von Springer Nature 2024
N. Hafner und S. Hundertmark (Hrsg.), *Kundendialog-Management,*
https://doi.org/10.1007/978-3-658-42851-8_14

werden, um die Strategie als Gesundheitspartnerin zu unterstützen. Neueste Technologien durften und sollten eingesetzt werden. Daher kam auch das Thema «Chatbot» auf
den Plan.

Doch die Frage war, ob man einfach auf den Trend aufspringen und das Buzz-Word
«Chatbot» einbauen sollte. Was bringt ein Chat-System für die User Journeys und
die Customer Experience (Kundenerlebnis)? Könnte es sogar kontraproduktiv sein? Es
gab bis dato viele Beispiele mit begrenzter Funktionalität und bescheidener User Experience (Nutzererlebnis).

Durch die Analyse der Möglichkeiten stellten sich immer mehr Fragen: Wie würden
die Nutzer reagieren, und was erwarteten sie? Wo würde sich ein solches System in der
gewachsenen CSS-Landschaft positionieren? Was ist mit dem Datenschutz? Welche
Technologie kann nachhaltig eingesetzt werden? Darf oder sollte ein Chatbot «Business-
relevant» sein? Wer (welche Abteilung, welches Team) betreibt ein solches System, und
welche Fähigkeiten sind nötig?

Diese und weitere Fragen mussten beantwortet werden.

14.2   Ideen, Ansätze und Inspirationen

Es war schnell klar, dass wir keinen Chatbot aufbauen wollten, um möglichst viel Konversation zu betreiben. Daher haben wir uns auch vom Begriff «Chatbot» verabschiedet
und stattdessen vom «Conversational User Interface» (dialoggesteuerte Benutzeroberfläche), kurz CUI, gesprochen. Dadurch konnten wir interne Erwartungen und Be-
fürchtungen besser verwalten. Auch die Frage nach der «Persönlichkeit» wurde durch
den Wechsel von Chatbot zu CUI etwas entschärft. Das System soll vom Nutzer neutral als «es» wahrgenommen werden, aber trotzdem einen persönlichen Touch und etwas
«Menschliches» haben. Antworten werden möglichst neutral formuliert und nicht als
Person in der Ich-Form. Dadurch positioniert sich unser CUI als freundliches Butler-
System, das die Nutzerinnen entsprechend ihren Absichten und Wünschen zu einem bestimmten Ziel führt oder die jeweiligen Informationen liefert. So wurde auch der Name
«Smart Insurance Assistant» (SIA) geboren.

14.3   Theorien und Wünsche

Zusammen mit Kunden haben wir einen der zentralen Frustrationspunkte bei bestehenden Chatbots identifiziert: Antworten wie «Ich weiss nicht so genau, ich bin
noch am Lernen» sollten vermieden werden. Das ist eine hohe Anforderung, denn ein
allwissendes System wie ChatGPT kann kaum mit unseren Mitteln aufgebaut werden.
Von Anfang an legten wir jedoch in der Konzeption der neuen Website einen Schwerpunkt auf Content-Marketing. Das bedeutet, dass wir auf der Website viele Inhalte
zu Gesundheitsthemen zur Verfügung haben werden, neben Versicherungsthemen

und -informationen. Als Lösungsansatz mit Potenzial entwickelten wir die Idee, die Inhalte als Wissensquelle für unser CUI zu nutzen. Unser Ansatz: Wenn kein Intent (Absicht) durch unser CUI erkannt wird und keine Journey (Ablauf) dafür vorhanden ist, schicken wir die Anfrage an die Onpage-Suche der Corporate-Website und geben die drei besten Suchresultate im CUI als Antwort aus. Auf diese Weise sollte es für die meisten Fragen mindestens einen Inhalt auf der Website als Antwort geben. Ausserdem gibt uns das die Möglichkeit, das System Schritt für Schritt und kontinuierlich mit neuen Intents und Journeys zu erweitern – zumindest laut unserer Theorie.

14.4 Der Proof of Concept (PoC)

Um ein Gefühl für die Komplexität des Gestaltens von Dialoglogiken zu bekommen und gleichzeitig einen Anbieter von NLU-Systemen («natural language unterstanding», Verstehen natürlicher Sprache) zu testen, wurde intern ein PoC in einer Testumgebung (Sandbox) aufgesetzt. Diesen PoC haben wir mit «Rasa» (NLU- & Chatbot-Anbieter) umgesetzt und als Use Case den vermeintlich einfachen Fall einer Adressänderung genommen. Es wurde deutlich, dass die Adressänderung in Dialogform durch die vielen Optionen und Verzweigungen zu komplex wurde, vor allem aufgrund der damals definierten Bedingungen und der festgelegten Anforderungen der APIs (Schnittstellen). Auch stellte sich die Frage, wo in diesem CUI-Use Case – bei dem man viele Fragen beantworten muss, ohne eine Übersicht über alle Felder zu haben, mit nur umständlichen Korrekturmöglichkeiten – der Vorteil aus UX-Sicht (Nutzererlebnis) gegenüber einem einfachen, meist bereits vorausgefüllten Formular liegt. Das Nutzen-Aufwand-Verhältnis aus Kunden- und Entwicklerperspektive stellte sich als ungünstig heraus. Daher wurden weitere Selfservice-Fälle durchgespielt und konzeptionell getestet, was den Ansatz eines Butler- & Triage-Systems bestätigte oder schärfte. Das bedeutet, dass die Anfragen verstanden und direkt an den richtigen Ort für das Fullfillment (Erledigung/Erfüllung) weitergeleitet werden sollen – idealerweise unter Übernahme von erkannten Entitäten (Informationsobjekte), z. B. als Vorschlag zur Ausfüllung von Formularen oder zur Personalisierung auf Zielseiten.

Auch wurde klar, dass Rasa on-premise (lokale Installation) aus IT-Architektursicht keine Lösung bot und es stattdessen eine Cloud-Lösung (SAS, Software As Service) sein sollte, die nicht nur den Betriebsaufwand reduziert und Ressourcen schont, sondern auch flexibel und nachhaltig eingesetzt werden kann.

Die Technologie wurde gemäss dem Preis-Leistungs-Prinzip und unter Berücksichtigung der definierten Kriterien ausgewählt. Dialogflow von Google wurde als Basissystem und NLU gewählt. Um einen späteren Wechsel der NLU zu vereinfachen und die Datenhaltung datenschutzkonform zu gestalten, wurde eine Business-Fassade (lokale Logikplattform) mit entsprechenden API-Anbindungen (Schnittstellen) und Logiken konzipiert. Dadurch konnten die begrenzten Fähigkeiten von Dialogflow bezüglich Entscheidungs- und Personalisierungslogiken erweitert werden, z. B. auch durch den

Einsatz des Fallback-Intents (Alternative, wenn keine Absicht erkannt wird), der auf die Onpage-Suche zugreift.

Ein bewusster «Trade-off» (Abstrich) wurde bei der Verwaltung der Intents durch den Administrator oder Autor in Dialogflow eingegangen. Alle Intents werden als «Custom Payload» erfasst, was bedeutet, dass der Autor für die Erstellung neuer oder für die Anpassung bestehender Intents jeweils den Source Code (Quellcode) bearbeiten muss. Dies erhöht die technischen Anforderungen an den Autor, bietet aber viel mehr Flexibilität bei der Erstellung von Intents oder Prozessen für spezifische Anwendungsfälle, bspw. durch die Möglichkeit einfacher «if-then-else»-Logiken (wenn-dann-sonst) oder bedingte Verknüpfungen mit Entitäten (z. B. «Wenn Entität A, dann zeige Text X, sonst zeige Text Y»).

14.5   Umsetzung

Die Grundlage für Sia bildet das Triage-System. Als Basis dient der in Abb. 14.1 gezeigte Ablauf: Die Nutzerinnen sollen für den Selfservice, wenn möglich, das Kundenportal (myCSS) nutzen oder aber die vorhandenen Webservices & -inhalte, die mittels «Direct-Forward» angeboten werden. Wird kein Intent erkannt bzw. hat Sia noch keinen passenden Ablauf zu bieten, wird die Anfrage an die Website-Suche gesendet.

Als Interaktionsgrundkonzept haben wir Folgendes definiert: Sia ist aufrufbar über verschiedene Trigger (Auslöser) und Call-to-Actions (Aktionsaufrufe), kurz CTA, oder kann sich auch proaktiv melden. Ein «sticky floating» (fixiert schwebender) Sia-Button in der Mitte der Corporate-Website öffnet Sia im Fullscreen. Sia ist bereit für jegliche Eingabe und wird mit der NLU versuchen, die Absicht der Eingabe zu erkennen. Das ist der neutrale Start-Intent. Dem System kann auf Wunsch ein Pagecontext-Intent (seitenabhängige Absicht) mitgegeben werden, sodass jeweils pro Webseite die passende «Next Best Action» (nächste bestpassende Aktion) angeboten werden kann. Es können also seitenspezifische Start-Intents erstellt werden, was entsprechenden Aufwand bei der Intent-Flow-Erstellung bedeutet. Die Intents können auf Cookie-Informationen reagieren, wie z. B. darauf, ob der aktuelle Nutzer Kunde oder Nichtkunde ist.

Zusätzlich kann pro Seite und bei definierter Scrolltiefe ein proaktiver Trigger (Auslöser) platziert werden, die sogenannte Sia Wave. Sia meldet sich dann proaktiv mit einem animierten CTA (Call-to-Action). Der Sia-Button wird zum Teaser am unteren Bildrand, bei dem Text und Chips mit entsprechenden Intents platziert sind, sobald die Nutzerin an die entsprechende Stelle auf der Seite scrollt. So kann kontextuelles Nudging (Anstupsen) mit Sia betrieben werden.

Eine zurückhaltendere Version ist der Content-Trigger, der als Context-Teaser gedacht ist. Dieser wird gezielt im Seiteninhalt platziert und statisch mit entsprechenden Intents hinterlegt. Optional kann dieses Element auch personalisiert ausgespielt werden und so unterschiedlichen Nutzersegmenten unterschiedliche Intents anbieten.

So ist es möglich, dem Nutzer immer den ersten und nächst passenden Schritt einer Journey mit Sia anzubieten (Abb. 14.2).

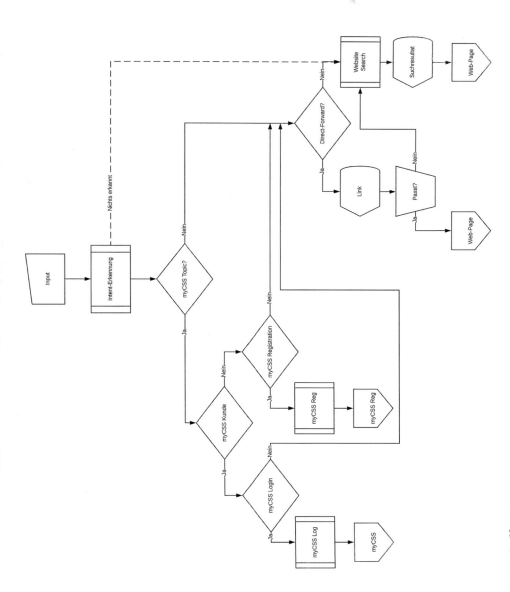

Abb. 14.1 Technische Umsetzung

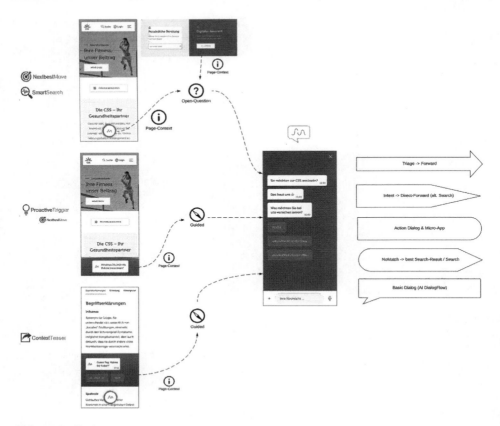

Abb. 14.2 Sia 1

«Hinter» den CTAs haben wir fünf Intent-Klassen definiert:

- Triage: Die Nutzerin wird direkt zu einem passenden Inhalt auf der Website geführt.
- Direct-Forward: Eine Funktion auf der Business-Fassade wird direkt ausgeführt.
- Action-Dialog/Micro-Application: Ein definierter Ablauf wird durchgespielt (von Anfang bis Ende).
- Fallback («no match»): Das beste passende Suchresultat aus der Website-Suche wird angezeigt.
- Basic-Dialog («smalltalk»): einfache allgemeine Antworten aus Dialogflow.

Zusätzlich haben wir ein erstes Set an Custom-Entitäten mit entsprechenden Synonymen erfasst, um Logiken zu ermöglichen und passende Reaktionen und Antworten über die Intents hinweg zu generieren. Je nach Entitätengruppen und deren Verwendung wurde das Fuzzy Matching (unscharfe Zuordnungstoleranz) sowie das Machine Learning (ML) aktiviert oder deaktiviert. Je genauer die Entität benötigt wird und je feingranularer die Unterschiede sind, desto weniger Spielraum hat das System.

Erste Micro-Applications (Kleinstanwendungen) wurden definiert und mit den jeweiligen APIs (Schnittstellen) auf der Business-Fassade implementiert. Zum Beispiel ist der Start des Prämienrechners – Eingabe von Geschlecht, Geburtsdatum und Ort – direkt in Sia möglich. Für die weitere, komplexere Konfiguration werden diese Daten an den Prämienrechner übergeben, und die Nutzerin wird so zum spezialisierten und entsprechend UX-optimierten Tool geführt (Abb. 14.3).

Die Agentursuche wurde anders implementiert: Wenn bei der Eingabe ein entsprechender Intent mit einer Ortsentität erkannt wird, kann Sia direkt das Resultat im Chat-Fenster ausgeben, nach Bestätigung des Ortes. Für die ausführliche Agentur-Detailseite wird die Nutzerin dann wieder weitergeleitet (Abb. 14.4).

Weitere solcher Micro-Applications sind im Einsatz, und es werden noch mehr folgen, mit dem Ziel, dem Nutzer immer den ersten Schritt in Sia zu ermöglichen und einen möglichst einfachen Zugang zu bieten.

Damit neben Nutzerbefragungen und -tests der Erfolg und die Nutzung von Intents, Journeys und Anwendungen gemessen werden können, wird neben dem dürftigen Analytics von Dialogflow ein ganzes Tracking-Konzept mit Adobe-Analytics umgesetzt. Im dazu passenden Dashboard können die jeweiligen KPIs (Schlüssel-Leistungsindikatoren) überprüft und bspw. unerwünschte Abbrüche erkannt werden. Sia wird für die Nachvollziehbarkeit von User Journeys (mittels Tracking-ID) als «Referral» in allen Journeys mitgegeben, sofern der Weg über das System führt.

Für unsere Staging-Umgebungen (INT/VPRD/PROD) haben wir den produktiven Agent kopiert, um jeweils eigene Agents pro Stage zu haben. Die jeweiligen Intents werden regelmässig manuell nachgeladen.

14.6 Unsere Erfahrungen

Neben den neuen technischen und spezifischen UI-Design-Erfahrungen (grafische Nutzerschnittstelle) war die zentrale Erfahrung, dass für die Gestaltung von Texten in Dialogen neue Fähigkeiten benötigt werden. Es sind keine SEO (Suchmaschinenoptimierten) Marketingtexte erforderlich, und das bisherige UX-Writing (Nutzererlebnis-optimierte Texte) hat meistens weniger mit der Gestaltung von Dialogen zu tun. Daher mussten entsprechende Fähigkeiten mit externer Unterstützung erworben und über mehrere Iterationen hinweg zielführende Dialoge gestaltet werden. Eine erwartete Herausforderung, die sich jedoch trotz des nötigen Respekts als noch grösser herausstellte, war das Training des NLU (natürliches Sprachverständnis) auf der Intent-Ebene. Wir hatten ein Basistraining pro Intent mit Daten aus dem Kundenservice-Center und anderen verfügbaren Daten erstellt. Dieser Aufwand war beträchtlich, insbesondere das ständige Testen, ob die bereits trainierten Intents gegenseitig Einfluss haben. Wir stellten schnell fest, dass wir mutig am «offenen Herzen» in der Live-Umgebung arbeiten mussten, um das «echte» Verhalten zu testen und effizient voranzukommen. Daher war die Live-Umgebung ab diesem Zeitpunkt immer die aktuellste Version, die in die

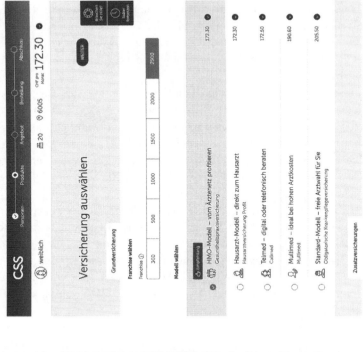

Abb. 14.3 UX-Optimierung

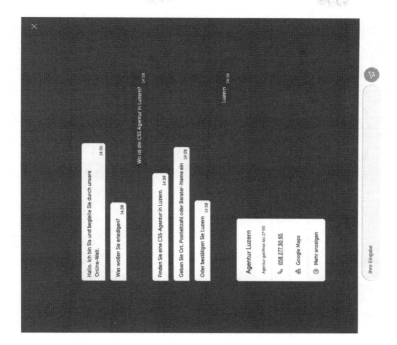

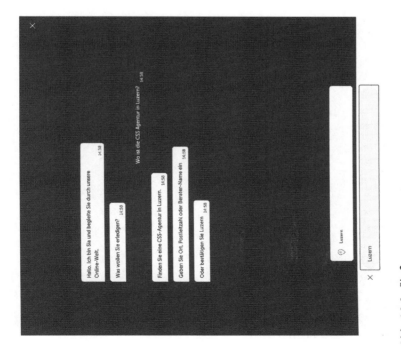

Abb. 14.4 Sia 2

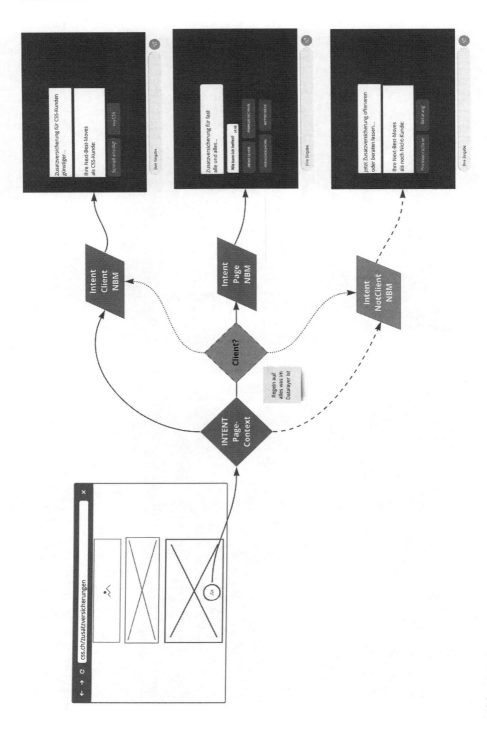

Abb. 14.5 Sia-Zukunft

Staging-Umgebungen zurückkopiert wurde, was jedoch trotzdem immer zu unterschiedlichen Ergebnissen bei Tests führte, da das maschinelle Lernen (ML) im jeweiligen Staging-Agent durch die spezifischen Nutzer pro Umgebung zu anderen Verknüpfungen (Learnings) führen kann. Dies macht das Einführen von neuen Funktionen und Features etwas heikler, da das tatsächliche Verhalten nur in der Live-Umgebung getestet werden kann.

Zu Beginn musste das ML täglich mehrmals manuell trainiert und angepasst werden. Inzwischen ist das System stabil, solange keine grösseren, neuen Intent-Flows integriert werden, und es reicht, es zweimal pro Woche zu trainieren.

Nutzereingaben erweisen sich als sehr wertvoll, da sie zeigen, was die Nutzer interessiert, was sie nicht finden oder was sie sich wünschen. Dies gilt auch bei kleineren Nutzerzahlen, da viele Nutzer ihre Anfragen ausführlich formulieren. So konnten wir bereits verschiedene Inhalte optimieren, Informationen ergänzen oder ganze Services wie z. B. den Antrag für Stillgeld als Online-Selfservice neu anbieten.

Wir betrachten die aktuelle Version von Sia als Dauer-PoC (Konzeptbeweis). Es handelt sich um ein dynamisches System, das «lebt» und laufend angepasst, gefüttert und gepflegt werden muss. Es ermöglicht uns, schnell und ohne Einsatz von IT-Ressourcen Dinge zu testen und auszuprobieren – live und am offenen Herzen. Dies ist auch aufgrund der bewusst nicht vorhandenen Business-Relevanz möglich. Es ist ein weiterer Kanal, um Erfahrungen zu sammeln und zu lernen. Der Betrieb wird im Lean-Startup-Verfahren durchgeführt und ist im Web-Publishing und Online-Marketing angesiedelt, wodurch er mit einem verhältnismässig geringen Aufwand verbunden ist.

Sia wird von ungefähr 10 % aller Website-Besucher genutzt. Gut 4 % davon erreichen den von uns definierten erfolgreichen Abschluss, was jedoch nicht sehr aussagekräftig in Bezug auf die positive Erfahrung des Kunden ist. Auch «Abbrecher» können mit den bis zum Abbruch erhaltenen Antworten zufrieden sein. Die Messung einer erfolgreichen Nutzer- und Kundenerfahrung ist allgemein schon eine Herausforderung, die im Bereich der CUIs (konversationsfähige Benutzeroberfläche) noch weitere Herausforderungen mit sich bringt.

Unser CUI liefert in gezielt durchgeführten Kampagnen, bspw. mit dem Einsatz des proaktiven Triggers (Sia Wave), sehr gute Zahlen in Bezug auf die gewünschte Conversion-Rate. Das bedeutet, dass wir tendenziell zwar weniger, aber dafür wertvollere Nutzer auf Sia haben, im Vergleich zu denen auf Landingpages, Bannern oder Teasern.

14.7 Sia jetzt und in Zukunft

Mit Nutzerbefragungen und -tests sowie den Auswertungen der Analysedaten haben sich einige Themen ergeben, die bei der Nutzung von Sia fokussiert werden sollten. Bevor wir mehr Traffic auf Sia generieren und die Business-Relevanz erhöhen, müssen wir es schaffen, die Nutzer besser zu aktivieren. Das bedeutet, dass wir viele Nutzer haben, die Sia zwar öffnen, es dann aber nicht nutzen (keine Eingaben absenden) oder ohne Erfolg nutzen – wobei hier die Definition von Erfolg durch unsere eigenen KPIs bestimmt wird. Als wichtigster Schlüssel haben wir die Relevanz bzw. den Kontext eruiert. Das bedeutet, dass wir noch besser auf Nutzergruppen oder sogar auf den individuellen Nutzer eingehen und proaktiv im richtigen Kontext den «next best move» (NBM) anbieten müssen (Abb. 14.5).

Zudem muss unser System richtig mit dem Kundenservice-Center verbunden werden, sodass ein nahtloser Übergang für Nutzer und Betreiber (z. B. Customer-Service-Mitarbeitende) möglich ist, bspw. von einem anonymen Selfservice-Chatbot zu einem personalisierten Selfservice-Portal zu einem Human-Chat zu einem Callcenter und zu einem Agenturberater. Auch die Frage, ob es in Zukunft eine zentrale, firmenweite NLU für alle Kanäle und Bereiche geben wird, stellt sich. Oder sind unsere Intents Teil einer universellen, grösseren NLU eines globalen Anbieters? Natürlich stellen auch die geforderte Transparenz bei der Datenhaltung und die Nachvollziehbarkeit von Customer Journeys im Zusammenhang mit Datenschutz und dem neuen Datenschutzgesetz (DSG) Herausforderungen dar, die es anzugehen gilt.

Wir haben definitiv noch mehr Fragen als Antworten. Mit etwas Mut, Geduld und Entdeckergeist können wir Antworten Schritt für Schritt finden – und vermutlich auch viele neue Fragen. Am Ende entscheiden die Nutzer und Kunden, was sie wo und wie haben wollen. Wir können nur versuchen, durch etwas freiheitsliebende Beeinflussung für ALLE ein besseres Erlebnis und Ergebnis zu erzielen.

Garry Bachmann hat sich als Marketingexperte mit jahrelanger Digitalagentur-Erfahrung und einem Hintergrund in Informatik im Bereich der User- & Customer-Experience (Nutzer- und Kundenerlebnis) weiterbilden und bei der CSS spezialisieren lassen. Sein Fokus liegt auf der Verbindung der digitalen Plattformen und einem durchgängigen Nutzererlebnis. Zusammen mit dem Relaunch der Corporate Website im Jahr 2021 hat er den Chatbot bzw. das Conversational User Interface (dialoggesteuerte Benutzeroberfläche) «Sia» bei CSS mitentwickelt.

Teil IV
Ausblick: das Kundendialogmanagement der Zukunft

Interaktionen in der Konversationstheorie und auf Basis eines Rechnens mit Worten

15

Edy Portmann ⓘ

Inhaltsverzeichnis

Schlüsselwörter

Fuzzylogik · Konversationstheorie · Kybernetik · Rechnen mit Worten

---

15.1   Einleitung

Obwohl Künstliche Intelligenz (KI) ihre Leistungsfähigkeit mittlerweile in vielen Anwendungsbereichen unter Beweis stellt, bleiben Schwachstellen bestehen. In erster Linie werden diese hier auf die mangelnde Transparenz ihrer Methoden und Algorithmen, auf ihren Einsatz als Blackbox sowie auf ihre fehlende intelligente Ausgestaltung zurückgeführt. Als Gegenpol dazu und deshalb im Einklang mit dem Ansatz eines integralen Designs schlagen wir für Digitalkonversationen eine ganzheitlichere KI und daraus

---

E. Portmann (✉)
Universität Freiburg, Freiburg, Schweiz
E-Mail: edy.portmann@unifr.ch

© Der/die Autor(en), exklusiv lizenziert an Springer Fachmedien Wiesbaden GmbH,   223
ein Teil von Springer Nature 2024
N. Hafner und S. Hundertmark (Hrsg.), *Kundendialog-Management*,
https://doi.org/10.1007/978-3-658-42851-8_15

abgeleitet eine Konversationstheorie vor, die auf den Ideen der technischen Anthropologie, der Psychologie sowie der Humanwissenschaften beruht (vgl. z. B. Di Paolo et al., 2023).

Die Konversationstheorie Pasks (1975/76), die wir in einem ersten Teil beleuchten, ist dabei als eine mögliche Erweiterung unseres menschlichen Seins gedacht und integriert sich durch kybernetische Rückkopplungsschleifen in die reale Welt. Sie versteht sich als Vermittlerin zwischen dem Menschen und seiner jeweiligen Umgebung, in der sich dieser bewegt. Dieses Essay geht auch auf die wichtigsten ethischen Fragen der KI durch eine bewusst auf den Menschen ausgerichtete Technologie ein. Moderne KI kann als Bedrohung gesehen werden, die sich durch einen ständigen Leistungsdruck bei gleichzeitiger Abnahme der Fähigkeiten unseres Gehirns und unserer Kognition, etwa am Arbeitsplatz, bemerkbar macht. Aus ihr kann für den Menschen ein Bedeutungsverlust bis hin zur Singularität, der eigentlichen existenziellen Bedrohung, resultieren.

Unsere auf Produktivitätssteigerung basierende Innovation ist seit Jahrhunderten die treibende Kraft unserer menschlichen Existenz. Diese ewig exponentielle Steigerung widerspricht jedoch oftmals den Prinzipien der Nachhaltigkeit. Ihre Auswirkungen erfordern kostspielige Sozial- und Umweltschutzmassnahmen, die jedoch letztendlich nicht ausreichen, um die Folgen für das individuelle und kollektive Wohlergehen abzufangen und zu mildern. Im Gegensatz zu KI bindet Pasks (1975/76) Konversationstheorie den Menschen (wieder) in den Entwicklungsprozess mit ein. Sie macht so menschliche Tätigkeiten wieder sinn- und wertvoll, während sie gleichzeitig die erwähnten Herausforderungen der heutigen KI beseitigt und die ethische und umwelttechnische Nachhaltigkeit dadurch adressiert.

In der Methodik der Konversationstheorie gibt es zahlreiche Anwendungen von natürlicheren Interaktionen (Pangaro, 2002). In unserer immer komplexeren und vernetzteren Gesellschaft wird gemeinsame kollektive Intelligenz zu einem entscheidenden Faktor für unsere menschliche Entwicklung und unser Wohlergehen. Das Internet und die darin fussenden emergenten Chatbot-Technologien scheinen ein idealer Ausgangspunkt für den Aufbau einer solchen neuartigen kollektiven Intelligenz zu sein. Ein anthropologischer und soziologischer Blick zeigt jedoch, dass das aus den 1980er-Jahren übernommene Informatikkonzept Schwächen aufweist und nicht mehr der aktuellen gesellschaftlichen Dynamik entspricht. Deshalb ist heute eine tiefgreifende Umgestaltung erforderlich, die den Menschen (wieder) in den Mittelpunkt stellt.

Dieses Kapitel zielt darauf ab, mittels Konversationstheorie (Pask, 1975, 1976; Pangaro, 2002) und dem Rechnen mit Worten (Zadeh, 1965, 1973, 1986, 2001, 2012) einen Beitrag zu diesem Übergang zu einem auf den Menschen ausgerichteten und sogar vom Menschen gesteuerten Internet zu leisten, in dem der Mensch zum Teilnehmer, Mitgestalter und Bestandteil des Systems wird. Dabei sollen auch die menschlichen Bedenken hinsichtlich des Schutzes der Privatsphäre und der Zensur von vornherein beseitigt werden.

Das Essay zeigt auf, wie Menschen ihre Umgebung anhand einer von ihnen gesteuerten Erweiterung der Konversationstheorie (Pask, 1975/76), ähnlich wie bei

Gesprächen und Interaktionen in der realen Welt, erschaffen und verändern können. Dieses Werkzeug resp. die Erweiterung ermöglicht es den Menschen, Organisationen zu schaffen, zu verwalten und entsprechend ihren Bedürfnissen und Absichten sowie den verfügbaren Ressourcen anzupassen und zu betreiben. Diese Organisationen umfassen die gesamte Bandbreite von Ad-hoc- und vorübergehenden bis hin zu allgemeinen und dauerhaften Organisationen. Sie sind in Bezug auf ihre Verwaltung transparent und in der Regel offen: Jeder kann nach Zustimmung beitreten. Es geht über ein reines Informationssystem hinaus und wird zu einem cyberphysischen System, dessen kollektive Intelligenz aus individuellen, in der physischen Welt verankerten Intelligenzen resultiert. Die hierdurch angestrebte Operation kann die Suche nach oder die gemeinsame Nutzung von Informationen bzw. konkreten Ressourcen, den Aufbau von Partnerschaften und Konsortien für die gemeinsame Durchführung von Vorhaben resp. von gemeinsamen Aktivitäten umfassen.

15.2 Konversationstheorie nach Gordon Pask

15.2.1 Hintergrund

Die hier beschriebene Modellierungstechnik ist von der Konversationstheorie von Pask (1975/76) inspiriert. Wie Pangaro (2002), auf dessen Text dieser Teil des Kapitels beruht[1], zeigt, stellt Pask mit seiner Theorie einen Formalismus zur Beschreibung einer Architektur von Interaktionen oder Gesprächen vor, unabhängig davon, wo oder zwischen welchen Arten von Entitäten sie entstehen. Da Pangaros (2002) Text auch nach zwanzig Jahren nicht an Aktualität verloren, sondern eher noch davon gewonnen hat, baut die folgende Passage, die das aktuelle Interaktionsverhalten im Internet beleuchtet, darauf auf, um diesen auch in der deutschsprachigen Forschungsgemeinschaft bekannter zu machen. Dabei wird der hier präsentierte Formalismus der Konversationstheorie nach Pask (1975/76) in einem zweiten Teil mit Zadehs (2012) Theorie des Rechnens mit Worten ergänzt (vgl. Abschn. 15.3).

Da der Formalismus der Konversationstheorie aus Pasks Arbeiten hervorgegangen ist und eine ihrer Grundlagen darstellt, bezeichnen wir ihn, Pangaro (2002) folgend, als Konversationstheorieformalismus und die sich daraus ergebende Modellierung als Konversationstheoriemodellierung. Die Technik der Konversationstheoriemodellierung wird laut Pangaro (2002) anhand konkreter Beispiele aus diesem Projekt beschrieben. Wie in der neusten Publikation von Di Paolo et al. (2023), die auf linguistische Organe eingeht,

---

[1] Paul Pangaro verwaltet den Nachlass von Gordon Pask (1928–1996), einem Psychologen, der mit seinen kybernetischen Innovationen vor allem den angelsächsischen Raum immer wieder in grosse Aufregung versetzt hat. Die folgenden Passagen sind meine Übersetzung, Erweiterung und Adaptation seines Onlinetextes, die ich nach Konversationen mit Pangaro (2002) anfertigte.

auch betont, liegt die Stärke von Pasks (1975/76) Arbeiten darin, dass sie auf jede beobachtbare Interaktion zwischen Gesprächsteilnehmern angewendet werden kann.

Dies kann auf zwei Arten geschehen: zum einen in dem Bereich, der modelliert wird, seien es die oben erwähnten organisatorischen Tätigkeiten, Dialoge über das Lernen oder zwischenmenschliche Beziehungen in oder ausserhalb von Krisen oder überhaupt jede Beziehung zwischen sprachbasierten Agenten; zum anderen in den Bereichen, an denen das Gespräch stattfindet (d. h. in Gesprächen zwischen Menschen oder Gruppen oder sogar als Denken innerhalb eines einzelnen Menschen, wenn er einen sogenannten inneren Dialog über sich widersprechende Perspektiven hin zu neuen Einsichten und zur Weiterentwicklung unserer Glaubenssysteme führt).

Zusätzlich zu diesen Anwendungsbereichen ist diese Modellierungstechnik nützlich, da sie die Interaktionen zwischen den Teilnehmern eines Dialogs auf eine Art und Weise ausdrückt, die eine eingehende Untersuchung ermöglicht. Da es aus einer kybernetischen Sensibilität heraus entstanden ist, werden die erstellten Modelle die Ziele, Aktionen, Informationsflüsse, Rückkopplungen und Anpassungen umfassen, die jedes kybernetische Modell aufweisen wird. Die Kraft dieser Technik liegt jedoch in den Erkenntnissen, die sich über die «Architektur» des Gesprächs ergeben. Die Diagramme erfassen die Hierarchie der Ziele und Handlungen (d. h. die objektiven Interaktionen) sowie den gegenseitigen Austausch von Sprache (d. h. die subjektiven Interaktionen) im selben Rahmen. Infolgedessen werden komplexe und ansonsten vage Konzepte wie Intelligenz, Übereinstimmung und Missverständnisse spezifisch und tatsächlich messbar.

Das Ziel dieses Essays ist es, den Formalismus von Pask (1975/76) zugänglicher zu machen, indem die Komponenten anhand von Beispielen herausgearbeitet werden und die Dynamik in anderen Begriffen ausgedrückt wird, und dieses dann in einem zweiten Teil mit dem Rechnen mit Worten (Zadeh, 2012) zu verbinden. Der Umfang beschränkt sich hier vor allem darauf, die Elemente der Technik zu erläutern und zu zeigen, wie sie verwendet werden können, um den Grad der Konsistenz in Systemen zu untersuchen und dabei herauszukristallisieren, was sie als «intelligent» auszeichnet.

15.2.2 Vorteile

Im weiteren Verlauf des Kapitels werden Beispiele für die Modellierung von Organisationen gegeben. Der Leser sollte sich jedoch bewusst sein, dass jede Konversation, wie oben beschrieben, mithilfe von Pasks (1975/76) Konversationstheorie modelliert werden kann.[2]

Die Konversationstheoriemodellierung ist nützlich, da sie:

---

[2]Aus diesem Grund kann laut Pangaro (2002) überall dort, wo im Folgenden das Wort «Organisation» vorkommt, dieses durch die Wörter «System», «Familie», «Gespräch» oder «Person» ersetzt werden.

- ein einfaches und informatives Diagramm der beobachteten Ebenen und Beziehungen innerhalb einer Organisation bietet,
- zwischen Interaktionen unterscheidet, die unter der Kontrolle der Organisation stehen (d. h. interne Interaktionen, die durch das Management durchgeführt werden), und solchen, die nicht unter direkter Kontrolle stehen (d. h. externe Interaktionen, die mit der Umwelt ausgehandelt werden),
- ein Bild der impliziten sowie der ausgedrückten Ziele einer Organisation erzeugt,
- eine strenge Definition von «intelligentem Verhalten» vorgibt und daher die Bewertung jeder Organisation anhand dieser Definition erlaubt,
- spezifische organisatorische Pathologien aufdeckt (wie z. B. Diskrepanzen zwischen der «Führungsstruktur» und der Arbeitsdynamik, die die Organisation tatsächlich steuert, und der Untätigkeit oder fehlendes Feedback, sei es innerhalb einer Organisation oder zwischen der Organisation und ihrem Umfeld),
- eine genaue Prüfung der Form dieses Kontrollflusses und der Rückmeldung der Ergebnisse ermöglicht,
- darauf hinweist, wo Änderungen vorgenommen werden müssen, um intelligentes Verhalten und Lebensfähigkeit aufgrund der sich entwickelnden Umwelt zu erhalten,
- potenziell erfolglose Kommunikation mit anderen Systemen, Personen und/oder Körperschaften prognostiziert,
- zeigt, wie die Nachricht in sich widersprüchlich sein kann und daher missverstanden wird oder wie sie absichtlich täuscht,
- zeigt, wie die Nachricht mit den Zielen des Empfängers in Konflikt geraten kann.

Die Komponenten dieser allgemeinen Modellierungstechnik werden nun im Folgeabschnitt erläutert.

15.2.3 Modellierung von Diagrammen

Zunächst wird ein allgemeiner Überblick über die beiden Klassen der Interaktion gegeben; anschliessend werden die Details der jeweiligen Klasse grafisch dargestellt und beschrieben.

Klassen der Interaktion

Interaktionen werden in zwei Klassen modelliert, die in den folgenden Unterabschnitten näher erläutert werden. Einige Beispiele für Interaktionen, bei denen ein Prozess durch einen anderen kontrolliert wird:

1. Wenn die Organisation eines Unternehmens in ihrer «oberen Managementebene» die Verfahren kontrolliert, die von der Produktion durchgeführt werden,
2. wenn das Unternehmen durch die Kontrolle eines Marktes versucht, den Preis oder die Produktion direkt zu bestimmen,

3. wenn das Management die Arbeitnehmer kontrolliert, indem es sie nach Belieben einstellt und entlässt.

Diese Interaktionen werden als «vertikal» bezeichnet und stellen somit die strenge Hierarchie dieser Beziehungen dar. In den Diagrammen werden spezifische Kontroll- und Rückkopplungsflüsse nach oben und unten in der Hierarchie dargestellt. Oftmals stellen diese Interaktionen das dar, was nur innerhalb eines Systems geschieht (vgl. 1 und 3), obwohl auch Handlungen nachweisbar sind, die versuchen, die Umwelt zu kontrollieren (vgl. 2).

Die zweite Klasse von Interaktionen sind diejenigen, bei denen ein Individuum oder ein System mit einem anderen in einen Dialog tritt und bei denen jeder ein Mitspracherecht hat. Einige Beispiele:

1. wenn ein Unternehmen mit einem anderen Unternehmen über einen Vertrag verhandelt,
2. wenn die Werbekampagne des Unternehmens auf einer Ebene in einen Dialog mit den Kunden tritt, während der Verkaufsprozess und das Produkt selbst dies auf einer anderen Ebene tun,
3. wenn der Manager die Zukunft eines Arbeitnehmers bespricht und ihm Optionen aufzeigt.

Diese Interaktionen werden als «horizontal» bezeichnet, um zu zeigen, dass eine Seite die andere nicht kontrollieren kann, sondern durch Gespräche beeinflussen muss. In den Diagrammen werden bestimmte Informationsflüsse zwischen den Teilnehmern auf verschiedenen Ebenen dargestellt. Häufig stellen diese Interaktionen das dar, was an der Grenze zwischen zwei Systemen (vgl. 1, 2 und 3) passiert, aber es können auch weitere Bereiche innerhalb eines bestimmten Systems (z. B. zwischen den Abteilungen eines grossen Unternehmens) dargestellt werden.

In den nächsten beiden Abschnitten wird jede dieser Klassen von Interaktionen, vertikale und horizontale (nach Pangaro, 2002), näher erläutert.

Vertikale oder «es-bezogene» Interaktionen
Abb. 15.1 ist ein grundlegendes Diagramm der Kontrolle und des Feedbacks innerhalb zweier gegebener Ebenen einer Organisation, das «es-bezogene» Interaktionen zeigt, die in einer vertikalen Dimension gezeichnet sind. Diese Interaktion wird «es-bezogen» genannt, weil der kontrollierende Prozess den kontrollierten Prozess wie ein Objekt ohne Wahlmöglichkeit behandelt: wie ein «Es». Dies ist eine «es-bezogene» Interaktion, ganz gleich, ob das «Es» lebendig ist oder nicht (d. h. menschlich oder maschinell daherkommt).

A. Controlling-Prozessziele sind z. B. Verwaltungsrichtlinien, die auf dieser Ebene definiert, aber auf einer anderen ausgeführt werden. Die Unterscheidung der Ebenen wird

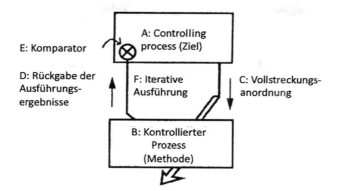

Abb. 15.1 Konversationskontrolle durch Feedbackmechanismen. (Nach Pangaro, 2002)

im Laufe des Modellierungsprozesses vorgenommen. Die genauen Ebenen sind so gewählt, dass sie die Kontroll- und Rückkopplungsströme anzeigen, die von Interesse sind.

B. Kontrollierte Prozessmethoden sind z. B. die Aktivitäten in der Fertigung, mit denen die von der darüberliegenden Ebene angegebenen (und vorgeschriebenen) Ziele erreicht werden.

C. Die Anweisung zur Ausführung ist die eigentliche Kontrolllinie, die die untergeordnete Ebene zur Reaktion veranlasst (z. B. die Mitteilung über den Beginn eines Projekts oder eine Budgetgenehmigung).

D. Rückgabe von Ausführungsergebnissen ist die eigentliche Rückmeldung von Informationen an die übergeordnete Ebene (wie z. B. ein Bericht mit den Ergebnissen bestimmter Herstellungsverfahren oder eine interne Umfrage).

E. Komparator ist der spezifische Mechanismus, mit dem die Feedbackinformationen verwendet werden, indem das tatsächliche Ergebnis mit dem gewünschten Ergebnis oder dem ursprünglichen Ziel verglichen wird.

F. Bei der iterativen Ausführung der gesamten Schleife wird das Ergebnis des obigen Komparators berücksichtigt, um Änderungen an den verschiedenen Prozessen, Kontroll- und Rückkopplungsflüssen usw. vorzunehmen, damit die gesamte Schleife effektiver wird.

Der Abschluss tritt ein, wenn der Komparator bestätigt, dass die Ausführung der kontrollierten Prozesse mit den Kontrollprozessen kohärent ist (z. B., wenn ein Ziel durch die Ausführung einer erfolgreichen Methode erreicht wird). Wenn alle oben genannten Aspekte vorhanden sind (einschliesslich Änderungen auf der Grundlage von Feedback und iterativer Ausführung, F), wird das System der Interaktionen als «intelligent» bezeichnet.

Es muss betont werden, dass die beiden gezeigten Ebenen nur zwei von möglicherweise vielen vertikalen Ebenen sind; die Anwendung der Konversationstheoriemodellierung auf ein System beliebiger Komplexität führt zu mehreren vertikalen

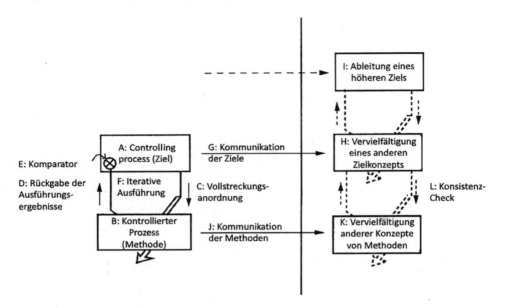

Abb. 15.2 Horizontale Kommunikation. (Nach Pangaro, 2002)

Ebenen im Gespräch. Daher kann ein Feld, das in einer Interaktion auf einer «niedrigeren Ebene» erscheint, selbst auf einer «höheren Ebene» in Bezug auf ein weiteres Feld sein, das darunter erscheint.

Horizontale oder «ich/du-bezogene» Interaktionen

Abb. 15.2 zeigt ein Skelettdiagramm, das verwendet wird, um die horizontalen, «ich/du-bezogenen» Interaktionen zwischen zwei gegebenen Systemen (oder Agenten) auszudrücken. Diese Interaktion wird als «ich/du-bezogen» bezeichnet, weil es keinen kontrollierenden oder kontrollierten Prozess gibt – jede Seite ist ein Teilnehmer.[3]

Eindeutige Linien sind explizite Mitteilungen, die jedoch vom Empfänger interpretiert werden müssen und nicht perfekt, eindeutig oder objektiv sind. Die gestrichelten Linien in der Abbildung zeigen implizite oder abgeleitete Informationen an. Die Elemente der Interaktion sind (in ungeordneter Reihenfolge):

G. Kommunikation über das Ziel ist z. B. die Mitteilung an einen Kunden, dass das erklärte «Wertversprechen» des Unternehmens darin besteht, die Produkte mit dem

---

[3]Laut Pangaro (2002) ist es wichtig zu beachten, dass hier nur eine Richtung einer vollständig symmetrischen Wechselwirkung gezeigt wird.

besten Kosten-Nutzen-Verhältnis oder der besten Haltbarkeit für eine bestimmte An-wendung zu liefern, oder an einen Mitarbeiter, dass das Unternehmen den Mitarbeiter als einen wesentlichen Aktivposten für seine Zukunft betrachtet.

H. Anderes Ergebnis als vom Absender intendiert. Das tatsächliche Ergebnis der Kom-munikation ist ein anderes als das, was vom «Absender» kam.[4] Die «Reproduktion des Zielkonzepts eines anderen» ist also eine andere Sache. Der Empfänger mag dies zunächst für bare Münze nehmen und relativ gut verstehen, aber spätere Vorgänge können die Situation verändern.

I. Ableitung eines höheren Ziels ist die Erzeugung eines höheren Ziels, für das die vor-herige Kommunikation konsistent und bestätigend ist. Das ist so, als ob der «Ab-sender» auf dieser Ebene tatsächlich etwas ausgetauscht hätte (dargestellt durch den oberen, gestrichelten Pfeil), aber in Wirklichkeit wurde auf dieser Ebene bis zu diesem Punkt nichts «übertragen». Oft reicht der Kontext oder die gemeinsame Er-fahrung der beiden Gesprächspartner aus, um auf ein übergeordnetes Ziel zu schlies-sen. Manchmal jedoch schafft der «Absender» einen falschen Kontext, um eine fal-sche Schlussfolgerung zum Vorteil des «Absenders» hervorzurufen. Dies ist bspw. der Fall, wenn die Werbung suggeriert, dass ein Lebensmittel gesund ist, nur weil das Wort «natürlich» verwendet wird, oder wenn ein Verkäufer einfach behauptet: «Mir liegen Ihre Interessen am Herzen», obwohl dies nicht der Fall ist.

J. Kommunikation über die Methode ist z. B. die Kommunikation mit einem Kunden über die Einzelheiten der Fähigkeiten eines Produkts (was die erklärten Ziele in «G» bestätigen sollte) oder ein Austausch mit einem Mitarbeiter über die Einzelheiten der Arbeitsbedingungen und der Gesundheitsleistungen des Unternehmens (was die Me-thode aufzeigen sollte, mit der dieser Mitarbeiter in Bezug auf das in «G» kommuni-zierte Ziel als Gewinn für das Unternehmen angesehen wird).

K. Die Reproduktion des Methodenkonzepts eines anderen unterliegt (wie in «H») der Interpretation und späteren Änderung.

L. Die Konsistenzprüfung ist eine Reproduktion im «Empfänger» der gesamten Schleife (wie bei den zuvor beschriebenen vertikalen Interaktionen). Dies kann die Konsistenz zwischen den oberen und unteren Ebenen zeigen und somit das Verständnis der «Bot-schaft des Absenders» bestätigen. Natürlich kann dies (im besten Fall) nur sehr knapp sein und (im schlimmsten Fall) nur einen kleinen Teil der beabsichtigten Botschaft darstellen. Oder die Konsistenzprüfung kann die Inkonsistenz zwischen kommuni-ziertem Ziel und Methode aufdecken. Der «Empfänger» kann entweder Rückfragen an den «Absender» über die beabsichtigten Bedeutungen stellen (nicht im Diagramm

---

[4] «Absender» und «Empfänger» werden von Pangaro (2002) in Anführungszeichen gesetzt, um zu betonen, dass sich diese Begriffe von denen der herkömmlichen Informationstheorie unter-scheiden. Die Begriffe sind jedoch universell, aussagekräftig und nützlich und werden hier auch mit einer weniger eingeschränkten und stärkeren Bedeutung als in der Informationstheorie ver-wendet.

dargestellt) oder ein Modell der wahrgenommenen Inkonsistenz beim «Absender» aufrechterhalten.

Es ist wichtig, sich daran zu erinnern, dass Verweise auf «Ziel» oder «Methode» relativ zu einem beliebigen Paar vertikaler Boxen sind. Wenn Sie die Ebene wechseln, indem Sie in der Hierarchie nach oben oder unten gehen, ändert sich die Zuordnung von «Ziel» oder «Methode» für eine bestimmte Box. Diese Zuschreibungen sind immer auf einen bestimmten Nachbarn bezogen.

Der Einfachheit halber sind in der Abbildung die möglichen Antworten auf eine bestimmte Mitteilung nicht dargestellt. Ein solcher sich wiederholender Austausch über einen längeren Zeitraum ist eine Konversation.

15.2.4 Prüfung des Modells

Es mag Disziplin erfordern, aber die folgenden Fragen sollten an allen Punkten des Modells gestellt werden (dieselbe Beschriftung aus Abb. 15.2 wie zuvor):

A. Bezogen auf ein bestimmtes Feld, das als «Ziel» interpretiert wird: Ist die Organisationsebene durch die Bezeichnung der Prozesse in dem Feld auf dieser Ebene gut beschrieben?
B. Im Verhältnis zu einer «Methode» auf einer niedrigeren Ebene: Ist die Organisationsebene durch die Bezeichnung der Prozesse in der Box auf dieser Ebene gut beschrieben?
C. Bestimmt die obere Ebene wirklich die Ausführung der Prozesse in der unteren Ebene, mit der sie verbunden ist (d. h. steuert sie, verlangt sie, lässt sie sie stattfinden)? Mit welchem Mechanismus wird diese Kontrolle durchgesetzt (z. B. Memorandum, Haushaltsgenehmigung)?
D. Gibt es wirklich eine Rückgabe von Informationen aus der unteren Ebene an die obere Ebene? Welcher Mechanismus gibt eine Beschreibung an die übergeordnete Ebene zurück (z. B. ein interner Bericht oder eine Umfrage)?
E. Erreicht die Ausführung der «niedrigeren» Ebene wirklich das erklärte Ziel der «oberen» Ebene? Welchen Mechanismus gibt es, um die an die übergeordnete Ebene zurückgegebene Beschreibung zu verwenden und das Ergebnis mit dem angegebenen Ziel zu vergleichen?
F. Wird die gesamte Schleife wiederholt, und werden im Laufe der Zeit Anpassungen zur Verbesserung vorgenommen? Wie werden diese Anpassungen vorgenommen?
G. Gibt es auf dieser Ebene eine Kommunikation zwischen den Teilnehmern? In welcher Form (Memo, mündliche Erklärung, juristischer Vertrag, Fernsehwerbung etc.)?
H. Wurde eine (ausreichend) korrekte Nachricht empfangen?
I. Stimmt das abgeleitete höhere Ziel mit dem des «Absenders» überein?
J. Gibt es eine Kommunikation auf dieser Ebene? In welcher Form ist das der Fall?

K. Wurde eine (ausreichend) korrekte Nachricht empfangen?

L. Gibt es Konsistenz (Geschlossenheit) zwischen den kommunizierten Ebenen?

Wenn eine der obigen Fragen «A bis F» mit Nein beantwortet wird oder ein Mechanismus fehlt, ist das System nicht intelligent und unterliegt Pathologien. Wenn eine der Fragen «G bis K» mit Nein beantwortet wird, hat eine Fehlkommunikation stattgefunden oder sie wird wahrscheinlich stattfinden. Wenn es in «L» keinen Abschluss gibt, liegt entweder ein versehentliches Missverständnis oder eine absichtliche Fehlkommunikation vor.[5]

15.3 Rechnen mit Worten nach Lotfi A. Zadeh

15.3.1 Hintergrund

Um Internetinteraktionen menschlicher, ethischer, nachhaltiger etc. zu gestalten, wird hier der Konversationstheorie das Rechnen mit Worten, einer Weiterentwicklung der Fuzzylogik durch deren Erfinder Lotfi A. Zadeh, erweiternd hinzugefügt[6]. Den neuesten Erkenntnissen von Di Paolo et al. (2023) folgend, sieht sich dieser Text als Erweiterung der Konversationstheorie von Pask (1975/76) im Internet resp. fordert ein Neudenken der Chatbots und der KI. Es wird hierzu eine Verbindung mit Soft Computing geschaffen, ein Arbeitsgebiet der Informatik, das sich mit approximativen Lösungsverfahren befasst, die einer natürlichen Informationsverarbeitung ähneln.

Das Rechnen mit Worten geht aus Zadeh (1973, 1986) hervor. Zadeh (2001) argumentierte, dass der Hauptgrund für die Langsamkeit des KI-Fortschritts wohl vornehmlich darin liege, dass diese es versäumt habe, das Problem der Argumentation und Entscheidungsfindung mit «wahrnehmungsbasierten Informationen» anzugehen. In seinen Texten ging es allerdings nicht um Wahrnehmungen an sich, sondern um deren Beschreibung in einer natürlichen Sprache (vgl. Mendel et al., 2010).

Seit den Veröffentlichungen von Zadeh (1973, 1986, 2001) sind viele weitere Artikel und Bücher erschienen, die sich mit dem «Rechnen mit Worten» befassen. Fuzzylogik wird in diesen Veröffentlichungen als eine Maschinerie betrachtet, die es ermöglicht, von einem Menschen eingegebene wahrnehmungsbasierte «Input»-Wörter im Internetrechner

---

[5] Nach Pangaro (2002) ist es möglich, aber wenig wahrscheinlich, dass der «Empfänger» eine Schliessung in Punkt «L» ableitet, die nicht die Mitteilung der beabsichtigten Nachricht des «Absenders» ist. Auch dies kann modelliert werden, aber nur, indem eine zusätzliche Dimension hinzugefügt wird, nämlich dem Inhalt der Nachrichten selbst.

[6] Mein Mentor Lotfi A. Zadeh (1921–2017) ist als innovativer Systemtheoretiker nicht nur der Vater der Fuzzylogik, sondern auch der Vater ihrer Erweiterung hin zu einem Rechnen mit Worten (Zadeh 2012). In Portmann (2019) widmete ich diesem Rechnen ein Essential.

in «Output»-Wörter umzuwandeln, die an den interagierenden Menschen oder andere Menschen zurückgegeben werden (d. h., sie ermöglichen so nicht nur ein mess-, sondern ein wertbasiertes Rechnen).[7]

15.3.2 Vorteile

Ein Rechnen mit Worten umfasst drei verschiedene Komponenten:

1. Entwicklung von Mechanismen, die mit den Unsicherheiten der natürlichen Sprache umgehen können
2. Umgang mit Problemen, die mit der Veränderung der Bedeutung von Wörtern je nach Kontext, Region und Kultur zu tun haben
3. Entwicklung von Argumentationsmechanismen, die mit Wörtern, Wahrnehmungen und Behauptungen umgehen können und zu Wörtern führen, die ein Problem auf ähnliche Art und Weise angehen, wie es ein Mensch tun würde

Es geht also darum, die Sozial- und Psychowissenschaften zu nutzen, um besser zu verstehen, wie Menschen mit Worten, Wahrnehmungen und Behauptungen umgehen, und dabei zu versuchen, neuartige Kommunikationsalgorithmen zu entwickeln, die diese Argumentationsmechanismen nachahmen. Das Ziel dieses Abschnitts ist es also, die Theorie des Rechnens mit Worten vorzustellen und schlussendlich mit der Konversationstheorie zu verknüpfen. In unserem Text kann das Rechnen mit Worten als neuer maschineller Internetmechanismus verstanden werden, der einer KI eine wahrnehmungsbasierte Konversation und somit menschzentrierte Interaktion ermöglicht.

Das Rechnen mit Worten bietet zwei wichtige Werkzeuge an, die von der diesem Rechnen enthaltener Fuzzylogik zur Verfügung gestellt werden:

1. Das erste Werkzeug ist ein Formalismus zur Unterscheidung von in einer natürlichen Sprache ausgedrückten Sätzen durch Darstellung der Bedeutung eines Satzes als verallgemeinerte Einschränkung (wobei eine eingeschränkte Variable und Relation sowie eine Modalität der Einschränkung benannt werden müssen).
2. Das zweite Werkzeug ist ein Formalismus zum Rechnen mit maschinenpräzisierten Sätzen durch Propagierung und Gegenpropagierung verallgemeinerter Beschränkungen. Die Hauptregel für die Ausbreitung von Nebenbedingungen ist das Erweiterungsprinzip, das in Zadeh (1965) verallgemeinert und in Zadeh (1975) erweitert wurde. In Kombination bieten diese beiden Werkzeuge einen effektiven Formalismus für Berechnungen

---

[7]Portmann und D'Onofrio (2022) wenden dieses wertbasierte Rechnen mit Worten unter anderem auch auf digitale Ethik und Nachhaltigkeit an, in welchem es um menschliche Wahrnehmungen und nicht messbasierte Daten und Informationen geht.

mit Informationen, die in einer natürlichen Sprache beschrieben sind. Und es sind diese Werkzeuge, die als Grundlage für die Legalisierung von linguistischen Bewertungen dienen.

Welchen nützlichen Zweck erfüllen linguistische Bewertungen? Betrachten wir zwei Fälle:

1. Entweder haben wir nicht genügend zuverlässige Informationen, um die Zuweisung von numerischen Werten zu Variablen zu rechtfertigen, oder wir können solche Informationen nur mit übermässig hohen generieren. In diesem Fall wird eine Genauigkeit erzwungen. Hier bietet das Rechnen mit Worten eine wirksame Alternative, nämlich die Zuweisung von linguistischen Werten zu Variablen und die Berechnung mit maschinenpräzisen Sätzen. Mit dieser Alternative können wir berechenbare Modelle konstruieren, die einen höheren Grad an Co-Intension aufweisen als Modelle, die numerische Variablen verwenden. Im Klartext bedeutet dies, dass realistische ungenaue Modelle unrealistischen präzisen Modellen vorzuziehen sind.
2. Wir verfügen zwar über präzise Informationen, aber die Präzision hat ihren Preis. Wenn eine Toleranz für Ungenauigkeit besteht, kann diese durch absichtliche Ungenauigkeit ausgenutzt werden (wodurch der zweite Fall auf den ersten reduziert wird). Es handelt sich um eine absichtliche Ungenauigkeit, gefolgt von einer maschinellen Ungenauigkeit der sprachlichen Werte. Dieser Kunstgriff wird als «Fuzzylogic-Gambit» bezeichnet. Der Vorteil ist die Verringerung der Kosten und der Komplexität.

Dies ist der Hauptgrund, warum die Fuzzylogic bei der Entwicklung von Konsumgütern weitverbreitet ist. Dies sind überzeugende Argumente für den Einsatz von einem Rechnen mit Worten. In den kommenden Jahren wird das Rechnen mit Worten wohl an Akzeptanz, Sichtbarkeit und Bedeutung zunehmen.

15.3.3 KT-Erweiterung mit dem Rechnen mit Worten

Im Wesentlichen ist das Rechnen mit Worten ein System, das den traditionellen, am Internet angeschlossenen Rechensystemen zwei wichtige Fähigkeiten hinzufügt: zum einen die Fähigkeit, die Bedeutung von Wörtern, die aus der natürlichen Sprache stammen, und zum anderen die Fähigkeit des präzisierten Rechnens mit präzisierten Wörtern und Sätzen.

Als Berechnungssystem weist ein Modell des Rechnens mit Worten drei Hauptkomponenten auf (wie in Abb. 15.3 dargestellt und im Folgenden erläutert):

1. Eine Frage Q in der Form: Wie lautet der Wert einer Variablen Y?

Abb. 15.3 Rechnen mit
Worten. (Quelle: Zadeh in
Mendel et al., 2010)

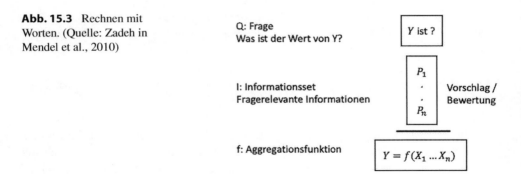

2. Eine Informationsmenge $I = (1, \ldots, p_n)$, in der $p_i (i = 1, \ldots, n)$ die Sätze sind, die
   einzeln oder gemeinsam Träger von Informationen über den Wert von Y sind (d. h. die
   fragestellungsrelevant sind). Einer oder mehrere der p_i können dem Weltwissen ent-
   nommen sein. Ein Satz p_i spielt die Rolle einer Zuweisungsanweisung, die einer Variablen X_i in einen Wert v_i und die einer Variablen X_i in p_i. Äquivalent dazu kann p_i als
   Antwort auf die folgende Frage angesehen werden: Was ist der Wert von X_i? X_i und v_i
   können explizit oder implizit sein. Grundsätzlich schränkt eine Zuweisungsanweisung
   die Werte ein, die X_i annehmen darf. Um dies zu verdeutlichen, werden X_i und v_i als
   die einschränkende Variable (bzw. die einschränkende Beziehung) bezeichnet. Konkreter bedeutet dies, dass die Bedeutung eines Satzes p als verallgemeinerte Einschränkung $X isr R$ dargestellt werden kann, in der X die einschränkende Variable, R
   die einschränkende Relation und r die Modalität der Einschränkung definiert (d. h. die
   Art und Weise, in der R X einschränkt). In dem Satz «Robert ist gross» ist z. B. die
   einschränkende Variable die Höhe (Robert), die einschränkende Relation ist «gross»,
   und die Modalität der Einschränkung ist possibilistisch, was bedeutet, dass «gross»
   die unscharfe Menge der möglichen Werte von Höhe (Robert) ist. Wenn v_i ein Wort
   oder eine Kombination von Wörtern ist, wird X_i als linguistische Variable bezeichnet,
   wobei v_i der linguistische Wert ist. Wenn es hilfreich ist zu betonen, dass p_i einer Variable einen Wert zuweist, wird p_i als eine Bewertung bezeichnet. Dementsprechend
   wird die Informationsmenge I als Bewertungssystem V bezeichnet.
3. Die dritte Komponente ist eine Aggregationsfunktion f, die Y mit den X_i in Beziehung
   setzt.

Auf diese Weise lässt sich Zadehs (1973, 1986, 2001, 2012) Rechnen mit Worten in
Pasks (1975/76) Konversationstheorie integrieren. Auf dessen Basis kann nun für das
Internet eine Künstliche Intelligenz geschaffen werden, die uns Menschen (wieder) in
den Entstehungsprozess von kollektiver Intelligenz einbezieht.

15.4   Zusammenfassung und Ausblick

Dieses Essay basierte technisch betrachtet auf den Ergebnissen der Arbeiten von Pask (1975) und Pangaro (2002) zur Konversationstheorie, um ein Modell zu konzipieren, welches das Lernen und damit die Co-Anpassung oder Co-Evolution von interagierenden Menschen und/oder Maschinen durch «Konversation» ermöglicht, und zum anderen auf den Arbeiten von Zadeh (1973, 1986, 2001) und Portmann (2019), die ein Rechnen mit Worten für die Umsetzung dieser Modelle für Internetkonversationen, bspw. mittels Chatbots, anstreben.

Heutzutage fehlt es der KI an Feedbackschleifen. Im Gegensatz dazu geht es bei Konversationen um Feedbackschleifen auf verschiedenen Ebenen, die das «Wie» und «Warum» gleichermassen verwalten. Diese komplexen Schleifen könnten zu einer Verständigung führen, die eine Voraussetzung für jede Zusammenarbeit ist. Eine Konversation dient der Wissensvermittlung zwischen zwei oder mehreren Menschen. Ein künstliches System, wie ein Chatbot, fungiert als Vermittler der Interaktion. Ziel ist es, eine konversationsbasierte KI zu entwickeln, die in der Lage ist, das Wissen in einem kohärenten Netz zu halten. Kohärenzerkennung und -lösung, die in der symbolischen KI ein klassisches Thema sind, werden hier mit Kybernetik verfeinert. Des Weiteren werden Gesprächsschleifen zu einer Small-Data-Lerntechnik weiterentwickelt, die zahlreiche Vorteile mit sich bringt, wie z. B. ökologisches, ökonomisches und datenschutzgerechtes Computing (Portmann & D'Onofrio, 2022).

Da in natürlichen Gesprächen oftmals eine nicht eindeutige Sprache verwendet wird, beruht unsere KI, die wir als Basis eines neuen menschzentrierten Internets betrachten, auch auf dem Ansatz des Rechnens mit Worten (z. B. in Zadeh, 2012). Das durch Gespräche gewonnene Wissen wird in Form von Wissensstrukturen wie unscharfen Basisontologien gespeichert (z. B. in Portmann, 2012). Abschliessend führt der vorgeschlagene Ansatz zu einer Mensch-Maschine-Symbiose, die den Menschen nicht schädigt, diskriminiert oder gar durch künstliche Systeme ersetzt, sondern seine Integrität bewahrt und seine Entwicklung unterstützt, während sie auch Verantwortung und Vertrauenswürdigkeit in das System integriert. Um das zu bewerkstelligen, wird ein sowohl inter- und transdisziplinärer als auch integrativer Forschungsansatz verfolgt, der die Integration von Wissen auch ausserhalb des akademischen Bereichs ermöglicht.

Danksagung

An dieser Stelle möchte ich mich herzlich für den angenehmen Austausch mit Paul Pangaro bedanken, in dem er mir die Gedankenwelt von Gordon Pask näherbrachte. Zudem gilt ein grosser Dank auch dem Erfinder des Rechnens mit Worten, meinem verstorbenen Mentor Lotfi Zadeh. Ohne seine Unterstützung wäre ich heute nicht, wo ich bin – und dafür bin ich ihm herzlich verbunden.

Literatur

Mendel, J. M., Zadeh L. A., Trillas, E., Yager, R., Lawry, J., Hagras, H., & Guadarrama, S. (2010). What computing with words means to me. *Computational Intelligence Magazine, IEEE.* (S. 20–26).

Pangaro, P. (2002). The architecture of conversation theory. https://www.pangaro.com/L1L0/ArchCTBriefly2b.htm. Zugegriffen: 28. Feb. 2023.

Paolo, D., Cuffari, A. E., Clare, E., & Hanne, D. J. (2023). *Linguistic Bodies – The continuity between life and language.* MIT Press.

Pask, G. (1975). *An approach to machine intelligence. Reprinted in: Soft architecture machines, edited by Negroponte.* MIT Press.

Pask, G. (1976). *Conversation theory: Applications in education and epistemology.* Elsevier.

Portmann, E. (2012). *The FOR a framework. A fuzzy grassroots ontology for online reputation management.* Springer.

Portmann, E. (2019). *Fuzzy Humanist. Trilogie Teil III: Von der Fuzzy-Logik zum Computing with Words.* Springer essentials.

Portmann, E., & D'Onofrio, S. (2022). *Computational Ethics. Ein ethischer Lösungsansatz für das KI-Zeitalter.* HMD-Praxis der Wirtschaftsinformatik.

Zadeh, L. A. (1965). Fuzzy sets. Information and Control. *Information and Control, 8*(3), 338–353, ISSN 0019-9958, https://doi.org/10.1016/S0019-9958(65)90241-X.

Zadeh, L. A. (1973). Outline of a new approach to the analysis of complex systems and decision processes. *IEEE Transaction on Systems, Man and Cybernetics, vol. SMC-3, no. 1, S. 28–44.* https://doi.org/10.1109/TSMC.1973.5408575.

Zadeh, L. A. (1975). *The concept of a linguistic variable and its application to approximate reasoning. Parts I, II and III. Information Science.*

Zadeh, L. A. (1986). Outline of a computational approach to meaning and knowledge representation based on the concept of a generalized assignment statement. In *Proceeding of International Seminar on Artificial Intelligence and Man-Machine Systems. Edited by: Thoma M, Wyner A.*

Zadeh, L. A. (2001). *A new direction in AI. Towards a computational theory of perceptions.* AI Magazine.

Zadeh, L. A. (2012). *Computing with words.* Springer.

Edy Portmann ist Professor für Informatik am Human IST Institute der Universität Freiburg und Präsident der internationalen FMsquare Foundation. Seine integrative Forschung konzentriert sich auf Soft und Cognitive Computing und deren Anwendung im Dienstleistungsbereich. Nach einer Lehre als Elektroingenieur hat er Wirtschaftsinformatik studiert und in Fuzzy-Systemen promoviert. Er hat unter anderem bei Swisscom, PwC und EY gearbeitet. Er forschte auch an den Universitäten von Singapur, Berkeley und Bern.

Large Language Models im Kundendialog – Chancen, Risiken, Ausblicke

16

Nils Hafner⦿ und Sophie Hundertmark⦿

Inhaltsverzeichnis

Schlüsselwörter

ChatGPT · Large Language Models · Generative AI · LLMs · Chatbots

---

16.1 ChatGPT sorgt für eine neue Marktdynamik

Die Publikation von ChatGPT im November 2022 hat für eine rasante Marktentwicklung bezüglich der Kenntnis, Verbreitung und Einführung von Foundation-Modellen gesorgt, obwohl schon seit einiger Zeit an solchen Modellen gearbeitet wird. John Maeda, VP AI

N. Hafner
Hochschule Luzern, Rotkreuz, Schweiz
E-Mail: nils.hafner@hslu.ch

S. Hundertmark (✉)
Hochschule Luzern, Zürich, Schweiz
E-Mail: sophie.hundertmark@hslu.ch

© Der/die Autor(en), exklusiv lizenziert an Springer Fachmedien Wiesbaden GmbH, ein Teil von Springer Nature 2024
N. Hafner und S. Hundertmark (Hrsg.), *Kundendialog-Management*,
https://doi.org/10.1007/978-3-658-42851-8_16

and Design bei Microsoft, verglich die Entwicklung anlässlich der Konferenz SXSW im März 2023 mit einer Glasflasche mit Ketchup: «Zuerst kommt kein Ketchup, das Ganze steckt fest. Dann schüttelt man und arbeitet mit Werkzeugen. Dann kommt plötzlich sehr viel Ketchup.»

Foundation-Modelle sind grundsätzlich grosse Modelle des Machine Learnings. Der Begriff wurde durch Publikationen des Stanford Institute for Human-Centered Artificial Intelligence's (HAI) Center for Research on Foundation Models (CRFM) geprägt. Als «gross» werden sie bezeichnet, weil sie auf der Basis einer grossen Menge an Daten trainiert werden. Eine Unterform sind die sogenannten grossen Sprachmodelle (Large Language Models, LLMs) wie GPT, der «generative pre-trained transformer» der Firma OpenAI oder BERT von Google. Diese Modelle ermöglichen, kombiniert mit einem Chat- oder Voicebot, die Interaktion mit Menschen in natürlicher Sprache. Dabei wird auf der Basis einer grossen Menge von Dokumenten in verschiedenen Sprachen die Wahrscheinlichkeit der Buchstaben und Wortfolge im aktuell gegebenen Kontext errechnet (Sejnowski, 2023). Um die Wirkungsmächtigkeit dieser LLMs zu zeigen, entwickelte OpenAI die Engagement-Software ChatGPT und Google das Wettbewerbsprodukt Google Bard. Neben den genannten LLMs existiert mittlerweile eine Fülle von zum Teil auch lizenzfreien Produkten ähnlicher Bauart wie bspw. Aleph Alpha. Um einen Anhaltspunkt zu geben, wie solche LLMs oder LLM-basierten Engagement-Tools eingesetzt werden können, haben wir an der Hochschule Luzern, Institut für Finanzdienstleistungen Zug (IFZ), eine Vorgehensmethodik erarbeitet.

16.2 Vorgehensweise beim Einsatz von LLMs bei der Automatisierung von Kundendialogen

Wir schlagen auf Basis erster Umsetzungserfahrungen eine Vorgehensweise in sechs Schritten vor:

1. Definition des Einsatzbereichs (Use Case), mit dem das Unternehmen das LLM nutzen will
2. Auswahl des zu verwendenden LLM (bspw. GPT-4, BERT, Aleph Alpha, Llama oder Ähnliche)
3. Auswahl des Werkzeugs oder Touchpoints, welches/n das Unternehmen mit dem LLM nutzen will
4. Anlernen des LLM/Bot mit den relevanten Service-Inhalten
5. Testen, Optimieren und Prompten
6. Anwerbung und Ausbildung von geeigneten Mitarbeitenden

Diese sechs Schritte (Abb. 16.1) sollen in den folgenden Abschnitten vorgestellt werden.

Vorgehensweise beim Einsatz von LLMs bei der Automatisierung von Kundendialogen

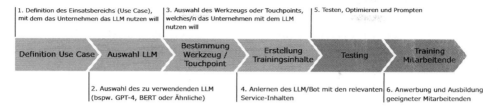

Abb. 16.1 Vorgehensweise beim Einsatz von LLMs bei der Automatisierung von Kunden-dialogen

16.2.1 Definition des Einsatzbereichs (Use Case), mit dem das Unternehmen das LLM nutzen will

Die Definition des Einsatzbereichs für die Nutzung des LLM sollte sich systematisch ge-stalten. Dabei werden einfache Use Cases gesucht, die in hohen Volumina vorkommen. Eine Möglichkeit zur Identifikation solcher Anliegen stellt die von Bill Price und David Jaffe (2008) entworfene Value-Irritant-Matrix dar. Diese wurde bereits von Nils Hafner (2023) in diesem Band (Kap. 1 Strategisches Kundendialogmanagement – die Auto-matisierungsentscheidung datenbasiert fällen) ausführlich beschrieben. Im Prinzip geht es also um die Beantwortung von Kundenanliegen, die das Unternehmen schon kennt und für die bekannte Lösungen vorliegen. Andere Anwendungsfälle sind Individuali-sierung von Kundenkommunikation, bspw. von Newsletters. Da LLMs grundsätzlich in der Lage sind, die Sprache auf bestimmte Zielgruppen abzustellen, was Alter, typischer-weise verwendete Wörter oder Fachsprache angeht oder bspw. die Erfahrung bezüglich der Nutzung digitaler oder finanzieller Instrumente berücksichtigen kann, können Texte für nahezu jede beschriebene Zielgruppe schnell erstellt werden. Auch unterschiedliche Grade von Ausführlichkeit oder die Übersetzung von Inhalten in verschiedene Sprachen stellen für LLMs in der Regel kein Problem dar. Wichtig bei der Identifikation der Use Cases ist, wie ein LLM zu einem verbesserten Kundendialog beitragen kann.

16.2.2 Auswahl des zu verwendenden LLM

In diesem Schritt geht es darum, auszuwählen, mit welchem LLM ein Unternehmen für den ausgewählten Use Case arbeiten möchte. Da in diesem Feld täglich neue Anbieter aufkommen, gilt es sorgfältig auszuwählen, welches LLM welche Fähigkeiten hat, wie es angelernt werden kann, was mit den Daten aus dem Trainingsprozess passiert und wie diese gegebenenfalls genutzt werden, um das gesamte LLM zu optimieren. Sofern die Daten des «eigenen» Trainingsprozesses auch zur Optimierung des gesamten LLM führen, bedeutet dies, dass möglicherweise den Wettbewerbern in der eigenen Branche die eigenen Trainingsanstrengungen zugute kommen könnten. Aber natürlich gilt auch umgekehrt, dass in diesem Fall Unternehmen von den Trainingsdaten anderer profitieren könnten. Insgesamt scheint es hier am wichtigsten, dass Unternehmen verstehen, wie die LLM-Software mit den Kundendialogdaten umgeht und ob diese vom Anbieter des LLM verarbeitet werden. Hier sind zwingend Aspekte des Datenschutzes zu beachten. Auch ist entscheidend, dass das LLM an die Organisation des Unternehmens angebunden werden kann bzw. Experten in der Organisation für bestimmte Inhalte, Anfragen und Aufgaben identifiziert werden können. Je besser ein LLM auf allgemeine Anfragen im Rahmen des Kundenservices reagieren kann, umso weniger allgemeine Anfragen bleiben «übrig», die ein Contact-Center-Mitarbeitender beantworten muss. Es muss also eine Anbindung mindestens an die Experten des Second Level eines Contact Centers möglich sein. Harald Henn hat in seinem Beitrag für diesen Band darauf hingewiesen.

Im Ganzen ergibt sich hier folgende Liste zur Auswahl:

- Hosting und Serverstandort
- Anforderungen an Datenschutz und Sicherheit
- Verwendete Technologie
- Kosten (einmalige und wiederkehrende Kosten)
- Kompatibilität zu anderen Systemen (Schnittstellen)
- Grad der Automatisierung
- Tracking-Möglichkeiten
- Art und Weise der Wissensaufbereitung
- Projektsprache
- Cultural Fit
- Art und Umfang des Dialog-Builders
- Mögliche Kommunikations-Touchpoints

In Abhängigkeit des gewählten Use Case und der Anforderungen des Unternehmens werden die einzelnen Anforderungen unterschiedlich gewichtet. So sind für ein Unternehmen, das mit sensiblen Kundendaten arbeitet, vermutlich der Datenschutz und das Hosting wichtiger als die Kosten. Kleinere Unternehmen, die ihre Ausgaben strenger unter Kontrolle haben müssen, gewichten dagegen meist die Kosten wesentlich stärker als bspw. die Projektsprache oder den Serverstandort.

16.2.3 Auswahl des Werkzeugs oder Touchpoints, welches/n das Unternehmen mit dem LLM nutzen will

Auf den letzten Punkt lohnt es sich noch einmal gesondert einzugehen. Natürlich sind in diesem Zusammenhang Chat- oder Voicebots prädestiniert für den Einsatz von LLMs. Hierzu wurde am Institut für Finanzdienstleistungen Zug (IFZ) eine Liste möglicher Anbieter erarbeitet, die (Stand Juli 2023) alle bereits die Technologie der Large Language Models oder der entsprechenden Engagement-Tools (bspw. ChatGPT) im Einsatz haben

Tab. 16.1 Anbieterübersicht, Juli 2023

Unternehmen	Name der Lösung	Hauptsitz	Anzahl Mitarbeitende	Gründungsjahr	Start LLM-Integration
Enterprise Bot	Doc-Brain + ChatGPT	Zürich, Schweiz	50–60	2017	März 2023
Web Computing GmbH	DialogBits	Münster, Deutschland	88	2012	April 2023
Apptiva AG	Bubble Chat	Luzern, Schweiz	10	2015	Dezember 2022
PlaynVoice		Zürich, Schweiz	2	2020	November 2022
ParetoLabs	AI Assistant	Zürich, Schweiz	8	2023	April 2023
OMQ	GPT Chatbot	Berlin, Deutschland	15	2010	Juni 2023
USU AG	USU Chatbot	Möglingen, Deutschland	800	1977	Februar 2023
Parloa	Parloa	Berlin, Deutschland	120	2018	Juli 2023
Vier	VIER Smart Dialog	Hannover, Deutschland	227	1993	März 2023

(Tab. 16.1). Alle Anbieter sind im deutschsprachigen Raum angesiedelt und entsprechen den Datenschutzrichtlinien der EU (Stand 07.2023). Es wird empfohlen, bei der Planung solcher Bots einen Technologiepartner auszuwählen, der über Kenntnisse und Erfahrung im Bereich der LLMs und der entsprechenden, von den Technologielieferanten angebotenen APIs verfügt.

Natürlich können je nach Use Case auch andere Touchpoints integriert werden. Hier sind die Anwendungsfälle der individualisierten Newsletter-Erstellung zu nennen (BSI, 2023), die Marketing-Automation auf Basis von E-Mails (AIVIE, 2023), die Möglichkeiten der Übersetzung in verschiedene Sprachen (DEEPL, 2023) oder die Sentimenterkennung in der geschriebenen oder gesprochenen Sprache (VIER, 2023). Sofern Unternehmen die LLM noch nicht direkt für die Kommunikation mit den Kunden einsetzen wollen, sondern zunächst eine Art «Zwischenschritt» testen wollen, empfehlen wir nach dem Prinzip «Human in the Loop» vorzugehen und zunächst einen LLM-basierten Assistenten für die Mitarbeitenden des Contact Centers zu entwickeln. Dieser kann bspw. eingehende Kundenanfragen zusammenfassen oder klassifizieren und auch Antwort-E-Mails bereits vorschreiben, die dann vom Mitarbeitenden lediglich angepasst bzw. abgeschickt werden müssen (BSI, 2023). Unternehmen können auf diese Weise im «geschützten» Rahmen die Fähigkeiten und Möglichkeiten eines LLM austesten und behalten dabei stets die Kontrolle über den Output des LLM.

16.2.4 Anlernen des LLM/Bot mit den relevanten Service-Inhalten

Einen der wichtigsten Schritte stellt das Anlernen des LLM mit den relevanten Inhalten des Unternehmens dar. Hier geht es darum, die bisherigen «pre-trained» Transformer auszutrainieren. Das Modell wird nun mit allen relevanten Quellen «gefüttert». Dazu gehören:

- Produktmanuals
- Servicemanuals
- Blogs
- Reparaturberichte
- Lösungsdatenbanken
- Contact-Center-Dialoge aus Telefon, E-Mail und Chat
- Unternehmens-Webseiten
- Klassische Frequently Asked Questions (FAQs) und das Organigramm der Organisation.

Wichtig ist, in diesem Zusammenhang zu verstehen, dass in den meisten Contact Centern nach wie vor fast dreiviertel des gesamten Kontaktvolumens über das Telefon eingeht, wie das Service Excellence Cockpit (2022) zeigt. Der Aufzeichnung und Auswertung durch die entsprechenden KI-Tools kommt hier also eine entsprechende Bedeutung zu.

Weiter ist zu beachten, dass nicht die Masse des Inhalts zählt, sondern die Qualität des Inhalts entscheidend ist. Erste Projekterfahrungen haben gezeigt, dass bspw. die Verwendung der reinen Webseiten-Informationen auch zu Komplikationen führen kann, wenn diese nicht immer auf dem neusten Stand sind. Eine typische Fehlerquelle stellen hier z. B. die Pressemitteilungen der Webseite dar. Ein LLM hat oft Probleme herauszulesen, welche Mitteilungen aktuell sind und welche Mitteilungen sich rein auf die Vergangenheit beziehen. Nutzen Unternehmen also auch diese vergangenen Pressemitteilungen zum Trainieren des LLM, kann dies zu Komplikationen führen. Eine saubere Auswahl der Trainingsinhalte ist daher absolut empfehlenswert und zahlt sich positiv auf die späteren Antworten des LLM bzw. auf die Projektergebnisse aus.

16.2.5 Testen, Optimieren und Prompten

Dem Testen und Optimieren kommt nun eine besondere Bedeutung zu. Gerade in Branchen, in denen es darauf ankommt, auch aus rechtlichen Gesichtspunkten eine verlässliche und nachvollziehbare Antwort auf eine Kundenanfrage zu liefern, erfordert es einen hohen Test- und Optimierungsaufwand. Tools wie ChatGPT neigen noch zum Halluzinieren. Das bedeutet, wenn ChatGPT keine Antwort verlässlich als richtig erachtet, denkt es sich Lösungen aus, die plausibel sein können, anstatt das mangelnde Wissen zuzugeben und dem Anfragenden alternative Auskunftskanäle zu nennen. Diese bekannte Schwäche stellt noch ein hohes Risiko dar.

An dieser Stelle spielt auch das Prompt Engineering eine bedeutende Rolle. Prompts sind Fragen oder Eingabeaufforderungen an einen Chatbot, der ein Large Language Model (LLM) nutzt. Sie dienen dazu, dem Bot weitere Anforderungen an die Art und Weise der Antwortgenerierung mitzugeben, und sind essenziell, um den Chatbot effektiv zu trainieren und ihm beizubringen, wie er auf spezifische Anfragen reagieren soll (Bubeck et al., 2023). Gute Prompts unterstützen Chatbots dabei, präzise Informationen zu sammeln und zu analysieren, um fundierte Entscheidungen zu treffen und genauere Antworten zu liefern.

Ein Beispiel für einen Prompt in einem Beratungskontext könnte lauten: «Formuliere die Antworten immer in Du-Form mit dem Ziel, dass der Kunde ein weiteres Produkt kauft.» Ein weiteres Beispiel wäre der folgende Prompt, der insbesondere im Zusammenhang mit dem Datenschutzgesetz relevant sein könnte: «Wenn der Kunde seine Kontodaten nennt, weise ihn zunächst auf die Datenschutzrichtlinien hin und leite die Anfrage nicht weiter, bevor der Kunde den Hinweis als akzeptiert kenntlich gemacht hat.» Das «Problem», dass der Chatbot eine Antwort gibt, obwohl er gar nicht über das nötige Wissen zur korrekten Beantwortung der Frage verfügt, könnte mit einem Prompt wie «Wenn du erkennst, dass die Anfrage ausserhalb deiner Wissensbasis liegt, leite das Gespräch an einen Mitarbeitenden weiter» gelöst werden. In diesem Zusammen ist jedoch von grösster Wichtigkeit, dass der Bot den zuständigen Mitarbeitenden mit den notwendige Skills einwandfrei identifizieren und zuordnen kann. Genau dazu dient das Organigramm als Input. Auch ist es üblich, dass Prompts im Rahmen der Testphase angepasst und weiter optimiert werden, bis der Chatbot die gewünschte Antwortqualität erreicht. Das „Prompt Engineering" ist dabei also ein wichtiger Aspekt bei der Feinabstimmung des Chatbots und ermöglicht es, seine Leistung zu verbessern und auf spezifische Anwendungsfälle anzupassen.

16.2.6 Anwerbung und Ausbildung geeigneter Mitarbeitender

Die Tools sind also nur so gut, wie sie trainiert werden. Das Training jedoch erfordert Mitarbeitende, die ein Verständnis dafür haben, wie ein LLM funktioniert und wie das gewünschte Ergebnis aussehen sollte, um den Use Case auch zu erfüllen. Diese müssen gefunden, eingestellt und ausgebildet werden. Dabei sind das Verständnis für den Anwendungsfall und ein hohes Einfühlungsvermögen in die kundenorientierten Use Cases und die damit verbundenen Kundendialoge absolut essenziell. Aber auch das Wissen rund um die Funktionsweise des LLM und die Fähigkeiten des Prompt Engineering spielen hier eine wichtige Rolle. Weiter ist ein entsprechendes Beharrungsvermögen im Testing von Vorteil. KI-generierte Dialoge orientieren sich häufig anhand kleiner Wissensbestandteile, die als Input verwendet werden, sich im Output doch essenziell unterscheiden. Da Menschen sehr unterschiedlich formulieren, gilt es hier zu beachten, dass der Output unter Umständen nicht immer ergebnisstabil ist. In diesem Zusammenhang sind Mitarbeitende, die das Prompt Engineering verstehen, klar im Vorteil.

An dieser Stelle gilt es zu beachten, dass der Einsatz von LLMs und auch das Prompt Engineering für alle Beteiligten noch relativ neuartige Technologien bzw. Kompetenzen sind (Stand Juli 2023). Wir empfehlen dies bereits bei der Use-Case-Auswahl zu berücksichtigen und im Allgemeinen einen Start-Use-Case zu wählen, bei dem eine mögliche falsche Antwort des LLM keine untragbar grossen negativen Auswirkungen für das Unternehmen hat.

16.3 Case Study: Helvetia Live-Experiments «Clara»

Die Schweizer Versicherungsgesellschaft Helvetia hat Ende März 2023 als erste börsenkotierte Versicherung im Rahmen eines Live-Experiments ihren Chatbot «Clara» mit der ChatGPT-Technologie lanciert. Die Autoren dieses Beitrags vom IFZ haben dieses Experiment wissenschaftlich begleitet.

Die Entscheidung für die Integration von ChatGPT fiel erst Anfang März 2023; Ende März wurde die erste Version des Chatbots bereits veröffentlicht. Die Integration des LLM ging also sehr schnell.

Die Helvetia hofft durch die Integration der ChatGPT-Technologie, die Antwortqualität ihres Chatbots «Clara» zu verbessern und sein Potenzial für Kundenfreundlichkeit und Selbstbedienung zu nutzen. Weiter besteht der Wunsch, möglichst schnell aus den eigenen Erfahrungen und Daten lernen zu können und den Kunden die neuen technischen Möglichkeiten aufzuzeigen.

In einem ersten Schritt gibt der neuer Chatbot-Service Auskunft zu Versicherungen, Vorsorge und Eigenheimbesitz. Dabei greift die Software auf Web-Inhalte von Helvetia Schweiz zurück – bspw. auf Produktseiten oder Ratgeberbeiträge.

Um keine Risiken hinsichtlich des Datenschutzes einzugehen, weist die Versicherung ihre Kunden im Rahmen des Experiments explizit auf die vorhandenen Risiken hin und bittet sie, möglichst auf die Angabe von persönlichen und vertraulichen Angaben zu verzichten (Helvetia, 2023). Darüber hinaus stellt die Helvetia Schweiz OpenAI nur solche Daten zur Verfügung, die bereits öffentlich zugänglich sind. Wichtig in diesem Zusammenhang ist zu betonen, dass OpenAI keinerlei Informationen über den einzelnen User erhält. Aus Sicht von OpenAI interagiert also immer Helvetia mit dem Sprachmodell.

Das Projekt wurde von einem Team aus den Abteilungen Kunden- und Marktmanagement sowie der IT vorangetrieben, das von weiteren Mitarbeitenden unterstützt wurde. Helvetia plant den Einsatz von ChatGPT langfristig und sieht darin eine Technologie, die die Versicherungsbranche massgeblich prägen wird.

16.4 Fazit

Unternehmen, die den Kundenservice automatisieren oder zumindest teilweise automatisieren möchten, werden in den kommenden Jahren ohne die Nutzung von Large Language Models (LLMs) nicht wettbewerbsfähig bleiben können. Insbesondere bei der Implementierung von Chat- und Voicebots ist ein sorgfältiger Einsatz von LLMs un-erlässlich. Es gibt jedoch nicht eine Standardvariante für den Einsatz von LLMs, sondern Unternehmen müssen je nach Use Case, Unternehmensbedürfnis und Kundenbedürf-nis das für sie geeignete LLM finden. Anschliessend ist es wichtig, aus der Vielzahl der Technologieanbieter den jeweils passenden auszuwählen. Dies erfordert eine genaue Vor-stellung von den technischen Anforderungen.

Ferner ist wichtig zu beachten, dass das LLM mit relevanten Daten trainiert und ge-testet werden muss. Die Auswahl der passenden Trainingsdaten trägt dabei massgeblich zum Projekterfolg bei. Hier gilt Qualität vor Quantität. Des Weiteren kommen neue Fähigkeiten der Mitarbeitenden hinzu. Mitarbeitende bzw. Unternehmen sollten vor allem die Fähigkeiten rund um das Prompt Engineering vertiefen.

Fallstudien wie die der Helvetia Versicherungen Schweiz zeigen, dass es möglich ist, ein LLM innerhalb kürzester Zeit in einen Use Case zu integrieren und erste Erfahrungen zu sammeln. Unternehmen, die auch in Zukunft wettbewerbsfähig bleiben möchten, soll-ten keinesfalls den Anschluss an die LLM-Technologie verlieren und ebenfalls schnell erste Erfahrungen sammeln. Es ist heute schon absolut empfehlenswert, die Möglich-keiten der LLMs zu erkunden und deren Einsatzmöglichkeiten zur Optimierung des Kundenservice zu nutzen.

Literatur

Aivie. (2023). Newsletter senden – zack, zack, zack. https://aivie.ch/personalisierte-e-mails/. Zu-gegriffen: 1. Juli 2023.

Bubeck, S., Chandrasekaran, V., Eldan, R., Gehrke, J., Horvitz, E., Kamar, E., … et al. (2023). Sparks of artificial general intelligence: Early experiments with GPT-4. arXiv preprint arXiv:2303.12712.

BSI. (2023). Lassen Sie sich von der KI beraten. https://www.bsi-software.com/de-ch/ai. Zu-gegriffen: 1. Juli 2023.

Deepl. (2023). Why deepl. https://www.deepl.com/de/whydeepl. Zugegriffen: 1. Juli 2023.

Helvetia. (2023). ChatGPT experiment. https://www.helvetia.com/ch/web/de/privatkunden/kon-takt/services/chatbot-clara/frag-clara.html?rid=frag-clara. Zugegriffen: 1. Juli 2023.

Price, B., & Jaffe, D. (2008). *The best service is no service – How to liberate your customers from customer service, keep them happy, and control costs.* Jossey-Bass.

Service Excellence Cockpit (2022). Report 2022. https://service-excellence-cockpit.ch/en/news/service-excellence-report-2022/. Zugegriffen: 20. Juni 2023.

Sejnowski, T. J. (2023). Large language models and the reverse turing test. *Neural Computation, 35*(3), 309–342.

Vier. (2023). Sentimenterkennung in der geschriebenen oder gesprochenen Sprache. https://www.vier.ai/produkte/. Zugegriffen: 1. Juli 2023.

Prof. Dr. Nils Hafner ist Professor für Kundenmanagement am Institut für Finanzdienstleistungen Zug der Hochschule Luzern Wirtschaft. Prof. Dr. Hafner studierte Betriebswirtschaftslehre, Psychologie, Philosophie und Neuere Geschichte in Kiel und Rostock, Deutschland. Er promovierte im Innovationsmanagement/ Marketing über die Qualitätssteuerung von Callcenter-Dienstleistungen.

Heute ist er als Autor und internationaler Keynote Speaker tätig und berät Geschäftsführungen und Vorstände mittlerer und grosser Unternehmen in Deutschland, der Schweiz und ganz Europa zum Aufbau von Unternehmenskompetenzen im Kundenmanagement. Nils Hafner hält pro Jahr ca. 30 Keynotes an öffentlichen und unternehmensinternen Veranstaltungen zum Thema «Kunde».

Ende 2018 erschien sein Amazon Nr. 1. Bestseller «Die Kunst der Kundenbeziehung» in der zweiten Auflage. In seinem Blog «Hafner on CRM» und seinem Podcast «Hafners CX Podcast» versucht er dem Thema seine informativen, schönen, schlimmen, tragischen und lustigen Seiten abzugewinnen. Dort veröffentlicht er seit 2006 auch die CRM-Trends des Jahres, seit 2020 zusammen mit dem deutschen Berater Harald Henn den CEX Trendradar, der inzwischen international eine relevante Entscheidungsgrundlage für Customer Experience Management Lösungen im Top-Management geworden ist und von weltweiten Technologieanbietern systematisch gefördert wird.

Sophie Hundertmark ist Doktorandin an der Hochschule Luzern und Universität Fribourg sowie selbstständige Beraterin für die Automatisierung von Dialogen (Chatbots).

Nach Stationen in der Industrie und in Agenturen gehörte Sophie Hundertmark zu den ersten Masterstudentinnen in der Schweiz, die zu Chatbots forschen. Sie promoviert an der Universität Fribourg zum Einsatz von Chatbots. Dazu arbeitet sie als wissenschaftliche Mitarbeiterin am Institut für Finanzdienstleistungen Zug der Hochschule Luzern (IFZ). Sophie Hundertmark verfügt über langjährige Erfahrungen als selbstständige Beraterin für die strategische Begleitung sowie Umsetzung von Chatbot-Projekten. In diesem Zusammenhang sorgt sie für einen regelmässigen Austausch zwischen Akademie und Praxis zu allen Themen der KI-getriebenen Conversational Automation. Anfang 2022 hat Sophie Hundertmark zudem den Verein Greenwishing Schweiz gegründet und engagiert sich seitdem aktiv gegen Greenwashing.